Rough Guide DIRECTIONS

Roma

O Guia da Viagem Perfeita

ESCRITO E PESQUISADO POR

Martin Dunford

ROUGH GUIDES

PUBLIFOLHA

RMA FRATRES TVOS
CLAVES REGNI
DILIGO TE
NC VNA FID

Sumário

Introdução a Roma

Coluna de Trajano e Santíssimo Nome di Maria

Roma é a mais fascinante cidade da Itália, o que a torna, provavelmente, a mais fascinante do mundo. Nesta cidade milenar, cheia de relíquias de mais de 2.000 anos, pode-se passar um mês sem conhecer metade do que há para ver. Mas Roma é mais que um museu a céu aberto: seu povo, sua cultura e sua culinária fazem dela uma cidade vibrante e moderna, que vale a pena visitar independentemente de sua história. Como cidade histórica é especial, mas, como capital européia contemporânea, é absolutamente única.

As diversas eras que Roma viveu se sobrepõem umas às outras: há igrejas medievais construídas sobre antigos palácios e basílicas, casas e apartamentos que incorporam fragmentos de colunas e inscrições do império, e ruas e praças que acompanham as linhas de antigos anfiteatros e estádios. Não é fácil entender a cidade em uma única visita, e por isso é preciso ir devagar, mesmo que a estadia seja de poucos dias. Muitas atrações têm mais de um acesso, e o encanto de Roma está mais em topar com as coisas por acaso, e ir aos poucos juntando as partes, do que sair correndo atrás do tempo. O melhor é escolher algumas atrações mais importantes (verifique na seção "Destaques") e ver aonde seus pés o levam –não tenha medo de simplesmente perambular pela cidade.

Petiscos romanos

Quando visitar

Pode-se visitar Roma em qualquer época do ano. Entretanto, se possível, evite os meses de julho e agosto, quando faz muito calor e os romanos saem de férias. Maio, junho e setembro são os meses mais confortáveis: não são nem muito quentes, nem muito úmidos. Abril e outubro também são bons períodos porque, a não ser na Páscoa, a cidade fica mais vazia e o clima ainda é ameno. Os meses de inverno são bons para uma visita, mas o clima pode ser chuvoso, e, embora todos os lugares estejam agradavelmente mais vazios, os horários de funcionamento são mais restritos.

A melhor maneira de circular pela cidade é a pé. O mesmo vale para os monumentos antigos e para o Vaticano e o Trastevere –embora nos dois últimos casos você talvez prefira tomar um ônibus ou um bonde para o outro lado do rio. Deixe o transporte público para distâncias maiores: para o Testaccio, Ostiense ou EUR (Exposição Universal de Roma), para as catacumbas e a Via Appia Antica, e, naturalmente, para passeios fora da cidade, como para Ostia Antica, Tivoli ou a praia de Anzio.

Seja onde for, a atmosfera da cidade não tem igual. Trata-se de uma metrópole monumental e agitada e, no entanto, encantadoramente tranquila, com uma região central que ainda não foi invadida por cadeias de lojas e hotéis multinacionais. Acima de tudo, parece nunca ter havido melhor época para visitar a cidade: Roma ingressou recentemente no século 21. Museus, igrejas e outros edifícios que estiveram em restauração por muito tempo foram reinaugurados, e algumas da coleções históricas da cidade receberam novas instalações. Além disso, a vida cultural ganhou um novo ritmo, com frequentes concertos ao ar livre, um novo festival de cinema e iniciativas como a "Notte Bianca", em setembro, que ajudou a recuperar o orgulho

Em velocidade pela Piazza Venezia

▲ Deus do Nilo, Piazza del Campidoglio

dos romanos. O transporte também melhorou com a construção de uma terceira linha de metrô e várias outras iniciativas –que entretanto ainda levarão algum tempo para entrar em funcionamento.

Se tudo isso vai alterar inevitavelmente a natureza da cidade é algo que se verá –os contingentes cada vez maiores de turistas, estimulados nos últimos anos pelo aumento de vôos baratos, com certeza vão ter um custo. Mas, por enquanto, nenhuma cidade se compara a Roma.

▼ Padres na Cidade do Vaticano

Roma
em destaque

CENTRO HISTÓRICO

É fácil perder o senso de direção no centro histórico de Roma, mas isso não importa, já que você vai acabar topando com algo interessante.

▲ Piazza Navona, centro histórico

CAMPO DE' FIORI E O GHETTO

Ao redor da praça e do seu mercado, há uma região movimentada de ruelas e praças fechadas, vizinha do pequeno e decadente bairro judaico.

ROMA ANTIGA

Ao sul do centro fica a maior concentração de monumentos antigos, entre eles o Fórum, o monte Palatino e, naturalmente, o Coliseu.

◄ Guarda Suíça, Cidade do Vaticano

CIDADE DO VATICANO

Não é como visitar um Estado soberano qualquer, mas você não deve sair da cidade sem ver a Basílica de São Pedro e as maravilhas dos Museus Vaticanos.

◄ O Fórum e o monte Palatino

▲ A escadaria da Piazza di Spagna

PIAZZA DI SPAGNA E TRIDENTE

A escadaria monumental que leva à praça é o coração da Roma turística, e a região circundante, o Tridente, que se estende de ambos os lados da Via del Corso até a Piazza del Popolo, abriga muitas das principais atrações da cidade e o mais moderno shopping de design.

MONTI

Localizado entre o Coliseu e Termini, este bairro do século 19 cheio de ladeiras estreitas espremidas entre as ruas mais movimentadas da cidade é uma das regiões mais promissoras do centro. É cheio de pequenos bares e restaurantes interessantes.

TESTACCIO E A REGIÃO SUL

Há muito o que ver na parte sul de Roma, inclusive o Testaccio, um bairro gastronômico e animado, a Via Appia Antica e as catacumbas, situadas na periferia semi-rural.

TRASTEVERE E O MONTE GIANICOLO

Trastevere ainda conserva um ar de vila, apesar dos turistas, assim como alguns dos melhores restaurantes e casas noturnas da cidade. O monte Gianicolo oferece esplêndidas vistas da cidade e é um dos melhores lugares para se orientar.

▼ Vista do monte Gianicolo

Destaques

As seis mais

Roma tem mais pontos turísticos famosos do que qualquer outra cidade, e por isso é difícil reduzir suas muitas atrações a apenas seis imperdíveis. Qualquer lista dependeria dos interesses do visitante, mas, ainda assim, há alguns lugares fundamentais para a história da cidade, e tão memoráveis que seria uma pena deixar de conhecê-los, mesmo em uma única visita.

▼ Museus Vaticanos

Sede das maiores, mais ricas e mais deslumbrantes coleções de arte do mundo.

PÁG. 170 ▸ CIDADE DO VATICANO

▼ Museo Nazionale Romano

A cidade está cheia de excelentes coleções de artefatos romanos, mas você encontrará os melhores nas duas principais sedes deste museu: Palazzo Altemps e Palazzo Massimo.

PÁGS. 76 e 131 ▸ O CENTRO HISTÓRICO E QUIRINALE, TERMINI E ARREDORES

▼ Fórum Romano e o monte Palatino

O nascedouro de séculos de civilização ocidental, e uma oportuna lembrança de que nenhum poder, por maior que seja, dura para sempre.

PÁGS. 106 e 108 ▸ FÓRUM, COLISEU E ARREDORES

▼ Coliseu

Tão representativo, que seria um erro ignorá-lo.

PÁG. 109 ▸ FÓRUM, COLISEU E ARREDORES

▲ Museo e Galleria Borghese

Um edifício fantástico, que abriga belas esculturas de Bernini, além de ser uma das melhores galerias de pintura de Roma.

PÁG. 148 ▸ VILLA BORGHESE E A REGIÃO NORTE

▲ Basílica de São Pedro

A Sé da Igreja Católica é tão grande e magnífica quanto se poderia esperar.

PÁG. 168 ▸ CIDADE DO VATICANO

Fontes

Como na maioria das cidades italianas, o centro histórico de Roma é definido por suas praças, que por sua vez são caracterizadas por suas fontes. Algumas são tão simples que podem passar despercebidas, enquanto outras são gigantescas. Pontuando todo o centro da cidade, suas águas oferecem um suave refúgio do barulho e da agitação do tráfego.

▲ **Fontana del Tritone**

Essa fonte de Bernini, onde se destaca a figura de Tritão, ergue-se no centro de um dos cruzamentos mais movimentados da cidade.

PÁG. 124 › MONTE QUIRINALE, TERMINI E ARREDORES

▼ Fontana delle Tartarughe

Talvez a fonte mais bela da cidade, situada em uma das mais escondidas praças de Roma.

PÁG. 87 ▸ CAMPO DE' FIORI, GHETTO E ARREDORES

▲ Fontana di Trevi

A mais famosa fonte de Roma, escondida em meio a ruelas da cidade, mais gratificante quando encontrada de surpresa.

PÁG. 97 ▸ TRIDENTE

▼ Fontana dei Quattro Fiumi

A maior e mais barroca das fontes romanas de Bernini é a peça central da Piazza Navona.

PÁG. 73 ▸ O CENTRO HISTÓRICO

▲ Fontana della Barcaccia

Único legado do pai de Bernini à cidade –uma barca ancorada na Piazza di Spagna.

PÁG. 92 ▸ TRIDENTE

Roma Antiga

Todo mundo que visita Roma deseja conhecer as atrações da antiguidade romana, e não é nada difícil encontrá-las –elas estão literalmente espalhadas pelo centro da cidade. A região mais rica em monumentos, entre o Fórum e o Coliseu, pode manter você ocupado por dias. Mas reserve algum tempo para ver alguns locais menos famosos, como as ruínas de Ostia Antica, fora de Roma, e a maravilhosa Ara Pacis Augustae, agora em um novo museu construído especialmente para abrigá-la.

▲ Ostia Antica

As ruínas do velho porto romano, das mais interessantes e completas que você vai encontrar, valem a curta viagem de trem para fora da cidade.

PÁG. 183 ▸ PASSEIOS DE UM DIA

▲ Ara Pacis Augustae

Esta escultura de mármore foi entalhada no século 13 a.C. para celebrar a sujeição da Espanha e da Gália. Uma das mais revelado-ras e naturalistas peças de escultura romana, hoje está exposta em um edifício moderno.

PÁG. 97 ▸ TRIDENTE

▼ Pantheon

Uma fantástica construção mesmo para a sua época, mais incrível ainda por ter sobrevivido tão completamente.

PÁG. 69 ▸ O CENTRO HISTÓRICO

▼ Largo di Torre Argentina

Um largo importante, onde o tráfego circula pelas ruínas de quatro templos da época republicana –hoje lar de um bando de gatos.

PÁG. 82 ▸ CAMPO DE' FIORI, GHETTO E ARREDORES

▲ Fórum Romano

Coração da cidade no tempo da República e, embora quase irreconhecível, um dos mais evocativos sítios antigos de Roma.

PÁG. 106 ▸ FÓRUM, COLISEU E ARREDORES

▲ Coliseu

O mais fotografado dos monumentos romanos, e com razão –serviu de modelo para praticamente todos os estádios de esportes construídos desde então.

PÁG. 109 ▸ FÓRUM, COLISEU E ARREDORES

Igrejas

Em Roma estão algumas das igrejas mais antigas do mundo cristão –reflexo de seu papel como local de nascimento e sede da Igreja Católica. Algumas das mais antigas foram construídas sobre ruínas; outras seguem a forma e a disposição das basílicas romanas. São em geral construções de uma beleza simples, com pisos Cosmati coloridos e abside de mosaicos, mas algumas foram reformadas durante o período barroco e, por isso, não parecem tão antigas. As igrejas posteriores são em sua maioria barrocas e, quase sempre, guardam tesouros artísticos.

Santa Maria sopra Minerva

Única igreja gótica da cidade, só por isso já merece uma visita –assim como por seus muitos tesouros artísticos.

PÁG. 70 › O CENTRO HISTÓRICO

San Giovanni in Laterano

Catedral oficial de Roma e antiga sede da Igreja Católica.

PÁG. 141 › MONTI E SAN GIOVANNI

▲ San Pietro in Vincoli

Uma igreja de beleza simples, onde se localiza uma das mais lindas esculturas de Michelangelo.

PÁG. 136 ▸ MONTI E SAN GIOVANNI

▶ San Clemente

Esta igreja romana é o melhor lugar para apreciar as eras históricas que a cidade viveu.

PÁG. 143 ▸ MONTI E SAN GIOVANNI

▲ Santa Maria Maggiore

Uma das maiores basílicas romanas, um tesouro de arte e história.

PÁG. 137 ▸ MONTI E SAN GIOVANNI

▼ San Luigi dei Francesi

Dedicada à comunidade francesa, esta igreja contém magníficas pinturas de Caravaggio.

PÁG. 71 ▸ O CENTRO HISTÓRICO

Mosaicos

Lindos mosaicos de diferentes épocas podem ser vistos em toda Roma. Os melhores exemplos de mosaicos antigos estão no Palazzo Massimo, mas você pode vê-los *in situ* nas Termas de Caracalla e em Ostia Antica. Mais tarde, os mosaicos foram usados para decorar as primeiras igrejas, geralmente com decorações folheadas a ouro para criar um efeito resplandecente. Os mosaicos sobreviveram na era moderna, quando Mussolini os utilizou para decorar seu complexo esportivo, o Foro Italico.

▲ Santa Maria in Trastevere

Aqui, os mosaicos mostram um solene grupo de santos ao redor do Cristo e da Virgem.

PÁG. 158 › TRASTEVERE E O MONTE GIANICOLO

▲ Palazzo Massimo

Estes mosaicos e afrescos, provavelmente os mais belos da cidade, dão uma boa idéia da vida cotidiana na Antiguidade clássica.

PÁG. 131 › MONTE QUIRINALE, TERMINI E ARREDORES

▲ **Foro Italico**

Os mosaicos do monumental centro esportivo de Mussolini tinham a intenção de celebrar a força de um novo Império Romano.

PÁG. 152 ▸ VILLA BORGHESE E A REGIÃO NORTE

▶ **Santa Prassede**

Aqui, a Capela de São Zeno tem mosaicos do século 19 que refletem lindamente a luz do sol.

PÁG. 140 ▸ MONTI E SAN GIOVANNI

▼ **Santa Pudenziana**

Os mosaicos dos apóstolos são imensamente expressivos.

PÁG. 137 ▸ MONTI E SAN GIOVANNI

Roma verde

Visitar Roma é essencialmente uma experiência urbana, mas também há áreas verdes– inclusive no centro–, que oferecem ao visitante a oportunidade de se refrescar e relaxar entre uma atração e outra. Villa Borghese é o parque mais extenso e contém diferentes atrações, mas considere explorar lugares menos óbvios, como os jardins botânicos no Trastevere, a Villa Celimontana e os belíssimos jardins do Vaticano.

▲ Orto Botanico

O tranquilo jardim botânico de Roma é um ótimo lugar para uma caminhada.

PÁG. 160 ▸ TRASTEVERE E O MONTE GIANICOLO

▲ Villa Celimontana

Um parque agradável no monte Célio –um bom lugar para um piquenique depois de ver o Coliseu.

PÁG. 111 ▸ FÓRUM, COLISEU E ARREDORES

▲ Jardins do Vaticano

Só podem ser visitados em grupos, mas vale a pena agendar a visita.

PÁG. 170 ▸ CIDADE DO VATICANO

▼ Jardins do monte Pincio

Traçados no século 19, estes jardins formais oferecem vistas das cúpulas de Roma.

PÁG. 95 ▸ TRIDENTE

▼ Villa Borghese

A maior área verde no centro da cidade. Há muito o que ver e fazer: galerias de arte, um zôo e bicicletas para alugar.

PÁG. 147 ▸ VILLA BORGHESE E A REGIÃO NORTE

Mirantes

Por ter sido construída sobre colinas, Roma oferece muitas oportunidades de ver o mar de domos, praças e áreas verdes pontuadas de ruínas. É fácil encontrar qualquer lugar quando se sabe o que se está procurando, mas é igualmente excitante não saber. Na verdade, a primeira coisa que você deve fazer ao chegar a Roma é dirigir-se a um desses mirantes, que, além de ótimos pontos de orientação, são por si só interessantes.

▲ Monte Aventino

As melhores vistas da Basílica de São Pedro e do Vaticano talvez sejam estas que se tem do alto do monte Aventino, do outro lado do rio.

PÁG. 111 ▸ MONTE CÉLIO, MONTE AVENTINO E A REGIÃO SUL

▼ Monte Gianicolo

De todas as colinas de Roma, esta, a oeste do centro da cidade, oferece a vista mais ampla das cúpulas e torres da cidade.

PÁG. 161 ▸ TRASTEVERE E O MONTE GIANICOLO

▼ Escadaria da Piazza di Spagna

Muito turístico, mas ainda assim um local excelente de onde se pode ver tudo sem muito esforço –todo o centro de Roma.

PÁG. 94 ▸ TRIDENTE

▲ Il Vittoriano

O mirante favorito de muita gente, porque é o único lugar de onde não se avista o próprio monumento a Vittorio Emanuele II.

PÁG. 61 ▸ PIAZZA VENEZIA E A COLINA DO CAPITÓLIO

▼ Basílica de São Pedro

Vale a pena subir na cúpula para apreciar este clássico panorama.

PÁG. 168 ▸ CIDADE DO VATICANO

Culinária

Os pratos da culinária romana são tradicionalmente os da classe trabalhadora, com uma pequena influência da colônia judaica da cidade. As massas, indispensáveis, são encontradas em todas as variedades e em quase todos os restaurantes (os *spaguetti* são provavelmente os mais populares –e vão muito bem com os fortes molhos romanos). Os miúdos são comuns nos restaurantes mais tradicionais. Seja onde for, é difícil comer mal, mesmo nos movimentados bairros turísticos. Eis seis das melhores especialidades e sugestões de onde saboreá-las.

▲ **Carciofi alla Giudea/Fiori di Zucca**

Alcachofras à moda judaica e massa em forma de flor com recheio de abóbora –dois pratos deliciosos.

PÁG. 89 ▸ DA GIGGETTO

▲ **Pasta alla Carbonara**

Massa com molho feito de ovos, *bacon* e queijo pecorino, encontrada em toda parte.

PÁG. 79 ▸ ENOTECA CORSI

▼ Pizza

As pizzas romanas são deliciosas, mas têm uma peculiaridade: a massa é mais grossa e crocante, diferente da do resto do país.

PÁG. 121 ▸ DA REMO

▲ Coda alla Vaccinara

Rabo de boi com tomate e aipo –uma delícia presente no cardápio dos restaurantes mais tradicionais.

PÁG. 121 ▸ CHECCHINO DAL 1887

▶ Abbacchio al Forno

Cordeiro assado ao ponto perfeito, com alecrim, sálvia e alho.

PÁG. 101 ▸ OTELLO ALLA CONCORDIA

▼ Bucatini Cacio e Pepe

Espaguete com bastante pimenta-do-reino e queijo pecorino –simples e delicioso.

PÁG. 163 ▸ DA LUCIA

Museus e galerias

Provavelmente você vai gastar uma boa parte de seu tempo nos museus e galerias de Roma. As opções são surpreendentes, mesmo excluídos os Museus Vaticanos (ver pág. 171). Os museus se dividem em duas amplas categorias: os que abrigam coleções de arte de famosas famílias romanas (que geralmente incluem obras dos mestres do Renascimento) e os que reúnem a nata dos achados arqueológicos da cidade, que incluem artefatos etruscos e romanos.

▼ Villa Giulia

Uma extraordinária coleção de arte etrusca, reunida em um palácio renascentista construído para o papa Júlio III.

PÁG. 151 ▸ VILLA BORGHESE E A REGIÃO NORTE

▼ Museus Capitolinos

Duas estupendas galerias –uma de esculturas romanas e outra de arte italiana, além de mais esculturas romanas.

PÁG. 65 ▸ PIAZZA VENEZIA E A COLINA DO CAPITÓLIO

▼ Museo e Galleria Borghese

Além de esculturas de Bernini, este museu, na mansão da família Borghese, tem um dos melhores acervos de pintura de Roma.

PÁG. 148 ▸ VILLA BORGHESE E A REGIÃO NORTE

▲ Galleria Nazionale d'Arte Antica (Palazzo Barberini)

O Palazzo Barberini abriga uma das melhores coleções de arte renascentista e barroca da cidade, com destaque para *La fornarina*, de Rafael.

PÁG. 125 ▸ MONTE QUIRINALE, TERMINI E ARREDORES

▼ Museo Nazional e Romano

As coleções de arte contidas no Palazzo Altemps e no Palazzo Massimo são imperdíveis.

PÁGS. 76 e 131 ▸ O CENTRO HISTÓRICO E QUIRINALE, TERMINI E ARREDORES

▲ Galleria Doria Pamphilj

A melhor coleção particular de Roma, disposta em um ambiente acolhedor.

PÁG. 67 ▸ O CENTRO HISTÓRICO

Compras

Pode ser difícil saber por onde começar as compras em uma metrópole caótica como Roma. Na verdade, comprar em Roma é uma experiência mais interessante do que se poderia imaginar, graças às muitas ruas de pedestres e coloridos mercados, a maioria deles no centro da cidade. O mais importante é que Roma ainda não foi invadida pelas grandes cadeias de lojas e shopping centers que assolam o centro de muitas cidades européias e ainda tem muitos pequenos negócios familiares.

▲ **Via Condotti**

A espinha dorsal do elegante bairro de compras.

PÁG. 92 › TRIDENTE

▲ **Via dei Coronari**

A rua dos antiquários, que vendem de tudo, de baús renascentistas a cafeteiras italianas dos anos 1960.

PÁG. 75 › O CENTRO HISTÓRICO

▲ Mercado de Porta Portese

Excelente mercado-de-pulgas da Europa.

PÁG. 155 ▸ TRASTEVERE E O MONTE GIANICOLO

▼ Via del Corso

Principal avenida de Roma, com todas as lojas de roupas e sapatos que se possa esperar.

PÁG. 67 ▸ O CENTRO HISTÓRICO

▲ Piazza di Campo de' Fiori

Este mercado de frutas e verduras está situado aqui há séculos e ainda funciona todas as manhãs.

PÁG. 83 ▸ CAMPO DE' FIORI, GHETTO E ARREDORES

Bares

Como os italianos não são grandes consumidores de bebidas, a maioria dos bares romanos serve cafés e sanduíches durante o dia. Entretanto, não faltam locais onde tomar uns drinques à noite. Na verdade, há um *pub* irlandês em praticamente cada esquina e um bom número de casas onde a ênfase está mais na vida noturna do que na atividade diurna.

▼ Bar della Pace

Uma instituição romana, continua sendo um dos mais atraentes bares para um aperitivo noturno.

PÁG. 80 ▸ O CENTRO HISTÓRICO

▼ Jonathan's Angels

Um bar com decoração pesada, que atrai uma interessante mistura de romanos e turistas.

PÁG. 80 ▸ O CENTRO HISTÓRICO

▲ **Bar del Fico**

Este bar agradável e popular fica em uma parte movimentada do centro histórico e tem um terraço de onde se pode observar a rua.

PÁG. 80 ▸ O CENTRO HISTÓRICO

▶ **Bartaruga**

Este bar moderno, cujo nome é uma referência à fonte próxima, é decorado com uma parafernália rococó.

PÁG. 90 ▸ CAMPO DE' FIORI, GHETTO E ARREDORES

▼ **Vineria**

Refúgio de grande parte da boemia de Roma, continua na moda.

PÁG. 91 ▸ CAMPO DE' FIORI, GHETTO E ARREDORES

Roma para crianças

Os italianos adoram crianças. Não se surpreenda com a atenção que as pessoas dão a seus filhos aqui: uma espiada dentro do carrinho do bebê ou uma ajuda para subir ou descer escadas são comuns, assim como ceder lugar para você e seus filhos no transporte público. Só isso já faz de Roma um ótimo lugar onde passar férias em família, mas ainda há muitos locais especiais para as crianças.

▲ Coliseu

As crianças (principalmente os meninos) ficam fascinadas pelo passado sangrento do Coliseu e adoram tirar fotos com os centuriões que ficam do lado de fora.

PÁG. 109 ▸ FÓRUM, COLISEU E ARREDORES

▼ Time Elevator

Uma divertida viagem multimídia pela história da cidade.

PÁG. 98 ▸ TRIDENTE

▲ **Bocca della Verità**

As crianças adoram saber que a "boca da verdade" não admite mentiras.

PÁG. 88 ▸ CAMPO DE' FIORI, GHETTO E ARREDORES

▼ **Museo della Civiltà Romana**

Um cativante museu, onde há uma imensa maquete da Roma antiga –encanta adultos e crianças.

PÁG. 120 ▸ MONTE CÉLIO, MONTE AVENTINO E A REGIÃO SUL

▼ **Bioparco**

Recentemente ingressado na era moderna, este zôo no centro da cidade tem uma grande variedade de animais e se preocupa cada vez mais com a conservação ambiental.

PÁG. 150 ▸ VILLA BORGHESE E A REGIÃO NORTE

Hotéis

Roma tem muitos bons hotéis acessíveis e bem situados, mas também muitas porcarias caríssimas. Mais recentemente, porém, graças a uma safra de arquitetos e designers dedicados à rede hoteleira, Roma está à altura do resto da Europa. Se você quer conhecer a cidade com estilo, não procure mais.

▲ **Daphne**

Talvez uma das opções mais baratas de Roma.

PÁG. 193 ▸ HOSPEDAGEM

▲ Hotel de Russie

O hotel preferido do *beautiful people*, merece uma visita só para ver o incrível lobby ou para um coquetel no jardim.

PÁG. 194 ▸ HOSPEDAGEM

▼ Hotel d'Inghilterra

Bem no centro do bairro mais elegante de Roma, com instalação palaciana e decoração requintada.

PÁG. 194 ▸ HOSPEDAGEM

▼ Radisson SAS

O precursor dos hotéis de design na cidade ainda oferece o que há de melhor.

PÁG. 195 ▸ HOSPEDAGEM

Cafés e sorveterias

Muitos romanos começam o dia em um café, e em Roma há algumas ótimas opções para tomar um café e comer um doce. Mas os cafés também oferecem lanches mais substanciais durante o dia, como panini, *tramezzini* e às vezes pizza e outros petiscos quentes. Lembre-se que, na maioria dos cafés, sai mais barato comer no balcão do que em uma mesa. O sorvete italiano (*gelato*) é famoso –e com razão. Se você está procurando qualidade, vá a uma gelateria, onde a variedade reflete a criatividade e o bom gosto dos italianos.

▲ Palazzo del Freddo di Giovanni Fassi

Uma adorável sorveteria à moda antiga.

PÁG. 144 ▸ MONTI E SAN GIOVANNI

▼ Caffè Sant'Eustachio

O café é excelente em qualquer parte de Roma, mas, para os tradicionalistas, este lugar serve o melhor café da cidade.

PÁG. 77 ▸ O CENTRO HISTÓRICO

▲ **Giolitti**

A mais famosa *gelateria* de Roma, e, embora talvez já tenha vivido sua melhor fase, a variedade e o ambiente são insuperáveis.

PÁG. 77 ▸ O CENTRO HISTÓRICO

▼ **Bernasconi**

Um barzinho que serve um ótimo café e uma boa variedade de doces –os *cornetti alla crema* são esplêndidos.

PÁG. 89 ▸ CAMPO DE' FIORI, GHETTO E ARREDORES

▲ **Il Gelato di San Crispino**

Virando a esquina depois da Fontana di Trevi, fica a melhor sorveteria de Roma.

PÁG. 100 ▸ TRIDENTE

Vaticano

A colina do Vaticano é uma das sete colinas de Roma e, provavelmente, o local do martírio de são Pedro, o que lhe garantiu o *status* de centro da mais popular fé cristã: o catolicismo. A cidade do Vaticano (Santa Sé) tornou-se um Estado soberano desde 1929 e é visitada por milhares de peregrinos e turistas desejosos de explorar sua incrível riqueza em obras de arte e de arquitetura.

▲ Castel Sant'Angelo

Construído como mausoléu do imperador Adriano, o castelo foi usado como prisão e fortaleza dos papas e pode ser o lugar para fazer uma pausa na visita ao Vaticano.

PÁG. 165 ▸ CIDADE DO VATICANO

▼ Museo Pio-Clementino

Você pode deixar de ver a maioria dos muitos Museus Vaticanos, mas não deve perder este, onde está o que há de melhor da estatuária clássica.

PÁG. 170 ▸ CIDADE DO VATICANO

▲ Capela Sistina

O teto da Capela Sistina e *O juízo final*, na parede ao fundo do altar da capela, constituem a obra suprema da arte ocidental e a maior área jamais planejada e pintada por um único homem: Michelangelo.

PÁG. 174 ▸ CIDADE DO VATICANO

▲ Pinacoteca

O que há de melhor em pintura no Vaticano está nesta galeria.

PÁG. 175 ▸ CIDADE DO VATICANO

▲ Salas de Rafael

Os afrescos, a maioria pintados por Rafael, são obras-primas do Renascimento italiano, só superados pela Capela Sistina.

PÁG. 172 ▸ CIDADE DO VATICANO

▶ Basílica de São Pedro

Além do túmulo de são Pedro e das obras-primas contidas na basílica, a grandiosidade do edifício por si só já mereceria uma visita.

PÁG. 168 ▸ CIDADE DO VATICANO

Romanos famosos

Toda cidade tem seus ícones, mas nenhuma mais que Roma, que pode se orgulhar de uma seleção de grandes nomes que remontam a 2.000 anos. Nossa lista é inteiramente subjetiva, e você poderá elaborar facilmente a sua à medida que percorrer a cidade.

▲ Júlio II

Patrono de Rafael e Michelangelo, Giuliano delle Rovere, ou Júlio II, deixou um legado artístico que é considerado o maior entre todos os transmitidos pelos papas.

PÁG. 173 ▸ CIDADE DO VATICANO

▼ Augusto

Primeiro imperador romano, Augusto governou durante os melhores anos do império.

PÁG. 97 ▸ TRIDENTE

▼ Francesco Totti

Filho querido de Roma, defende o time de futebol mais popular da cidade.

PÁG. 153 ▸ VILLA BORGHESE E A REGIÃO NORTE

▲ Valentino

Considerado o mais romano dos estilistas italianos atuais. Conheça sua loja na Via Condotti.

PÁG. 92 ▸ TRIDENTE

▲ Mussolini

Embora não tenha nascido em Roma, o Duce será para sempre lembrado pelo seu governo, durante a década de 1930 e o período da guerra –em particular pelos discursos emocionados que proferia do balcão do Palazzo Venezia.

PÁG. 61 ▸ PIAZZA VENEZIA E A COLINA DO CAPITÓLIO

▼ Caravaggio

As obras do pintor podem ser encontradas por toda a cidade, entre elas este suposto auto-retrato (como Baco), na Galleria Borghese.

PÁG. 148 ▸ VILLA BORGHESE E A REGIÃO NORTE

Estátuas

Dentro de museus ou ao ar livre, as estátuas de Roma, presentes em praticamente todas as praças e ruas da cidade, sempre conseguem nos fazer parar para admirá-las. Algumas contam uma história ou são representativas de uma determinada época; outras são apenas belos exemplos da arte escultórica. Permita-se um tempo para descobrir o que elas têm a dizer sobre a história da cidade.

O elefante

O obelisco e o elefante, obra de Bernini, mostram que a força pode suportar a sabedoria.

PÁG. 70 ▸ O CENTRO HISTÓRICO

Pasquino

Este busto foi uma das "estátuas falantes", foco de comentários satíricos durante o Renascimento.

PÁG. 73 ▸ O CENTRO HISTÓRICO

▲ Gálata moribundo

Uma das mais belas esculturas da coleção do Palazzo Nuovo.

PÁG. 65 ▸ PIAZZA VENEZIA E A COLINA DO CAPITÓLIO

▲ Marco Aurélio

Esta estátua equestre do imperador foi colocada na Piazza del Campidoglio por Michelangelo. Hoje a estátua que está na praça é uma cópia, porque a original está em uma nova ala dos Museus Capitolinos.

PÁG. 64 ▸ PIAZZA VENEZIA E A COLINA DO CAPITÓLIO

▼ A loba

Este símbolo da fundação de Roma está no Palazzo dei Conservatori, nos Museus Capitolinos, bem perto da Piazza del Campidoglio.

PÁG. 65 ▸ PIAZZA VENEZIA E A COLINA DO CAPITÓLIO

▼ Laocoonte

Talvez o exemplo mais famoso da escultura romana.

PÁG. 171 ▸ CIDADE DO VATICANO

Palácios

Os grandiosos palácios de Roma contam a história das famílias mais ricas e influentes da cidade. Foram elas que encomendaram grande parte da arquitetura romana, patrocinaram seus artistas e, naturalmente, forneceram a maioria dos papas ao longo dos anos. Hoje, muitas dessas antigas residências palacianas estão abertas ao público como museus ou galerias.

▲ **Palazzo Spada**

A residência do cardeal Spada talvez seja mais conhecida graças ao inventivo túnel em *trompe l'oeil* de Borromini.

PÁG. 86 ▸ CAMPO DE' FIORI, GHETTO E ARREDORES

▲ **Palazzo del Quirinale**

A residência do presidente italiano é aberta ao público uma vez por semana.

PÁG. 128 ▸ QUIRINALE, TERMINI E ARREDORES

▼ Palazzo Barberini

Há lembranças da família Barberini por toda parte deste palácio, um dos maiores e mais suntuosos da cidade.

PÁG. 125 ▸ MONTE QUIRINALE, TERMINI E ARREDORES

◀ Villa Farnesina

Esta mansão no Trastevere era a residência do poderoso banqueiro renascentista Agostino Chigi, que encarregou Rafael da decoração.

PÁG. 160 ▸ TRASTEVERE E O MONTE GIANICOLO

▲ Palazzo Farnese

Os murais Carracci deste que talvez seja o mais elegante palácio romano, residência do embaixador francês, são imperdíveis.

PÁG. 85 ▸ CAMPO DE' FIORI, GHETTO E ARREDORES

▲ Palazzo Venezia

Hoje um museu de arte e artesanato, este palácio também foi sede do governo fascista de Mussolini.

PÁG. 61 ▸ PIAZZA VENEZIA E A COLINA DO CAPITÓLIO

Roma literária

Roma produziu uma grande safra de literatos, mas muitos dos escritores ligados à cidade eram, na verdade, estrangeiros que vinham para cá em busca de inspiração e romance. Os lugares a seguir lembram escritores que deixaram uma marca permanente na cidade.

▲ Casa Memorial de Keats-Shelley

A casa onde Keats deu seu último suspiro hoje é um santuário ao poeta inglês.

PÁG. 92 › TRIDENTE

▲ Cemitério Protestante

Local de repouso eterno de Keats, do político italiano Gramsci, de poetas americanos do movimento beat e de divindades da literatura.

PÁG. 115 › MONTE CÉLIO, MONTE AVENTINO E A REGIÃO SUL

▼ Termas de Caracalla

Foi em meio a estas ruínas que Shelley se inspirou para escrever seu poema *Prometeu libertado*.

PÁG. 114 ▸ MONTE CÉLIO, MONTE AVENTINO E A REGIÃO SUL

▲ Casa di Goethe

O poeta e dramaturgo alemão viveu nesta casa, na Via del Corso, durante dois anos.

PÁG. 96 ▸ TRIDENTE

▼ Rosati

Antigamente, principal local de reunião de escritores e ativistas de esquerda.

PÁG. 102 ▸ TRIDENTE

Praças

A vida nas cidades italianas é determinada por suas praças, onde as pessoas vêm caminhar, descansar, tomar um café e ver o mundo passar. São muitas e diferentes as *piazzas* romanas: umas são simples rotatórias de trânsito; outras, grandes áreas abertas em meio a antigas ruínas; e outras ainda, áreas verdes impecavelmente planejadas, rodeadas por elegantes e regulares edifícios de época.

▲ Piazza di Spagna

Centro do turismo e de um elegante e luxuoso bairro comercial.

PÁG. 92 ▸ TRIDENTE

▲ Piazza Santa Maria in Trastevere

Bem no centro do bairro do Trastevere, é muito frequentada à noite, tanto por turistas quanto por jovens rebeldes e famílias empurrando carrinhos de bebê.

PÁG. 158 ▸ TRASTEVERE E O MONTE GIANICOLO

▲ Piazza del Popolo

Se é sua primeira vez em Roma, tente chegar ao centro partindo da Piazza del Popolo, uma ampla praça oval.

PÁG. 95 ▸ TRIDENTE

▲ Piazza del Campidoglio

Projetada por Michelangelo, esta é a mais harmônica e elegante praça de Roma.

PÁG. 64 ▸ PIAZZA VENEZIA E A COLINA DO CAPITÓLIO

▼ Piazza di Campo de' Fiori

A mais mundana praça do centro da cidade, onde pela manhã há uma movimentada feira e, à noite, a melhor vida noturna de Roma.

PÁG. 83 ▸ CAMPO DE' FIORI, GHETTO E ARREDORES

▼ Piazza Navona

Se algum lugar pode se orgulhar de ser o coração de Roma, é esta praça.

PÁG. 72 ▸ O CENTRO HISTÓRICO

Roma subterrânea

Roma é uma cidade de muitas camadas, e grande parte de sua história está registrada abaixo da superfície. Há templos, caminhos, rios e casas sob suas ruas, muitas das quais ainda não foram escavadas, mas essas áreas só esporadicamente são abertas ao público. As seguintes atrações estavam abertas na época em que este guia foi elaborado.

▼ Templo mitraico

Localizado sob a Basilica di San Clemente, era neste local que se realizava o culto do touro.

PÁG. 143 ▸ MONTI E SAN GIOVANNI

▲ **Catacumbas de São Calisto**

Um dos muitos cemitérios subterrâneos cristãos existentes na periferia da cidade.

PÁG. 119 ▸ MONTE CÉLIO, MONTE AVENTINO E A REGIÃO SUL

▼ **Necrópole do Vaticano**

Planeje com boa antecedência a visita às ruínas da primeira igreja dedicada a são Pedro, sob a atual basílica, onde está o suposto túmulo do santo apóstolo.

PÁG. 169 ▸ CIDADE DO VATICANO

▼ **Prisão Mamertina**

Foi neste espaço úmido e sombrio sob a basílica que são Pedro foi mantido prisioneiro pelos romanos.

PÁG. 66 ▸ PIAZZA VENEZIA E A COLINA DO CAPITÓLIO

Colinas de Roma

As sete famosas colinas de Roma –os montes Capitolino, Palatino, Quirinale, Esquilino, Viminale, Aventino e Célio– continuam a definir a geografia da cidade e a sensação que ela passa.

▲ Palatino

Local onde Roma foi fundada, de acordo com a lenda de Rômulo e Remo.

PÁG. 108 ▸ FÓRUM, COLISEU E ARREDORES

▲ Capitolino

Coração da República romana e origem da cidade moderna.

PÁG. 63 ▸ PIAZZA VENEZIA E A COLINA DO CAPITÓLIO

▼ Esquilino

Um bairro pobre na Roma antiga e hoje uma miscelânea, mas com muito o que ver. Imperdível é a Basilica di Santa Maria Maggiore.

PÁG. 136 ▸ MONTI E SAN GIOVANNI

▲ Quirinale

A primeira colina de Roma a ser colonizada durante o Renascimento, hoje abriga o palácio presidencial e muitas outras atrações.

PÁG. 124 ▸ MONTE QUIRINALE, TERMINI E ARREDORES

▼ Aventino

Local onde viviam os pobres na antiga Roma, e bairro dos ricos nos tempos modernos.

PÁG. 111 ▸ MONTE CÉLIO, MONTE AVENTINO E A REGIÃO SUL

▲ Célio

Um local relativamente calmo onde se refugiar da agitação do centro da cidade.

PÁG. 111 ▸ FÓRUM, COLISEU E ARREDORES

Roma barroca

Se existe uma época capaz de definir Roma, foi o período barroco, uma era de exuberância e dramaticidade na arte e na arquitetura, consequência da necessidade que tinha a Igreja Católica de se reafirmar durante a Contra-Reforma. Há esculturas, fontes e igrejas barrocas espalhadas por toda a cidade, e muitas igrejas de períodos anteriores foram redecoradas no estilo barroco.

▲ **Stanze di Sant'Ignazio**

O afresco em *trompe l'oeil* de Pozzo é o barroco em seu momento mais intenso e fantasioso.

PÁG. 83 ▸ O CENTRO HISTÓRICO

▲ **Praça São Pedro**

A praça cercada de colunas de Bernini é um puro e teatral exemplo do barroco.

PÁG. 168 ▸ CIDADE DO VATICANO

▲ Gesù

Sede da ordem dos jesuítas, esta igreja estabeleceu a referência para todas as igrejas barrocas que viriam.

PÁG. 82 ▸ CAMPO DE' FIORI, GHETTO E ARREDORES

▲ Êxtase de Santa Teresa

A ousada estátua de Bernini (na Chiesa di Santa Maria della Vittoria) talvez seja a peça mais dramática da arte barroca da cidade.

PÁG. 129 ▸ MONTE QUIRINALE, TERMINI E ARREDORES

▲ Bernini e Borromini

Os dois maiores escultores e arquitetos do barroco, cujas obras disputam espaço por toda a cidade, estão presentes no Palazzo Barberini com duas escadarias muito diferentes.

PÁG. 125 ▸ MONTE QUIRINALE, TERMINI E ARREDORES

◀ San Carlo alle Quattro Fontane

A inteligente utilização do espaço de Borromini torna esta igreja uma das mais criativas do período barroco.

PÁG. 128 ▸ MONTE QUIRINALE, TERMINI E ARREDORES

Roma no cinema

Sendo Roma uma cidade tão bela, e pelo fato de os filmes italianos usarem tantas cenas externas, não surpreende que a cidade tenha sido cenário em tantos filmes. Eis alguns de nossos preferidos.

▼ A barriga do arquiteto

O filme de Peter Greenaway usa marcos da cidade –especialmente o Palazzo Venezia e o Pantheon– como um amplo pano de fundo para a desintegração de um homem.

PÁG. 69 ▸ O CENTRO HISTÓRICO

▼ La dolce vita

Um clássico dos agitados anos 1960. Infelizmente, a polícia não permite recriações da famosa cena na Fontana di Trevi.

PÁG. 97 ▸ TRIDENTE

▲ Gladiador

Não foi filmado em Roma, mas oferece a imagem mais próxima que se pode ter hoje da violência sangrenta das lutas do Coliseu.

PÁG. 109 ▸ FÓRUM, COLISEU E ARREDORES

◀ A princesa e o plebeu

Audrey Hepburn e algumas belas locações dos anos 1950 –como a escadaria da Piazza di Spagna (foto)– são uma combinação perfeita.

PÁG. 94 ▸ TRIDENTE

▼ O talentoso Ripley

Lindas locações na Piazza Mattei e em outros pontos da cidade.

PÁG. 87 ▸ CAMPO DE' FIORI, GHETTO E ARREDORES

CLEMENS XII PONT MAX
AQVAM VIRGINEM
PERFECIT BENEDICTVS XIV PON MAX

Área por área

Piazza Venezia e a colina do Capitólio

Para muita gente, o centro moderno de Roma é a Piazza Venezia –não exatamente uma praça, mas o cruzamento de grandes avenidas. Ponto de partida para andanças pela cidade, fica perto tanto do centro medieval e renascentista quanto das ruínas da Antiguidade clássica. Aqui nesta praça, cercada de todos os lados por edifícios imponentes, você se sente indo e voltando no tempo: é um ponto de referência na cidade, marcado pelo majestoso Il Vittoriano, monumento a Vittorio Emanuele II. Atrás ficam a Piazza del Campidoglio e a colina do Capitólio, a mais central das famosas sete colinas de Roma.

Palazzo Venezia

Via del Plebiscito 118. Ter–dom 8h30–19h30; € 4. No lado oeste da praça, o Palazzo Venezia foi o primeiro grande palácio renascentista da cidade, construído para o papa veneziano Paulo II em meados do século 15 e durante muito tempo foi sede da embaixada da República de Veneza. Ficou ainda mais famoso quando Mussolini assumiu o poder e mudou-se para cá, onde ocupou a imensa Sala del Mappamondo. Do pequeno balcão voltado para a praça, ele fazia seus discursos declamatórios para a multidão. Hoje, abriga importantes exposições temporárias e o **Museo Nazionale di Palazzo Venezia** –um museu dedicado à arte e ao artesanato renascentistas. Além de um grande número de obras religiosas do centro e do norte da Itália, há esculturas de bronze lindamente dispostas e salas cheias de armas e jarras de cerâmica usadas nas antigas farmácias monásticas. Também se pode subir à **loggia**, a galeria superior do palácio, de onde se pode admirar o jardim de palmeiras, um dos mais belos de Roma.

San Marco

Diariam 8h30–12h e 16h–19h; fechada seg de manhã e qua à tarde. Adjacente ao lado sul do Palazzo Venezia, a Basilica di San Marco é uma igreja acolhedora, uma das mais antigas de Roma. Fundada em 336 no local onde supostamente o apóstolo Marcos viveu, foi reconstruída em 833 e recebeu acréscimos por ordem de vários papas do período renascentista e do século 18, entre eles o papa Paulo II, que acrescentou o gracioso pórtico e o teto decorado em ouro. Os mosaicos da abside datam do século 9º e mostram o papa Gregório IV ofertando sua igreja a Cristo.

Monumento a Vittorio Emanuele II

Diariam 9h30–18h30; grátis. Os edifícios ao redor da Piazza Venezia parecem insignificantes ao lado do imenso monumento em mármore que se ergue do outro lado da rua, defronte a San

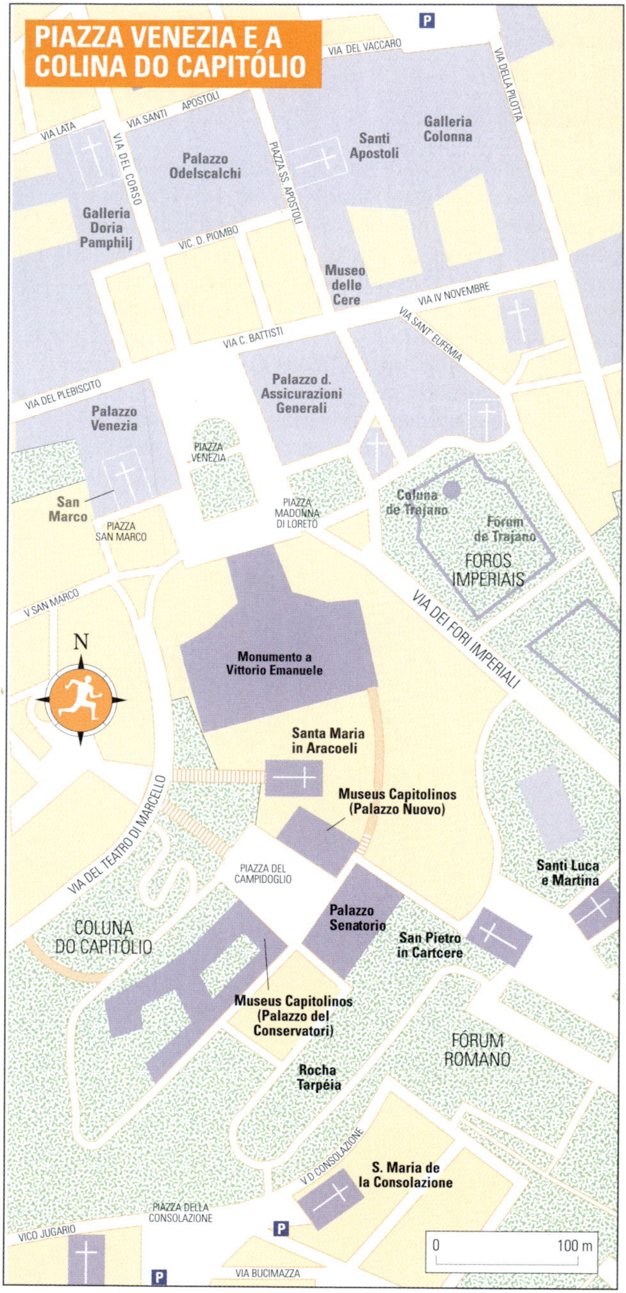
PIAZZA VENEZIA E A COLINA DO CAPITÓLIO
VIA DEL VACCARO
VIA DELLA PILOTTA
VIA LATA
VIA SANTI APOSTOLI
VIA DEL CORSO
PIAZZA SS. APOSTOLI
Palazzo Odelscalchi
Santi Apostoli
Galleria Colonna
Galleria Doria Pamphilj
VIC. D. PIOMBO
Museo delle Cere
VIA IV NOVEMBRE
VIA SANT' EUFEMIA
VIA C. BATTISTI
VIA DEL PLEBISCITO
Palazzo d. Assicurazioni Generali
Palazzo Venezia
PIAZZA VENEZIA
San Marco
PIAZZA SAN MARCO
PIAZZA MADONNA DI LORETO
Coluna de Trajano
Fórum de Trajano
FOROS IMPERIAIS
V SAN MARCO
VIA DEI FORI IMPERIALI
N
Monumento a Vittorio Emanuele
Santa Maria in Aracoeli
Museus Capitolinos (Palazzo Nuovo)
VIA DEL TEATRO DI MARCELLO
PIAZZA DEL CAMPIDOGLIO
Santi Luca e Martina
Palazzo Senatorio
San Pietro in Cartcere
COLUNA DO CAPITÓLIO
Museus Capitolinos (Palazzo del Conservatori)
FÓRUM ROMANO
Rocha Tarpéia
V D CONSOLAZIONE
S. Maria de la Consolazione
PIAZZA DELLA CONSOLAZIONE
VICO JUGARIO
P
0
100 m
VIA BUCIMAZZA

▲ IL VITTORIANO

Marco –o monumento a Vittorio Emanuel II, ou Il Vittoriano, construído na virada do século 19 como "Altar da Pátria", em comemoração à Unificação italiana. No passado, foi comparado a uma máquina de escrever e, pelos pracinhas americanos, a um bolo de noiva (o mármore branco não vai derreter com o tempo). O monumento ficou anos fechado, mas hoje está aberto ao público. Vale a pena subir e descer as várias escadas até os amplos terraços, mas, antes, você pode admirá-los da rua (atualmente, pode inclusive pegar o elevador –€ 7). Há o que ver no interior –pelo menos o grande Museo di Risorgimento e o Complesso del Vittoriano–, mas é o exterior o mais interessante, em especial a enorme estátua equestre de Vittorio Emanuele II. Pelo monumento se tem acesso à Piazza del Campidoglio, que fica logo atrás. As vistas da cidade são fabulosas, talvez por ser o único lugar de Roma de onde não se avista o Vittoriano.

Colina do Capitólio

A única coisa a lamentar a respeito do monumento a Vittorio Emanuele é o fato de que ele obscurece a vista da colina do Capitólio, que fica atrás e que, na época da Roma imperial, era o centro político e espiritual do Império Romano. Seu nome deriva de sua localização como "*caput mundi*" ou "cabeça do mundo", e sua importância reverbera até hoje em palavras como "capital", que deriva daí, assim como as palavras "*money*" e "moeda" originam-se do templo dedicado a Juno Moneda, que fica ali perto e onde funcionava a Casa da Moeda de Roma. Hoje, concentram-se no Capitólio atrações imperdíveis, entre elas dois museus e a Chiesa di Santa Maria in Aracoeli. Atualmente, o Capitólio está mais conectado a outros pontos da cidade do que antigamente, com ruas que o ligam ao Vittoriano, de um lado, e ao Fórum Romano, do outro.

Santa Maria in Aracoeli

Diariam 9h–12h30 e 15h–18h30.

A Chiesa di Santa Maria in Aracoeli ocupa o ponto mais alto da colina do Capitólio e foi construída sobre as ruínas do templo de Juno. O acesso é

▲ SANTA MARIA IN ARACOELI

feito por uma escadaria de 124 degraus, a Scalinata Aracoeli, construída em 1348. A subida até o topo é difícil, mas a igreja vale o esforço: é uma das basílicas mais antigas de Roma, famosa por ter sido a guardiã do "Bambino", uma pequena imagem do Menino Jesus esculpida na madeira de uma oliveira do Getsêmani. Como atribuía-se à imagem milagrosos poderes de cura, ela era levada ao pé do leito dos doentes e moribundos de toda a cidade, ocasião em que sua carruagem abria passagem imediata pelo pesado tráfego da cidade. O Bambino foi roubado em 1994, mas uma cópia ocupa seu lugar em uma pequena capela do lado esquerdo do altar-mor.

Piazza del Campidoglio

Vizinha à Scalinata Aracoeli, uma rampa em suave declive leva à Piazza del Campidoglio, uma das mais bem-proporcionadas praças de Roma, projetada por Michelangelo nos últimos anos de sua vida para o papa Paulo III. Michelangelo morreu antes de ver seu projeto terminado, mas seus esboços foram fielmente executados –a reordenação da praça, a reforma da fachada do Palazzo dei Conservatori e o projeto de um edifício idêntico do outro lado da praça, o Palazzo Nuovo. Esses edifícios, que foram recentemente restaurados, abrigam os Museus Capitolinos (ver pág. ao lado) e estão dispostos em um ângulo suave que conduz o foco da atenção para o Palazzo Senatorio, sede da prefeitura de Roma. No centro da praça, Michelangelo

▼ PIAZZA DEL CAMPIDOGLIO

colocou uma estátua equestre do imperador Marco Aurélio (hoje uma cópia), que antes se erguia na frente da Basilica di San Giovanni in Laterano. Os primeiros cristãos evitaram derretê-la por acreditarem que se tratava da imagem do imperador Constantino (o primeiro imperador romano a reconhecer e adotar o cristianismo).

Museus Capitolinos

Ter–dom 9h–20h; € 6,50, € 8,50 o bilhete integrado com Centrale Montemartini (ver pág. 116), válido por 7 dias; www.museicapitolini.org. Se você não tiver tempo de visitar nenhum outro museu de esculturas antigas, tente pelo menos ver os Museus Capitolinos, que contêm talvez o acervo mais respeitável da cidade. Os museus ocupam dois palácios –o Palazzo dei Conservatori e o Palazzo Nuovo– , que merecem ambos uma visita. Como o ingresso é válido por um dia, você pode fazer uma pausa entre um museu e outro e dar um passeio pelo Fórum Romano. O **Palazzo dei Conservatori** é maior e tem um acervo mais diversificado, que inclui algumas esculturas da Antiguidade clássica ao lado de peças posteriores, além de uma galeria de arte. No primeiro andar, a sala mais importante é a Sala degli Orazi e Curiazi, decorada com afrescos gigantescos do fim do século 16 que mostram episódios lendários dos primeiros tempos de Roma. Não deixe de ver, na Sala dei Trionfi, o *Spinario*, um pequeno bronze que mostra um menino tirando um espinho do pé e, na sala vizinha, o símbolo sagrado de Roma, a estátua etrusca em bronze que mostra a loba alimentando os míticos fundadores da cidade. Em seguida, passe à nova ala, mais arejada, onde a estátua original de Marco Aurélio, que antes se erguia na praça, ocupa o espaço central, ao lado de fragmentos da colossal estátua em bronze de Constantino e da estátua de Hércules em bronze dourado. Atrás encontram-se parte das fundações e uma parede de sustentação do templo original de Júpiter, descobertas durante as obras de construção da nova ala.

A pinacoteca do segundo andar contém pinturas renascentistas do século 14 ao fim do século 17, entre as quais os destaques são um par de retratos de Van Dyck, um sagaz *Ritratto di balestrieri,* de Lorenzo Lotto, dois óleos de 1590 de Tintoretto –*Flagellazione* e *Coronazione di spine* –e uma bela obra de juventude de Lodovico Carracci, *Ritratto di giovane.* Em uma das duas galerias principais está exposta a grande tela de Guercino que representa o *Sepellimentto di Santa Petronilla* (uma das primeiras mártires romanas, suposta filha de são Pedro) e dois quadros de Caravaggio: um *João, o Batista,* do qual existe uma réplica no Palazzo Doria-Pamphilj, e uma obra de juventude, *La buona ventura.*

O **Palazzo Nuovo,** do outro lado da praça –cujo acesso se faz também por um caminho subterrâneo que revela belas vistas do Fórum, logo abaixo– tem algumas das mais belas esculturas da antiguidade romana reunidas em uma meia dúzia de salas. Entre elas estão a extraordinária estátua *Gálata moribundo,* o *Sátiro em repouso*, que inspirou o livro de Hawthorne, *O fauno de mármore*, e o *Fauno em marmo rosso*, em mármore vermelho –ao lado de bustos de imperadores romanos e outros nomes famosos: o jovem Augusto, o

▲ ESTÁTUA DE MARFORIO, PALAZZO NUOVO

cruel Caracalla e, a peça central, um retrato em tamanho natural de Helena, mãe de Constantino, graciosamente reclinada. E não deixe de ver a delicada e recatada *Vênus Capitolina*, que está em uma sala exclusiva.

A loba e a Rocha Tarpéia

Na Piazza del Campidoglio, a estátua de Rômulo e Remo sugando a loba é uma das mais persistentes imagens de Roma. Logo atrás fica a Rocha Tarpéia, de onde os traidores eram atirados em tempos antigos –e que hoje oferece uma excelente vista do Fórum.

San Pietro in Carcere e Prisão Mamertina

Diariam 10h–19h; na prisão, espera-se uma doação.

Uma escada desce pela Rocha Tarpéia e leva à pequena Chiesa di San Pietro in Vincoli –construída em cima da antiga Prisão Mamertina, onde os espiões, soldados capturados e outros inimigos do Estado romano eram encarcerados, entre eles o próprio são Pedro. Outra escada desce às profundezas escuras da masmorra, onde se pode ver as barras a que o santo foi acorrentado e a fonte onde, segundo se diz, ele batizava os outros prisioneiros. No fim dos degraus, escavada na pedra, há uma gravação que seria a marca da cabeça de são Pedro quando foi jogado escada abaixo (embora, quando a prisão funcionava, o único acesso a ela se fazia por um buraco no teto). Até hoje é um lugar impressionante, que você não vai lamentar ter que abandonar –não sem antes passar por uma estrategicamente colocada loja de suvenires.

O centro histórico

O verdadeiro coração de Roma é o centro histórico, que ocupa grande parte do terreno triangular que emerge em uma curva do rio Tibre. Essa região, conhecida no tempo da Roma Antiga como Campus Martius, ou Campo de Marte, ficava fora do antigo centro da cidade, uma baixada quase inteiramente ocupada por alojamentos militares e arenas de esportes, além de vários templos, entre eles o Pantheon. Mais tarde, tornou-se o centro da cidade renascentista e hoje é a região de Roma onde se concentram mais pontos de interesse, um labirinto de ruas e aléias que guardam o melhor do legado clássico e barroco e onde a vida noturna é mais animada. É aqui que a maioria das pessoas encontra a Roma que estava procurando: uma cidade de pequenas praças em ruínas, igrejas e fontes renascentistas, ruas e becos sem saída por onde circulam lambretas e pedestres. Qualquer que seja a direção escolhida, sempre existe algo para ver; na verdade, grande parte do encanto do centro de Roma é a possibilidade do encontro inesperado de obras e lugares históricos de tirar o fôlego.

Via del Corso

Assim chamada devido às corridas que ocorriam aqui durante o período renascentista, a Via del Corso é hoje a principal rua comercial de Roma e sua artéria mais central. Aqui se misturam butiques de classe e lojas de redes, cuja presença gera um burburinho durante o dia, mas, à noite, um silêncio quase mortal se instala. Indo na direção norte-sul partindo da Piazza del Popolo para a Piazza Venezia, a Via del Corso divide o centro em duas partes: o lado ocidental é ocupado pela concentração de ruas do centro histórico e, no oriental, as ruas das lojas elegantes convergem para a Piazza di Spagna.

Galleria Doria Pamphilj

Via del Collegio Romano 2. Seg–qua e sex–dom 10h–17h; € 8, incluído áudio-guia; visitas guiadas pelos aposentos privados a cada 30min 10h30–12h30; € 3,50; Ⓦwww.doriapamphilj.it. O Palazzo Doria Pamphilj é um dos mais belos palacetes rococó da cidade. A família Doria-Pamphilj, uma das mais ilustres de Roma e que ainda é proprietária do palácio, mora em uma parte do edifício. Como sempre houve na família grandes colecionadores de arte, o interior da galeria guarda um dos melhores acervos do Renascimento tardio. A primeira parte da galeria é constituída por uma série de aposentos privados, mobiliados no estilo do palácio original. Mas o maior interesse está na galeria de pintura, cujas obras –emolduradas no estilo da época– enchem as paredes do teto ao chão. Há um busto

rachado do papa Inocêncio X esculpido por Bernini, que o artista parece ter substituído pela versão mais famosa que ocupa o saguão, na qual o artista deve ter capturado o papa prestes a explodir em uma risada. Na mesma sala, o famoso retrato de Velázquez do mesmo papa é bastante diferente, revelando o caráter irritável de alguém que olha o observador com impaciência. Aqui talvez estejam concentradas as melhores obras de pintores holandeses e flamengos expostas em Roma, entre elas uma rara obra italiana de Bruegel o Velho, um retrato realista de um idoso, o fantasticamente horrendo *Banqueiros e seus clientes*, de Quentin Matsys, e a *Deposição da cruz,* de Hans Memling. Destacam-se ainda o bucólico *Paisagem com a fuga para o Egito*, de Annibale Carracci, pintado pouco antes da morte do artista, e duas pinturas de Caravaggio –*Madalena arrependida* e *João, o Batista*– e *Salomé com a cabeça de são João*, de Ticiano. No todo, é uma magnífica coleção de arte, exibida em um ambiente apropriado.

Sant'Ignazio

Diariam 7h30–12h30 e 15h–19h15.

A Chiesa di Sant'Ignazio foi dedicada ao fundador da Companhia de Jesus depois de sua morte e canonização. Vale uma visita pelo maravilhoso teto barroco de Andrea del Pozzo, que mostra santo Inácio sendo recebido no Paraíso por Cristo e pela Virgem, uma obra espetacular que cria a ilusão de se estar olhando para o céu por entre as colunas. Pozzo também pintou o engenhoso falso

▲ PIAZZA SANT'IGNAZIO

domo no transepto (um domo verdadeiro foi planejado, mas foi considerado caro demais). Pare no círculo no centro da nave e você perceberá plenamente o feito dessa obra-prima em *trompe-l'oeil.*

Pantheon

Seg–sáb 8h30–19h30, dom 9h–18h; grátis. Uma das mais frequentadas atrações do centro histórico, o Pantheon é com certeza a estrutura completa mais antiga de Roma, junto com o Coliseu, visualmente mais impressionante. Embora originalmente fizesse parte da reforma do Campo de Marte feita por Marcos Agripa por volta de 27 a.C. –daí a inscrição–, o edifício foi reconstruído pelo imperador Adriano e concluído por volta

▲ PANTHEON

do ano 125 d.C. (e desde então consagrado como igreja). Mesmo hoje, é uma estrutura arquitetonicamente formidável, e no interior se tem uma idéia melhor da excelência da engenharia da época: o diâmetro é exatamente igual à altura (43m), e a abertura no centro do domo –por onde raios de sol penetram e iluminam o sombrio interior– tem 9m de diâmetro. O mais impressionante é que não se vêem colunas que sustentem o majestoso prédio; na verdade, as colunas estão afundadas no concreto das paredes do edifício. O interior é ricamente decorado, com a cúpula coberta de alvéolos feitos de estuque, e os nichos eram cheios de estátuas de deuses. Hoje, além do tamanho do edifício, o principal objeto de interesse é o túmulo de Rafael, situado entre a segunda e a terceira capela da esquerda, onde uma inscrição do bispo humanista Pietro Bembo diz: "Enquanto ele viveu, a natureza temia a concorrência de suas obras, e agora que ele morreu, ela teme por sua própria existência". O mesmo sentimento pode ser reservado ao Pantheon.

Santa Maria sopra Minerva

Seg–sáb 7h–19h, dom 8h–19h. É na Piazza della Minerva que se localiza a igreja medieval de Santa Maria sopra Minerva. É a única igreja gótica de Roma, e só por isso já merece uma visita, mas também porque guarda tesouros de arte no interior: túmulos de ricas famílias romanas. Na Capella Carafa, no transepto sul, está um dos túmulos mais famosos, principalmente pelo afresco de Filippino Lippi, *A Assunção*. No fundo, as crianças retratadas no quadro são os futuros papas dos Medici, Leão X e Clemente VII –cujos túmulos repousam dos dois lados do altar-mor. Veja também a figura do *Cristo risorto*, uma obra serena que Michelangelo terminou para a igreja em 1521. Do lado de fora, a diminuta **estátua do Elefante**, a mais terna obra de Bernini: um alegre elefante trombeteando sob o peso de um obelisco que carrega nas costas –referência ao papado de Alexandre VII e ao fato de que a força pode suportar a sabedoria.

Sant'Ivo alla Sapienza

Seg–sex 8h30–17h, sáb e dom 9h–12h. Entre o Pantheon e a Piazza Navona, a fachada branca do Palazzo della Sapienza acolhe a Chiesa di Sant'Ivo alla Sapienza –pelo menos do lado de fora, uma das mais impressionantes igrejas de Roma, com uma alegre fachada de Carlo Borromini. Projetada originalmente para o papa Urbano VIII, a construção na verdade se estendeu pelo reinado de três pontífices. Cada uma das duas pequenas torres é encimada por grupos bizarros que simbolizam a família Chigi, e a cúpula central parece subir tortuosamente para o zênite, coroada por chamas que representariam o ferrão da abelha, símbolo da família Barberini. O interior, projetado com todo o cuidado, é dramaticamente iluminado e espaçoso, considerando o pequeno espaço onde a igreja está espremida, erguendo-se em direção à cúpula parabólica.

▲ SANT'IVO ALLA SAPIENZA

San Luigi dei Francesi

Diariam exceto qui à tarde 8h30–12h30 e 15h30–19h. A igreja dedicada à nação francesa, San Luigi dei Francesi, merece uma visita, principalmente pelas obras de Caravaggio. Na última capela da esquerda há três pinturas: *O chamamento de são Mateus*, na qual Cristo aponta para Mateus, que é iluminado por um facho de luz do sol; *São Mateus e o anjo*, que mostra a visita de um anjo aos apóstolos evangelistas, e *O martírio de são Mateus.* Primeiras obras encomendadas a Caravaggio, essas pinturas na verdade foram rejeitadas a princípio, em parte sob alegação de falta de decoro, e exigiram muito trabalho do artista antes de serem finalmente aceitas. Apesar disso, estão entre as obras-primas de Caravaggio.

Sant'Agostino

Diariam 7h45–12h e 16h–19h30. A fachada renascentista da Chiesa di Sant'Agostino não chama a atenção, mas alguns de seus tesouros artísticos podem atrair o visitante para o interior. Logo depois da porta, a serena estátua da *Madonna del Parto*, de Sansovino, é tradicionalmente invocada pelas mulheres durante a gravidez e está cercada por fotos de bebês recém-nascidos e seus abençoados pais. Mais adiante, o vibrante afresco de Rafael, *Isaías,* ocupa a terceira coluna da esquerda, sob outra obra de Sansovino, *Sant'Ana, a Virgem e o Menino*. Mas os visitantes costumam se aglomerar ao redor da primeira capela da esquerda, onde a *Madonna di Loreto*, pintada em 1605 por Caravaggio, é uma obra característica do que na época foi considerado um realismo revolucionário. Nela, camponeses rezam aos pés da virgem e do menino, com seus pés sujos e suas roupas desmazeladas contrastando com a pele delicada e pálida de Maria.

Piazza di Montecitorio e Piazza Colonna

A Piazza Montecitorio toma seu nome do Palazzo di Montecitorio, situado no seu lado norte e, desde 1871, é sede da Câmara Baixa do Parlamento italiano (aberto no primeiro

▲ COLUNA DE MARCO AURÉLIO

domingo do mês 10h–18h; grátis). O edifício foi construído por Bernini em 1650. Adiante, a Piazza Colonna, de frente para a Via del Corso, é ocupada na face norte pelo Palazzo Chigi, do século 16, residência oficial do primeiro-ministro. A **Coluna de Marco Aurélio**, que dá nome à praça, foi erigida entre 180 e 190 d.C. para comemorar as vitórias militares no norte da Europa e (como a Coluna de Trajano que a inspirou) é decorada com relevos que mostram cenas das campanhas.

Piazza Navona

O foco da metade ocidental do centro histórico é a Piazza Navona, uma praça oval reservada a pedestres que é a mais famosa praça de Roma e tão pitoresca quanto qualquer outra na Itália. Cercada de cafés e restaurantes, e quase sempre lotada de turistas, artistas de rua e pombos, é mais convidativa à noite, quando o inevitável clima turístico atinge sua vibração máxima e grupos se reúnem ao redor das fontes, observando os artistas de rua ou apenas matando o tempo enquanto saboreiam um drinque em uma das mesas espalhadas pelas calçadas. A forma da praça foi inspirada no Estádio de Domiciano, construção do século 1º onde se realizavam os principais eventos de atletismo e, mais tarde, as corridas de carruagens que antes ocorriam no Campo de Marte. Até meados do século 15, as ruínas da arena ainda estavam de pé, embora cobertas de vegetação. Em meados do século 17, o local recebeu uma reforma por ordem do papa Inocêncio X, que construiu os grandiosos palacetes que cercam a praça e contratou Borromini para reformar a Chiesa di

▼ PIAZZA NAVONA

▲ FONTANA DEI QUATTRO FIUMI

Sant'Agnese in Agone (diariam 9h30–12h30 e 16h–19h), que ocupa a face oeste.

Fontana dei Quattro Fiumi

Uma das três fontes espalhadas pela Piazza Navona, a Fontana dei Quattro Fiumi é uma obra-prima de Bernini, construída em 1651. Cada figura representa um dos quatro rios considerados na época os maiores do mundo –Nilo, Danúbio, Ganges e Prata–, embora apenas o cavalo que simboliza o Danúbio tenha sido esculpido por Bernini. O obelisco egípcio que ocupa o topo da fonte foi trazido pelo papa Inocêncio X do Circo di Massenzio.

Pasquino

É fácil não notar o busto de mármore de Pasquino, mesmo na pequena e triangular Piazza Pasquino (você o encontrará em um canto), que fica a oeste da Piazza Navona. Pasquino talvez seja uma das mais famosas "estátuas falantes" da Idade Média e do Renascimento, sobre as quais anônimos romanos afixavam pequenos cartazes onde comentavam os assuntos do dia –comentários que, embora sérios na intenção, tinham um tom humorístico, o que deu origem à palavra "pasquim".

Museo di Roma

Piazza San Pantaleo 10. Ter–dom 9h–19h; € 6,50; ⓦ www.museodiroma.comune.roma.it. O Palazzo Braschi, uma construção do século 18, é sede do Museo di Roma, cujo acervo permanente conta a história da cidade da Idade Média aos nossos dias. É um grande museu e, para ser sincero, com poucos pontos de interesse. Na verdade, o mais interessante talvez seja o prédio, particularmente a magnífica Sala Nobile, a escadaria principal e uma ou duas salas que foram reformadas. Mas algumas pinturas são apaixonantes, mostrando a cidade em diferentes épocas. Os afrescos retirados de palácios demolidos também são destaques.

▲ SANT'ANDREA DELLA VALLE

Sant'Andrea della Valle

Seg–sáb 7h30–12h e 16h30–19h30, dom 7h30–12h45 e 16h30–19h45. Esta igreja se destaca por ter a segunda cúpula mais alta da cidade (a primeira é a de são Pedro), construída por Carlo Maderno, e por ser o cenário da primeira cena da *Tosca* de Puccini. No interior, um dos mais barrocos de Roma, a atenção é atraída não apenas para a cúpula, decorada com o afresco *Gloria del Paradiso*, de Giovanni Lanfranco, mas também pela maravilhosa série de afrescos que adornam a abside, obra de seu contemporâneo Domenichino, que ilustram a vida de santo André. Em uma capela lateral da direita pode-se reconhecer algumas boas cópias, não só da *Pietà* de Michelangelo (a original está em São Pedro), mas também de suas figuras de *Lia* e *Raquel* que estão no túmulo de seu patrono, Júlio II, na Chiesa di San Pietro in Vincoli (ver pág. 136).

Museo Barracco

Corso Vittorio Emanuele II 166. Ter–dom 9h–19h; € 3. O Palazzo Piccola Farnesina, construído por Antonio Sangallo, o Jovem, e recentemente restaurado, é sede do Museo Barracco, que contém uma pequena, mas de alta qualidade, coleção de esculturas antigas doada à cidade na virada do século 20 pelo barão Barracco. Contém peças egípcias e gregas, cerâmicas e estatuária do período clássico grego e peças do fim do período romano, em especial uma pequena figura de Netuno, do século 1º, e uma estranha escultura colunar que, num estilo que lembra o de Giacometti, mostra uma figura hermafrodita. Os dois encantadores bustos de jovens romanos datam do século 1º.

Palazzo della Cancelleria

O grandioso Palazzo della Cancelleria foi sede do governo papal que administrava a cidade. Acredita-se que o arquiteto renascentista Bramante colaborou com o projeto deste bem-proporcionado edifício, que transmite uma sensação de equilíbrio que contrasta radicalmente com o ambiente decadente à sua volta. Não é permitida a entrada no interior, mas pode-se caminhar pelo maravilhoso pátio, que por si só já é um prazer, embora San Lorenzo in Damaso (diariam 7h30–12h30 e 16h30–20h), uma das mais antigas igrejas de Roma, faça parte do conjunto. Ela foi reconstruída com o palácio e, desde então, em grande parte restaurada, mais recentemente no fim do século 19. Tem uma pintura de Federico Zuccaro, *A coroação da Virgem*, sobre o altar, e uma imagem da Virgem Maria do século 12 em uma capela.

Via del Governo Vecchio

A Via del Governo Vecchio parte da Piazza Pasquino e atravessa um dos bairros mais animados de Roma, cujas ruas estreitas, barulhentas à noite, estão cheias de bares e restaurantes. Descendo um pouco à esquerda, a encantadora e pequena Piazza del Orologio tem este nome graças ao curioso relógio projetado por Borromini, parte do Oratorio dei Filippini, que por sua vez faz parte do complexo da Chiesa Nuova (ver abaixo). Aqui os seguidores de são Felipe Néri se reuniam para ouvir música como parte do culto, presenteando a linguagem com o termo musical "oratório".

Chiesa Nuova

Diariam 8h30–12h e 16h30–19h. A Chiesa Nuova foi fundada por são Felipe Néri, que durante toda a vida cuidou dos pobres e doentes da redondeza e encomendou esta igreja em 1577. Néri morreu em 1595 e foi canonizado em 1622, e esta grande igreja, além de ser o local de seu repouso eterno (seu corpo descansa na capela à esquerda da abside), é seu memorial. No interior, destacam-se três pinturas de Rubens no altar-mor, cujo centro é ocupado pela *Virgem com anjos*, e o teto pintado por Pietro da Cortona, que mostra a *Ascensão da Virgem* na abside e, acima da nave, a construção da igreja e a famosa "visão de fogo" que são Felipe teve em 1544, quando uma bola de fogo entrou pela sua boca e dilatou seu coração –um fato físico que aparentemente acabou afetando sua saúde.

Via dei Coronari

Correndo da margem do Tigre até a extremidade mais alta da Piazza Navona, esta é a rua do comércio de antiguidades. Embora os preços sejam bem altos como seria de esperar num local como este, existem muitas lojas (não há praticamente outra coisa na Via dei Coronari) que vendem uma grande variedade de produtos. Uma busca pelas lojas pode ser um dos momentos mais atrativos da visita turística.

Santa Maria dell'Anima

Diariam 9h–13h e 15h–19h Na Via dei Coronari, o prédio quase quadrado da igreja alemã em Roma é ricamente decorado, com o santuário principal em destaque, ladeado por túmulos renascentistas. No túmulo da direita, uma obra bela e triste, repousa o último papa não italiano antes de João Paulo II, o holandês Adriano VI, que morreu em 1523, enquanto na outra ponta, acima do altar, vê-se a escura e brilhante *Virgem com santos* de Giulio Romano.

Santa Maria della Pace

Ter–sáb 8h30–12h e 16h–20h, mas instável. A Chiesa di Santa Maria della Pace data do fim do século 15, embora a fachada e o pórtico tenham sido acrescentados algumas centenas de anos depois por Pietro da Cortona. No interior, os afrescos de Rafael que mostram feiticeiras acima da Capela Chigi (a primeira à direita) foram executados no início do século 16. Se a igreja estiver fechada, já que os horários não são observados com rigor, visite o anexo *Chiostro del Bramante,* concluído em 1504, um belo claustro de dois andares que hoje abriga exposições temporárias de arte.

Palazzo Altemps

Ter–dom 9h–19h; € 7, inclui o Palazzo Massimo, as Termas de Diocleciano e a Cripta Balbi, válido por 3 dias. Do outro lado da rua que forma a extremidade norte da Piazza Navona, o Palazzo Altemps, um palacete do século 15 restaurado, hoje abriga o melhor das coleções aristocráticas de estátuas romanas do **Museo Nazionale Romano**. Entre seus muitos tesouros, há duas esculturas quase idênticas de *Apolo citaredo*, uma magnífica estátua de Atena domando uma serpente e, no canto mais afastado do pátio, um audacioso Dionísio com um sátiro e uma pantera. No andar superior, a Sala delle Prospettive Dipinte, assim chamada devido às bucólicas paisagens que pendem de suas paredes, contém uma estátua de Hermes; ao lado, na Sala della Piattaia, onde um afresco mostra uma exposição de presentes de casamento com um fundo floral, está a magnífica escultura de um guerreiro em descanso, *Ludovisi Ares*, restaurada por Bernini em 1622, e um sensível retrato de *Orestes e Electra*, do século 1º, obra do escultor Menelaus –cujo nome está gravado na base de uma das figuras. Adiante, a Sala delle Storie di Mosè exibe um friso que conta a história de Moisés, cada cena apresentada por figuras desnudas sobre um tapete. Nesta sala há uma colossal cabeça de Hera e –o que alguns consideram o destaque de toda a coleção– o famoso Trono de Ludovisi, obra grega original do século 5º a.C. adornada com um delicado relevo que mostra o nascimento de Afrodite. Há ainda um salão onde uma imensa lareira, decorada com cariátides e cabritos monteses –símbolo da família Altemps– assiste ao *Gálata suicida*, aparentemente encomendada por Júlio César para decorar seu Palazzo del Quirinale, e um incrível sarcófago onde está representada uma batalha em detalhes escultóricos quase viscerais. Trata-se, sem dúvida, de uma das melhores coleções de arte clássica de Roma.

▼ PALAZZO ALTEMPS

Lojas

Arsenale

Via del Governo Vecchio 64. Seg 15h30–19h30, ter–sáb 10h–19h30. Esta grande loja é uma das melhores butiques ao longo desta rua, com ótimos vestidos de Patrizia Pieroni e muitas outras peças de estilistas independentes.

Campo Marzio Penne

Via Campo Marzio 41. Diariam 10h–13h e 14h–19h. Uma pequena loja que vende canetas e artigos de papelaria moderníssimos, além de estojos e pastas.

Il Gancio

Via del Seminario 82/83. Bolsas, malas e sapatos de couro de alta qualidade e de fabricação própria.

Ai Monasteri

Piazza delle Cinque Lune. Bolos, bebidas, cosméticos e outros produtos, tudo fabricado pelas monjas.

Moriondi & Gariglio

Via Pie di Marmo 21/22. Seg–sáb 9h30–13h e 15h30–19h30. A curta distância a pé do Pantheon, esta talvez seja a loja de chocolates caseiros mais suntuosa do centro da cidade –ótima sugestão para um presente refinado.

Pellicano

Via Seminario 93. Ezio Pellicano só vende uma coisa: gravatas, fabricadas pelo próprio Ezio ou por sua filha. Você pode comprar qualquer uma das centenas de peças em exposição ou escolher um dos muitos padrões estocados e ter sua gravata pronta em cerca de uma semana.

Teichner

Piazza San Lorenzo in Lucina 17. Uma mercearia com boa variedade de produtos italianos que provavelmente você vai querer levar para casa.

Vacanze Romane

Via dei Pastini 18a. Uma sofisticada loja de presentes com objetos divertidos e algumas lembranças *kitsch* de Roma.

Cafés e lanchonetes

Camilloni

Piazza Sant'Eustachio 54. Ter–dom 8h30–24h. Disputa com o *Caffè Sant'Eustachio* –ver abaixo– o título de melhor café de Roma. Serve ótimos bolos também.

Cremeria Monteforte

Via della Rotonda 22. Ter–dom 10h–23h. Esta *gelateria* é um pequeno tesouro escondido à sombra do Pantheon. A especialidade da casa, um sorvete siciliano chamado *cremolato* é servido em dez sabores.

Gran Caffè La Caffetteria

Piazza di Pietra 65. Diariam 7h30–22h. Este café napolitano próximo ao Parlamento vive lotado de burocratas. As tortas são trazidas de Nápoles diariamente, e o expresso está entre os melhores de Roma. Bom para almoçar também.

Giolitti

Via Uffici del Vicario 40. Esta *gelateria,* uma instituição italiana, antigamente tinha a fama –hoje perdida– de oferecer o melhor sorvete do país. Ainda é muito bom, e há setenta opções de sabores.

Pascucci

Via di Torre Argentina 20. Este café é especializado em *frullati* –frutas frescas batidas com leite e gelo. Um sabor refrescante em um dia quente.

Caffè Sant'Eustachio

Piazza Sant'Eustachio. Bem atrás do Pantheon você vai encontrar o que muitos consideram o melhor café de Roma, além de

▲ PASCUCCI

uma boa variedade de doces e bolos que têm o café entre seus ingredientes.

La Tazza d'Oro

Via degli Orfani 84/86. Logo depois da Piazza del Pantheon, esta é uma casa famosa, pois é senso comum que aqui se toma um dos melhores cafés de Roma, além da tentadora *granita di caffè,* servida com duas bolas de creme batido.

Lo Zozzone

Via del Teatro Pace 32. Seg–sex 9h–21h, sáb 10h–23h. Esta lenda romana fica logo virando a esquina da Piazza Navona. Nas mesas da calçada, serve a melhor *pizza bianca* da cidade, com o recheio que você quiser, e muitas opções da deliciosa *pizza al taglio.*

Restaurantes

Da Alfredo e Ada

Via dei Banchi Nuovi 14 ☎06.687.8842. Apenas fins de semana, almoço e jantar. Não há um menu, e as opções são poucas e caras, neste restaurante no centro da cidade, onde Ada reina sobre uma clientela de assíduos admiradores, aos quais serve uma entrada de massa, seguida do que quer que seja que eles tenham preparado naquele dia. € 16 por três pratos, inclusive meia garrafa de vinho.

Armando al Pantheon

Salita de' Crescenzi 30. ☎06.6880.3034. Fecha sáb à tarde e dom o dia todo. Um ambiente despretensioso e uma comida honesta por preços moderados –é isso que se encontra neste tradicional restaurante perto do Pantheon.

Il Bacaro

Via degli Spagnoli 27 ☎06.686.4110. Seg–sex 12h30–14h30 e 20h–23h30, sáb 20h–23h30. Este diminuto restaurante tem um cardápio pequeno, concentrado em uma seleção de antepastos e *primi*, e pratos principais de carne.

Da Baffetto

Via del Governo Vecchio 114 ☎06.686.1617. Diariam 19h–24h. Uma pequena e autêntica pizzaria que já é uma instituição romana e que agora costuma viver lotada de turistas. Surpreendentemente, ainda mantém bons preços. No verão, há mesas externas, mas não se escapa das filas de espera. As *bruschettas* (torradas de pão italiano com diversas e saborosas coberturas) são especialmente boas.

Il Convivio da Troiani

Vicolo dei Soldati 31 ☎06.686.9432. Fecha seg no almoço e dom o dia todo; nos outros dias, abre para almoço e jantar. Um belo restaurante, onde as mesas ocupam três salas em arcos. A comida é ousada e requintada –e cara. Perfeito para uma noite especial, mas é preciso reservar.

Le Cornacchie

Piazza Rondanini 53 ☎06.6819.2096. Pratos da cozinha tradicional romana servidos em uma praça tranquila no centro da cidade. A comida é boa; o serviço, rápido; e os preços, módicos: € 8–9 o *primo*, € 10–15 o *secondo*.

Cul de Sac

Piazza Pasquino 73 ☎06.6880.1094. Diariam 12h–16h e 19h–0h30. Um movimentado bar tradicional com uma excelente carta de vinhos. Localizado no centro, com mesas externas e uma comida decente. Um dos melhores lugares no centro histórico para quem não quer uma refeição completa.

Enoteca Corsi

Via del Gesù 87–88 ☎06.679.0821. Só abre para almoço; fecha dom. Nesta antiquada *trattoria* romana, situada entre a Piazza Venezia e o Pantheon, você come o que eles tiverem preparado naquela manhã. Muito barata, tem o clima verdadeiro da velha Roma.

Da Franceso

Piazza del Fico 29 ☎06.686.4009. Seg e qua–dom 19h–1h. Nesta pizzaria no coração da moderna

▲ CUL DE SAC

Roma não se serve só pizzas –embora elas sejam deliciosas–, mas também antepastos, *primi* e *secondi*. O serviço pode ser um tanto descuidado, mas a comida e o ambiente são insuperáveis.

Maccheroni

Piazza delle Coppelle ☎06.6830.7895. Seg–sáb 12h30–15h e 20h–24h. Um restaurante acolhedor magnificamente situado nesta calma praça bem no coração do centro histórico. O interior é espartano, mas confortável,

▲ ENOTECA CORSI

enquanto as mesas externas têm uma localização privilegiada. A comida é basicamente italiana, os preços são acessíveis e o serviço é prestimoso.

Myosotis

Vicolo della Vaccarella 3–5 ☎06.686.5554. Seg–sáb 12h30–14h45 e 20h–23h. Um restaurante sofisticado ao lado de uma pequena praça no coração do centro histórico. Ótima comida e um ambiente luxuoso –uma boa opção para uma noite elegante.

Obikà

Via dei Prefetti 26 ☎06.683.2630. Diariam 10h–24h. O interior ultramoderno e o agradável terraço na isolada Piazza Firenze constituem o cenário do primeiro restaurante do mundo especializado em mussarela: aqui ela é servida com todos os acompanhamentos, de tomates e salames a anchovas e muito mais. Há alguns poucos pratos de saladas e massas, mas o queijo é o destaque. Um ótimo lugar para almoçar, mas talvez não para jantar. Os preços partem de € 8.

Riccioli

Piazza della Coppelle 10 ☎06.6821.0313. Diariam exceto dom 17h–2h. Este restaurante moderno e estiloso oferece ótimos pratos de sushi, ostras e frutos-do-mar. O bar funciona até tarde nesta movimentada praça no coração da Roma antiga.

Da Tonino

Via del Governo Vecchio 18–19 ☎06.333.587.0779. Fecha dom. Como não há cardápio nem placa de identificação neste famoso restaurante no centro histórico, geralmente eles apenas informam o cliente do que há para comer naquele dia –pratos da culinária romana tradicional, feitos na hora e sempre deliciosos. O serviço pode ser um tanto lento.

Bares

Anima

Via Santa Maria dell'Anima 57. Ter–dom 22h–3h. Este bar que fica aberto de madrugada tem um ambiente pós-moderno e oferece uma boa variedade de petiscos elegantes para acompanhar seu coquetel, enquanto os DJs tocam house, funk e drum & bass.

Bar del Fico

Piazza del Fico 26/28. Diariam 20h–2h. Um dos vários bares há muito estabelecidos na região, com um agradável terraço que é aquecido no inverno.

Fluid

Via del Governo Vecchio 46/47 ☎06.683.2361. Ultramoderno e quase sempre ultralotado, este bar e boate apresenta um labirinto interior com tema aquático. Não funciona até muito tarde.

Jonathan's Angels

Via della Fossa 18. Diariam 13h–2h. Este excêntrico bar vence o prêmio do "mais decorado". Cada palmo de parede (até no toalete, que só por isso já vale uma visita) é coberto, pintado ou decorado em um estilo bizarro.

Bar della Pace

Via della Pace 5. Diariam 10h–2h. Um bar de verão, com as mesas externas repletas do *beautiful people* de Roma. Calmo durante o dia, quando se pode apreciar o interior do século 19, cheio de mármores, espelhos, móveis feitos de mogno e plantas.

▲ BAR DELLA PACE

Société Lutèce
Piazza Montevecchio 17. Diariam 18h–2h. Um dos melhores bares do centro de Roma, onde os clientes saboreiam seus coquetéis até tarde da noite em um interior de paredes brancas cobertas de quadros abstratos. Um bufê aperitivo está incluído no preço dos drinques.

Casas noturnas e de espetáculos

Il Locale
Vicolo del Fico 3 ☎06.687.9075. Ter–dom 22h30–2h30. Localizado perto da Piazza Navona, esta casa tem uma atmosfera animada, quase caótica, onde bandas alternativas inglesas e americanas se revezam com bandas italianas de folk-rock. Não é mais um local da moda como já foi, mas ainda é uma casa divertida.

La Maison
Vicolo dei Granari 4 ☎06.683.3312. Ter–dom 23h–3h, até 5h sex e sáb. Uma casa luxuosa, cujos candelabros e decoração cintilante atraem a juventude dourada de Roma. A noite de domingo –a noite gay– é a mais animada, mas quem quiser se sentar terá que reservar uma mesa.

SupperClub
Via de Nari del Fico 3 ☎06.687.9075. Ter–dom 22h30–2h30. A versão moderna de um pervertido banquete romano –os clientes se reclinam em poltronas brancas enquanto massagistas fazem a ronda e performers e dançarinas semidespidas se contorcem ao som das batidas do DJ.

Campo de' Fiori, Ghetto e arredores

Este trecho sul do centro histórico de Roma estende-se entre o Corso Vittorio Emanuele II (a avenida que corta o centro) e o rio. Semelhante ao centro histórico que fica exatamente ao norte, é uma região de ruas estreitas que se abrem para pequenas praças ladeadas por igrejas. Entretanto, é um bairro comercial –menos monumental, com edifícios e lojas mais funcionais, como se vê em seu ponto de convergência, a Piazza di Campo de' Fiori, onde bancas de frutas e verduras e bares rústicos contrastam com os artistas de rua e os elegantes cafés da Piazza Navona. Para leste, ele se funde com as ruas sombrias e as ruínas romanas do Ghetto, o antigo gueto judeu, um bairro pequeno mas envolvente, que abriga a imensa sinagoga central da cidade, enquanto ao norte daqui encontra-se o principal cruzamento de trânsito que é o Largo di Torre Argentina, um local histórico.

Largo di Torre Argentina

Local de intenso tráfego, o Largo di Torre Argentina contém as ruínas de quatro templos (do período republicano), que hoje servem de moradia a bandos de gatos –na verdade, é mais um local para uma breve parada enquanto se espera um ônibus do que para uma visita demorada. Aqui se encontra o **Rifugio Felino**, um abrigo de gatos (diariam 12h–18h; Ⓦwww.romancats.com), descendo a escada no canto sudoeste. Para ver os **templos**, há visitas guiadas (diariam às 17h, 1 hora), embora elas não acrescentem muito ao que se pode ver da rua. No lado oposto do largo, o Teatro Argentina foi, em 1816, local da primeira apresentação do *Barbeiro de Sevilha* de Rossini, que não foi um sucesso na noite de estréia: parece que, ao se ver vaiado, Rossini se refugiou na confeitaria Bernasconi (ver pág. 89). Construído em 1731, no local onde se acredita César foi assassinado, o teatro é hoje um dos mais importantes da cidade.

Gesù

Diariam 6h–12h30 e 16h–19h15.

Gesù foi a primeira igreja jesuíta construída em Roma, e desde então tem servido de modelo para outras igrejas da ordem espalhadas pelo mundo –sua única nave central e seus curtos transeptos que se encontram sob uma imensa cúpula eram ideais para a grande congregação que a ordem pretendia atrair. Ainda hoje é uma igreja notável, não apenas por seu tamanho, mas também pela riqueza de seu interior. O ostentoso túmulo do fundador da ordem, santo Inácio de Loyola, é encimado por um

▲ GESÙ

imenso globo em lápis-lazúli –a maior pedra existente. Do lado oposto, o túmulo do missionário são Francisco Xavier guarda um relicário que contém o braço do santo (o resto do corpo está em Goa), enquanto a pintura em *trompe l'oeil* do teto, *Triunfo do nome de Jesus,* de Baciccia, parece se esparramar para fora de sua moldura em uma confusão de corpos retorcidos, drapeados flutuantes e anjos de gesso –o barroco em sua máxima intensidade.

Stanze di Sant'Ignazio

Seg–sáb 16h–18h, dom 10h–12h; grátis. Ocupando parte do primeiro andar da casa professa dos jesuítas, essas salas restauradas foram a residência de santo Inácio de 1544 até sua morte em 1556. Aqui há peças de mobília e objetos do santo, mas a maior atração é o corredor que leva aos aposentos, decorado por Andrea Pozzo em 1680 –um magnífico exercício de perspectiva que dá a ilusão de um grande saguão em um espaço relativamente pequeno.

Cripta Balbi

Via delle Botteghe Oscure 31. Ter–dom 9h–19h; € 4. Este edifício foi construído no local onde se erguia um **teatro romano**, cujas ruínas mais tarde foram incorporadas a um conjunto de casas medievais. Uma exposição no térreo conduz o visitante pela evolução do complexo em detalhes dolorosos, às vezes torturantes. Junte-se a uma das visitas guiadas realizadas de hora em hora e tente colher o que puder dos muitos arcos, latrinas, bases de colunas e muros de arrimo que constituem o porão do atual edifício. O mais interessante é essa dissecação ao longo de milhares de anos –um exercício que poderia ser realizado em qualquer esquina da cidade. Aos sábados há visitas a partes do complexo que atualmente estão sendo escavadas, inclusive uma latrina, um santuário mitraico e uma sala de reuniões.

Piazza di Campo de' Fiori

Em vários aspectos a mais atraente praça de Roma, a Piazza di Campo de' Fiori é local de uma feira de frutas e verduras (seg–sáb 8h–1h). Cercada por restaurantes e cafés,

▼ CAMPO DE' FIORI

a praça fica movimentada dia e noite. Não se sabe ao certo de onde surgiu o nome, que significa "campo de flores", mas uma teoria sustenta que ele deriva do Campo de Marte, que cobria quase toda esta parte da cidade. Outros dizem que o nome vem de Flora, amante de Pompeu, cujo teatro se erguia no local hoje ocupado pelo canto nordeste da praça. Mais tarde, o Campo de' Fiori foi sede de um mercado de gado e local de execuções públicas, das quais a mais

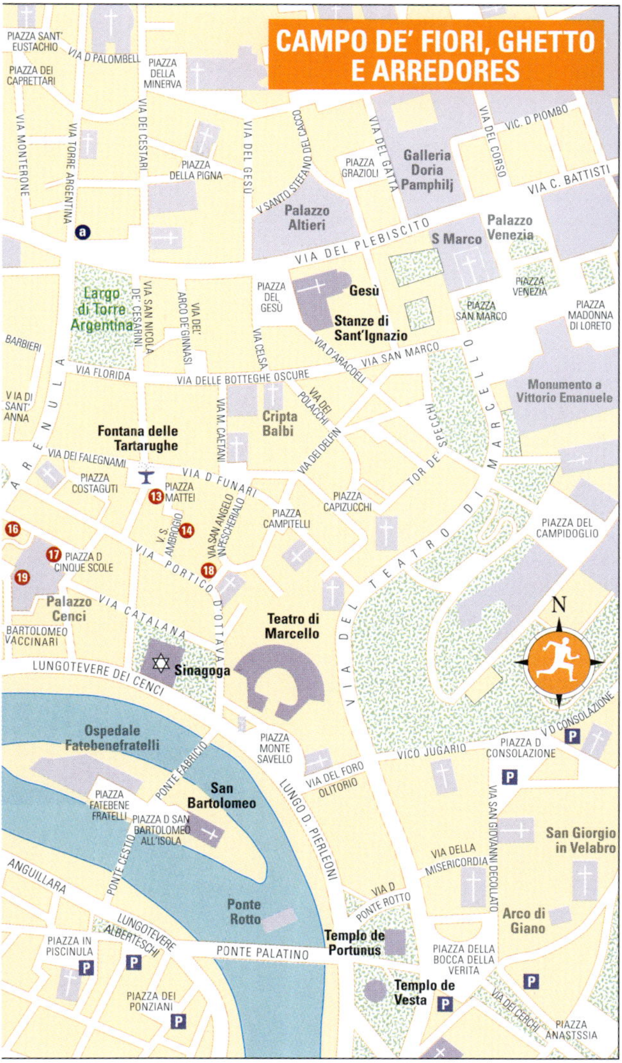

notável é celebrada na estátua de Giordano Bruno, no meio da praça. No fim do século 16, Giordano Bruno, um livre-pensador, foi denunciado pela Inquisição; seu julgamento durou anos, até que finalmente, diante de sua recusa de renunciar a suas crenças filosóficas, ele foi queimado na fogueira.

Palazzo Farnese

Seg e qui visitas em francês ou italiano às 15h, 16h e 17h, grátis; agendamento na Via Giulia

250, ☎ 06.6889.2818 ou pelo ✉ visitefarnese@france-italia.it. Bem ao sul do Campo de' Fiori, a **Piazza Farnese** é uma praça muito diferente, com grandes fontes onde a água jorra de lírios esculpidos –símbolo dos Farnese– e derrama-se em tanques de mármore trazidos das Termas de Caracalla. Aqui se ergue também o edifício sóbrio do **Palazzo Farnese**. Encomendado em 1514 por Alessandro Farnese –mais tarde Paulo III– a Antonio di Sangallo, o Jovem, o prédio foi concluído, depois da morte do arquiteto, por Michelangelo, que acrescentou a última fileira de janelas e a cornija. O prédio abriga a embaixada francesa e contém o que tem sido considerado o mais notável teto barroco, *Os amores dos deuses*, de Annibale Carracci, concluído em 1603. A imagem central, *O triunfo de Baco e Ariadne*, que representa a união entre as famílias Aldobrandini e Farnese, parece saltar da moldura em uma explosão de sensualidade. A pintura, um espetáculo de virtuosidade técnica e perfeita anatomia, é cercada por obras igualmente intensas sobre vários temas clássicos. Carracci executou o projeto e o painel central, mas deixou o resto a seu irmão e a seu primo, Agostino e Lodovico, assim como a vários assistentes, ente eles Guido Reni e Guercino, que se tornariam dois dos mais requisitados artistas do século 17. O teto é uma obra-prima, a única talvez a competir com o da Capela Sistina. Infelizmente, decepcionado com a obra e amargurado com o pouco que lhe pagaram pelo trabalho, Carracci não pintou muita coisa depois disso e morreu pobre alguns anos mais tarde.

Palazzo Spada

Ter–dom 8h30–19h30; € 5; ☎ 06.855.5952. O Palazzo Spada, um palácio renascentista, abriga a coleção de pintura reunida pelo cardeal Bernardino Spada e por seu irmão Virginio no século 17. A maior atração, porém, é o próprio edifício: sua fachada é toda adornada com elementos de estuque e, no pequeno pátio, um *trompe l'oeil* de Borromini –um túnel cujo verdadeiro comprimento é multiplicado cerca de quatro vezes pelos artifícios de perspectiva do arquiteto (para vê-lo, você terá que esperar por uma visita guiada, a cada 45 minutos). No interior, as quatro salas da galeria não têm grande interesse, a não ser para um conhecedor de pintura italiana dos séculos 17 e 18. Dignos de nota, porém, são dois retratos do cardeal Bernardino feitos por Reni e Guercino.

Via Giulia

A Via Giulia, que corre paralela ao Tigre, foi construída por Júlio II para ligar a Ponte Sisto ao Vaticano. A rua foi concebida como centro do distrito papalino, e Júlio encarregou Bramante de ladeá-la com imponentes palácios. Bramante não foi muito longe, mas a rua passou a ser escolhida como residência de ricas famílias romanas e ainda hoje exibe muitos *palazzi* e antiquários. É agradável para um passeio, ao longo do qual elementos como a Fontana del Mascherone atraem a atenção.

Via Portico d'Ottavia

Principal rua do bairro judaico, a Via Portico d'Ottavia leva ao Pórtico de Otávia, uma porta do século 2º a.C. reconstruída por Augusto e dedicada à sua irmã no ano 23 a.C. (no verão, diariam 9h–19h, no inverno, diariam 9h–18h; grátis). Antigamente, era a entrada do adjacente **Teatro di Marcello**, que foi iniciado por Júlio César e concluído por Augusto, mas sofreu pilhagens durante o século 4º e não foi adequadamente restaurado até a Idade Média, quando se tornou um palácio fortificado para uma sucessão de famílias aristocráticas. Restaurado recentemente, hoje serve de pano de fundo para concertos de música clássica no verão.

Fontana delle Tartarughe

Encravada entre a Via Portico d'Ottavia e a Via del Botteghe Oscure, a Piazza Mattei é reconhecida por ter sido cenário de *O talentoso Ripley*, filme da década de 1990. Mas é mais famosa por abrigar uma das mais encantadoras fontes da cidade, a Fontana delle Tartarughe, deliciosa criação do fim do século 16 que talvez tenha sido restaurada por Bernini, que teria acrescentado as tartarugas.

Sinagoga

Dom–qui 10h–17h, sex 9h–14h; fechada sáb e nos feriados judaicos; € 7,50; Ⓦ www.museoebraico.it.

A principal atração do Ghetto é a imensa sinagoga situada à beira do rio. Construída em 1904, a sinagoga se impõe sobre a área circundante –para não falar nos *carabinieri* que montam guarda 24 horas por dia do lado de fora. A única maneira de conhecer a construção é em uma curta visita guiada, seguida de uma visita ao pequeno museu. O interior é impressionante, conduzindo o olhar ao alto domo nas cores do arco-íris. As visitas guiadas são excelentes,

▲ SINAGOGA

oferecendo uma boa idéia do edifício e da comunidade judaica de Roma.

Isola Tiberina

Quase em frente à sinagoga, a Ponte Fabricio cruza o Tigre até a ilha Tiberina. Construída em 62 a.C., é a única ponte clássica que permaneceu intacta sem a ajuda de restauradores. Quanto à ilha, oferece uma trégua ao movimento do centro, e seu destaque é o mais antigo hospital de Roma, o **Fatebenefratelli**, fundado em 1548 –um nome apropriado, já que a ilha abrigou no século 3º a.C. um templo dedicado a Esculápio, o deus romano da cura. **San Bartolomeo,** basílica do século 10º (seg–sáb 9h–12h30 e 15h30–18h, dom 9h–13h), ergue-se no local do antigo templo e merece uma rápida visita por suas colunas antigas, provavelmente resgatadas do templo, e uma velha fonte na escadaria do altar, cujas figuras esculpidas relacionam-se à fundação da igreja, entre elas a do próprio são Bartolomeu, que também está presente na pintura acima do

▲ ISOLA TIBERTINA

gárgula na forma de uma enorme cara que, segundo se acreditava na época medieval, era capaz de engolir a mão de quem não dissesse a verdade. Era particularmente popular entre os maridos ansiosos por testar a fidelidade de suas esposas; hoje é uma das atrações mais visitadas por excursões turísticas.

altar, com as mãos atadas sobre a cabeça, prestes a ser esfolado vivo –seu terrível martírio.

Piazza della Bocca della Verità

Mais adiante ao longo do rio, a Piazza della Bocca della Verità tem no centro dois dos mais bem preservados templos romanos –o Templo de Portunus e o Templo de Hércules Vitorioso, mais conhecido como Templo de Vesta, por ser circular como todos os templos vestais. Ambos datam do fim do século 2º, e, embora a entrada seja proibida, pode-se admirar o exterior desses dois belos exemplos da arquitetura religiosa do período republicano.

Santa Maria in Cosmedin

Diariam 10h–17h. Santa Maria in Cosmedin é uma típica basílica medieval, com um imenso altar de mármore e um piso colorido no estilo Cosmati –um dos mais belos da cidade. No exterior, dando nome à praça, fica a **Bocca della Verità**, uma antiga

Lojas

Feltrinelli

Largo Argentina 5. Seg–sex 9h–21h, sáb 9h–23h, dom 10h–20h. Uma das duas lojas dessa cadeia em Roma, vende livros, discos e material de papelaria.

Ibiz

Via dei Chiavari 39. Seg–sáb 10h–19h30. Ótimas malas, bolsas e

▲ BOCCA DELLA VERITÀ

mochilas de couro de fabricação própria, em interessantes modelos contemporâneos.

Loco
Via dei Baullari 22. Seg 15h30–20h30, ter–sáb 10h30–20h30. Sapatos de design original, que você não encontra em nenhum outro lugar.

Roscioli
Via dei Giubbonari 21–23. Queijos, salames e uma boa seleção de vinhos. Serve refeições no almoço e no início da noite. Também tem padaria própria do outro lado da rua, na Via dei Charivari 34.

Cafés e lanchonetes

Bernasconi
Piazza Cairoli 16. Uma ótima *pasticceria* de administração familiar, com *sfogliatelle* imperdíveis e muitas outras delícias. Boa para um café também.

Bruschetteria degli Angeli
Piazza Cairoli 2a. Nos dias de semana, almoço e jantar; nos fins de semana, só jantar. Uma adorável *birreria* que produz ótimas *bruschette* com todos os tipos de recheios para acompanhar a cerveja. Há muitas outras opções também. Muito boa e muito central. Paga-se € 8 por uma *bruschetta* suficientemente grande para duas pessoas.

Il Forno di Campo de' Fiori
Campo de' Fiori 22. Fecha sáb à noite no verão e qui à noite no inverno. Aqui a *pizza bianca* (massa coberta apenas com azeite de oliva) é uma lenda romana, e a *pizza rossa* (untada com suco de tomate) não fica muito atrás.

Restaurantes

Il Drappo
Vicolo del Malpasso 9 ☎ 06.687.7365. Seg–sáb 13h–15h e 19h–23h30. Este restaurante sardo perto da Via Giulia está no ramo há anos e atrai multidões de fiéis clientes para provar seus pratos de peixe, frutos do mar e porco, acompanhados do pão magro da Sardenha. Há ótimas sobremesas sardas também.

Dar Filletaro a Santa Barbara
Largo dei Librari 88 ☎ 06.686.4018. Um restaurante de peixe sem as costumeiras batatas fritas. Nas mesas de fórmica com toalhas de papel (dispostas na calçada no verão) são servidos um vinho barato, cerveja e bacalhau frito. Uma eterna especialidade romana, embora o serviço seja um tanto descuidado.

Osteria ar Galletto
Piazza Farnese 102 ☎ 06.686.1714. Situado em uma das mais majestosas e badaladas praças de Roma, este restaurante conserva o clima de uma *trattoria* de província, especializada na tradicional culinária romana com um toque caseiro. Vale o que cobra.

Da Giggetto
Via del Portico d'Ottavia 21a–22 ☎ 06.686.1105. Embora viva lotado, principalmente de turistas, este restaurante oferece pratos da boa comida romana-judaica, entre eles alcachofras fritas, *baccalà* (bacalhau seco), *rigatoni alla pajata* (massa com intestinos de bezerro), além de bons pratos de massa, servidos nas mesas externas no verão,

ao pé das ruínas do Pórtico de Otávia.

Grappolo d'Oro
Piazza della Cancelleria 80 ☎06.686.4118. Curiosamente inatingido pelo ataque das hordas de invasores que circulam pelo Campo de' Fiori, que fica ali perto, este restaurante serve pratos criativos da culinária romana em um ambiente de *trattoria*.

Al Pompiere
Via Santa Maria dei Calderari 38 ☎06.686.8377. Instalado em um antigo palacete decorado com afrescos no coração do Ghetto, este velho restaurante serve alguns dos melhores pratos da cozinha romana-judaica que você vai encontrar. Os preços são médios, e as salas de pé-direito alto geralmente ficam lotadas, em especial à noite.

Roscioli
Via dei Giubbonari 21–23 ☎06.687.5287. Fecha dom. Trata-se de uma delicatéssen, uma vinheria ou um restaurante? Na verdade, das três coisas. Aqui se pode apenas tomar uma taça de vinho com uma porção de queijo ou recorrer ao menu completo, que oferece ótimos pratos de massa e *secondi* no almoço e no jantar. Não é barato, e o serviço é um tanto esnobe, mas a comida é excelente.

Da Sergio
Vicolo delle Grotte 27 ☎06.686.4293. Seg–sáb 11h30–15h30 e 19h–24h. Saindo do Campo de' Fiori em direção ao rio, esta é uma *trattoria* acolhedora fora do circuito, com um menu tradicional, mas limitado, e a autenticidade da velha Roma. É barato e tem mesas externas no verão.

Bares

L'Angolo Divino
Via dei Balestrari 12. Ter–dom 11h–14h30 e 17h30–2h. Quase um paraíso depois do furor do Campo de' Fiori, esta vinheria oferece uma grande seleção de vinhos e os tradicionais acompanhamentos: pães, queijos, frios e afins.

Bartaruga
Piazza Mattei 7. Este bar muito teatral atrai o pessoal do mundo do entretenimento com seu ambiente maravilhoso, ecleticamente mobiliado com quinquilharias e peças do século 18.

▼ ROSCIOLI

La Curia di Bacco

Via del Biscione 79. Diariam 16h–2h. Este comprido e estreito bar de vinhos está incrustado nas ruínas do antigo Teatro di Pompeii, perto do Campo de' Fiori. Tem uma clientela jovem, alguns bons vinhos, cerveja barata e petiscos interessantes, inclusive *crostini*, *bruschette* e porções de queijo.

Il Goccetto

Via dei Banchi Vecchi 14. Um bar e loja de vinhos de administração familiar que tem clientes fiéis e devotados. Oferece uma excelente carta de vinhos vendidos em taça e uma seleção de petiscos, frios e queijos.

Mad Jack's

Via Arenula 20. Um dos muitos *pubs* irlandeses da cidade, mas um dos mais belos e autênticos. A cerveja Guinness é ótima, e há petiscos para acompanhar a calorosa acolhida. Frequentado por italianos, turistas e irlandeses residentes na Itália.

Vineria

Campo de' Fiori 15. Um bar e loja de vinhos tradicional, frequentado por clientes regulares. Recentemente, abriu mão do conforto a começou a oferecer refeições leves.

▲ MAD JACK'S

Casas noturnas e de espetáculos

Rialto Sant'Ambrogio

Via Sant'Ambrogio 4 ☎06.6813.3640. Diariam 22h30–3h, fecha de meados de jun–set. Conhecido dos romanos simplesmente como "Rialto", este *centro sociale* situado no bairro judeu acolhe exposições de arte e espetáculos teatrais, mas é mais famoso pelas baladas de música eletrônica e por seus DJs.

Rock Castle Café

Via B. Cenci 8 ☎06.6880.7999. No Ghetto, o bairro judeu, este ponto de encontro de estudantes é constituído de seis salas em estilo medieval onde os jovens dançam e se confraternizam.

Tridente

A parte norte do centro de Roma é às vezes conhecida como Tridente devido à forma das ruas que partem do ápice da Piazza del Popolo: Via del Corso no centro, Via di Ripetta à esquerda e Via del Babuino à direita. Se algum lugar pode ser considerado o centro do bairro é a Piazza di Spagna. Esta, assim como a região circundante, é a Roma dos viajantes, historicamente o bairro artístico da capital, para o qual os viajantes dos séculos 18 e 19 acorriam em busca de uma cidade exótica e colorida. A região sempre teve um ar artístico: Keats e Giorgio de Chirico viveram na Piazza di Spagna, Goethe teve alojamentos ao longo da Via del Corso, e locais como o Caffè Greco e o salão de chá Babington foram pontos de encontro de artistas locais e exilados por quase dois séculos. Hoje essas instituições deram lugar a caça-níqueis para atrair turistas, enquanto a Via Condotti e seus arredores constituem um território de designers internacionais, onde estão algumas das lojas mais chiques de Roma. Mas a sensação de uma Roma sendo descoberta, e até mesmo colonizada, por estrangeiros persiste –mesmo que eles sejam, em sua maioria, adolescentes de passagem.

Piazza di Spagna

A Piazza di Spagna enfatiza as credenciais internacionais da região por ter recebido seu nome da Embaixada da Espanha aqui localizada desde o século 17. É uma praça estreita e comprida, quase totalmente cercada por edifícios e tendo ao centro a Fontana della Barcaccia, uma fonte em forma de barco, última obra do pai de Bernini, que provavelmente lembra a grande inundação do Natal de 1598, quando uma barca que percorria o Tigre se chocou com a encosta do monte Pincio, ali perto. A praça é cercada por elegantes lojas de roupas e joalherias e, normalmente, vive lotada de turistas, mas, por tudo isso, é um dos espaços mais atraentes da cidade.

Via Condotti

Saindo da Piazza di Spagna em direção à Via del Corso, a Via Condotti e a paralela Via Borgognona abrigam os maiores nomes da moda: Armani, Christian Dior, Gucci, Prada, Salvatore Ferragamo e Valentino, assim como as joalherias de Cartier e Bulgari.

Casa Memorial de Keats-Shelley

Piazza di Spagna 26. Seg–sex 9h–13h e 15h–18h, sáb 11h–14h e 15h–18h, fechado dom; € 3.50; ⓦwww.keats-shelley-house.org. A casa onde o poeta John Keats morreu em 1821 hoje abriga o Memorial Keats-Shelley, arquivo de obras literárias e históricas de língua inglesa e museu que reúne os manuscritos e objetos pessoais dos escritores que faziam parte

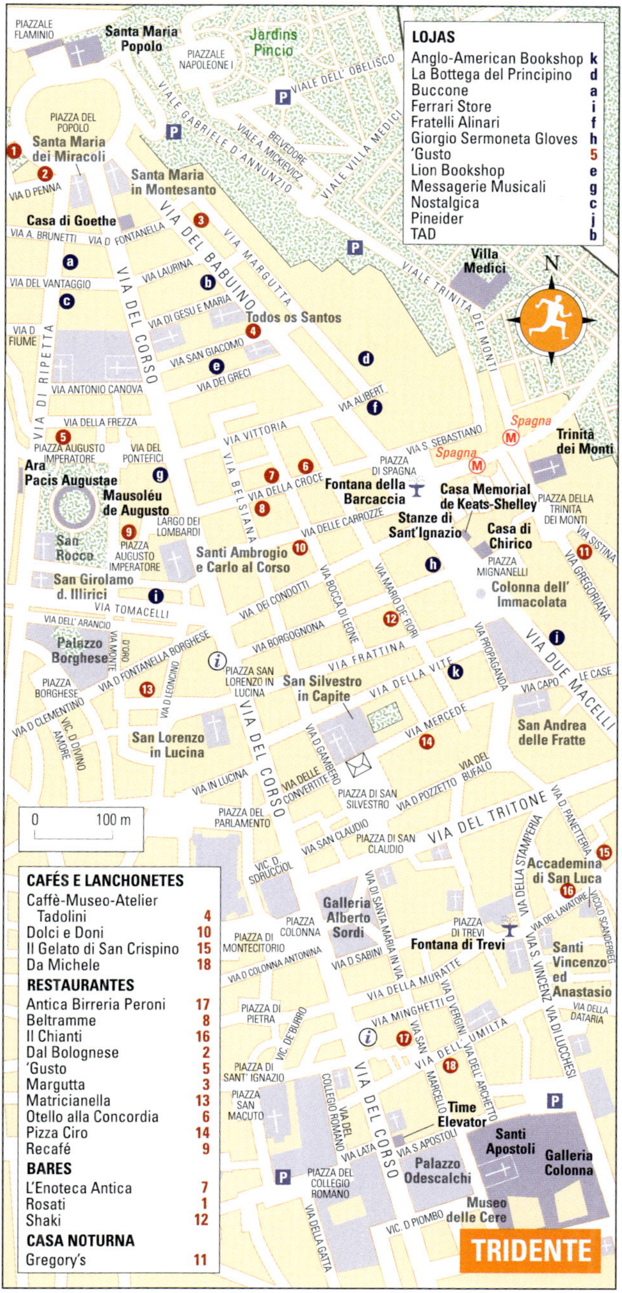
LOJAS
Anglo-American Bookshop k
La Bottega del Principino d
Buccone a
Ferrari Store i
Fratelli Alinari f
Giorgio Sermoneta Gloves h
'Gusto 5
Lion Bookshop e
Messagerie Musicali g
Nostalgica c
Pineider j
TAD b
CAFÉS E LANCHONETES
Caffè-Museo-Atelier Tadolini 4
Dolci e Doni 10
Il Gelato di San Crispino 15
Da Michele 18
RESTAURANTES
Antica Birreria Peroni 17
Beltramme 8
Il Chianti 16
Dal Bolognese 2
'Gusto 5
Margutta 3
Matricianella 13
Otello alla Concordia 6
Pizza Ciro 14
Recafé 9
BARES
L'Enoteca Antica 7
Rosati 1
Shaki 12
CASA NOTURNA
Gregory's 11
0 100 m
TRIDENTE
Piazzale Flaminio
Santa Maria Popolo
Jardins Pincio
Piazzale Napoleone I
Viale dell' Obelisco
Piazza del Popolo
Santa Maria dei Miracoli
Santa Maria in Montesanto
Viale Gabriele d'Annunzio
Viale A. Mickiewicz
Belvedere
Viale Villa Medici
Via d Penna
Casa di Goethe
Via A. Brunetti
Via d Fontanella
Via del Babuino
Via Margutta
Via del Vantaggio
Via Laurina
Via del Corso
Via di Gesu e Maria
Todos os Santos
Villa Medici
Viale Trinità dei Monti
Via d Fiume
Via di Ripetta
Via San Giacomo
Via dei Greci
Via Antonio Canova
Via Alibert
Via della Frezza
Via Vittoria
Via S. Sebastiano
Spagna
Trinità dei Monti
Piazza Augusto Imperatore
Via del Ponte Fici
Ara Pacis Augustae
Piazza di Spagna
Fontana della Barcaccia
Via Belsiana
Via della Croce
Casa Memorial de Keats-Shelley
Piazza della Trinità dei Monti
Mausoléu de Augusto
Largo dei Lombardi
Via delle Carrozze
Stanze di Sant'Ignazio
Casa di Chirico
Via Sistina
San Rocco
Santi Ambrogio e Carlo al Corso
Piazza Mignanelli
Via Gregoriana
San Girolamo d. Illirici
Via Bocca di Leone
Via Mario de' Fiori
Colonna dell' Immacolata
Via Tomacelli
Via dei Condotti
Via dell' Arancio
Via Borgognona
Via Propaganda
Via Due Macelli
Palazzo Borghese
Via Monte d'Oro
Via d Fontanella Borghese
Via Frattina
Piazza San Lorenzo in Lucina
San Silvestro in Capite
Via della Vite
Via Capo le Case
Piazza Borghese
Via d Leoncino
Via d Clementino
Vic. d Divino Amore
San Lorenzo in Lucina
Via Mercede
San Andrea delle Fratte
Via d Gambero
Via in Lucina
Via delle Convertite
Via del Bufalo
Piazza di San Silvestro
Via d Pozzetto
Via del Tritone
V. d. Panetteria
Piazza del Parlamento
Via della Stamperia
Via San Claudio
Piazza di San Claudio
Accademia di San Luca
Vic. d. Sdrucciolo
Via di Santa Maria in Via
Galleria Alberto Sordi
Piazza Colonna
Piazza di Montecitorio
Piazza di Trevi
Fontana di Trevi
Via del Lavatore
Vicolo Scanderbeg
Santi Vincenzo ed Anastasio
Via S. Vincenzo
Via d Colonna Antonina
Via d Sabini
Via della Muratte
Via d Vergini
Via della Dataria
Piazza di Pietra
Via Minghetti
Vic. de' Burro
Via San Marcello
Via dell' Umiltà
Via dell' Archetto
Via di Lucchesi
Piazza di Sant' Ignazio
Piazza San Macuto
Via del Collegio Romano
Via del Corso
Time Elevator
Santi Apostoli
Galleria Colonna
Via Lata
Via S. Apostoli
Palazzo Odescalchi
Piazza del Collegio Romano
Museo delle Cere
Vic. d Piombo
Via della Gatta

▲ CASA MEMORIAL DE KEATS-SHELLEY

do círculo de Keats no início do século 19 –quais sejam, o próprio Keats, Shelley e Mary Shelley, e Byron (que durante um tempo viveu do outro lado da praça). Na verdade, Keats não chegou a desfrutar sua temporada em Roma, à qual se refere como sua "vida póstuma": ele só veio à cidade por pressão dos médicos e amigos, quando já era tarde demais para recuperar sua saúde debilitada. Passou meses de sofrimento aqui antes de finalmente morrer, com apenas 25 anos, confinado na casa com seu amigo, o pintor Joseph Severn. Entre fragmentos de manuscritos, cartas e outros documentos, pode-se ver a máscara mortuária do poeta, exposta no quarto onde ele morreu, uma imagem de resignado sofrimento.

Casa di Chirico

Abre primeiro dom do mês 10h–13h, visitas guiadas a cada 45min ou por agendamento ter–sáb 10h–17h; € 5; ☎06.679.6546. Quase vizinha à Casa de Keats-Shelley, a **Casa di Chirico**, uma mansão de quatro andares, foi residência do artista greco-italiano Giorgio de Chirico durante trinta anos, até sua morte, em 1978. Hoje é um pequeno museu que dá uma idéia de como De Chirico vivia e mostra uma grande quantidade de suas pinturas: no hall de entrada e nas primeiras salas há obras do seu período clássico, anterior ao surrealismo, inclusive auto-retratos, em que ele quase sempre aparece elegantemente vestido, e retratos de sua mulher, que lhe serviu de modelo até sua morte. No andar superior, em harmonia com a natureza intocada da casa, o espartano quarto de dormir de De Chirico, com seus livros e uma aparentemente desconfortável cama de solteiro. No hall inferior, o estúdio do artista, iluminado por uma clarabóia no terraço superior, guarda suas telas e seus pincéis.

Escadaria da Piazza di Spagna

A escadaria, que se esparrama como uma cascata de balaustradas e balcões, era ponto de encontro de jovens esperançosas à espera de serem escolhidas como modelos dos artistas durante o século 19. Hoje, sua função não mudou inteiramente, já que serve como passarela internacional e como ponto de encontro nas madrugadas de verão. A escada, como a praça, poderia com justiça ser chamada de "Escadaria Francesa", não só devido à igreja francesa de Trinità dei Monti, para onde levam os degraus, mas também porque a iniciativa de construí-la foi em grande parte francesa. Depois de décadas de discussões sobre o projeto, a escadaria foi finalmente construída em 1725, segundo o projeto de Francisco de Sanctis, e hoje é sem dúvida uma das mais destacadas atrações da cidade.

Trinità dei Monti

Diariam 10h–12h e 16h–18h. Coroando a escadaria da Piazza

di Spagna, Trinità dei Monti, em grande parte uma igreja do século 16, foi projetada por Carlo Maderno e financiada pelo rei da França. Sua fachada barroca de cor rosada domina a cidade do alto do monte, e só pela vista já vale a pena subir até ela. No interior, pode-se apreciar algumas obras impressionantes de Daniele da Volterra, em especial um afresco de composição suave da *Assunção*, na terceira capela da direita, que inclui um retrato de seu mestre Michelangelo, e a *Deposição da cruz,* do outro lado da nave, que tem uma composição igualmente engenhosa. Poussin, pintor francês do período barroco, considerava esta última obra –que provavelmente foi pintada a partir de uma série de desenhos de Michelangelo– a terceira mais importante pintura do mundo (segundo ele, *A transfiguração*, de Rafael, era a melhor).

Jardins do monte Pincio

O terraço e os jardins do monte Pincio, a curta distância do topo da escadaria da Piazza di Spagna, foram projetados por Valadier no início do século 19. Adornados por bustos dilapidados de heróis clássicos e italianos, oferecem linda vista dos telhados, cúpulas e antenas de TV do centro de Roma, até São Pedro e o monte Gianicolo. A vista é o mais importante aqui, mas há muitos bancos para um descanso à sombra, e o relógio de água do século 19 ao fundo merece uma olhada. Você também pode alugar bicicletas, patins ou uma peculiar carruagem para passear pelos jardins e pela vizinha Villa Borghese (ver pág. 147).

Via del Babuino

Partindo da Piazza del Popolo em direção à Piazza di Spagna, a Via del Babuino e a estreita Via Margutta –onde o cineasta Federico Fellini viveu –eram, nos anos 1960, o centro de uma rica comunidade, que abrigava as melhores galerias de arte e muitos artistas da cidade. Os altos preços dos aluguéis acabaram expulsando quase todos, menos os mais bem-sucedidos, e o bairro hoje sustenta um próspero comércio de antiguidades e de design de moda. A Via del Babuino ganhou esse nome do apelido que os romanos deram à estátua de Silênio, sempre representado por uma figura asquerosa, reclinado sobre um pedestal em frente ao estúdio Tadolini. Em outros tempos, a parede ao fundo era coberta de inscrições satíricas; hoje está pintada com uma tinta à prova de grafites. Dentro do estúdio, o **Museo-Atelier Canova-Tadolini** (ver pág. 100) é um café-restaurante muito original, atulhado com as esculturas de quatro gerações da família Tadolini.

Piazza del Popolo

A Piazza del Popolo, uma praça oval, é um cruzamento de ruas abertas em 1538 pelo papa Paulo III para criar uma imponente

▼ VISTA DA PIAZZA DEL POPOLO

Noite Branca

A Piazza del Popolo é um dos muitos cenários da Noite Branca –uma noite de setembro em que shows de música e outras manifestações artísticas ocorrem por toda a cidade, principalmente em espaços abertos. O transporte público funciona durante toda a noite. É uma época maravilhosa para estar em Roma, se você puder planejar sua viagem. Veja mais informações no site ⓦwww.lanottebianca.it.

entrada para a cidade. A simetria atual é obra de Valadier, que acrescentou a fonte central em 1814. A monumental Porta del Popolo, obra de Bernini, foi erguida em 1655; o símbolo da família Chigi, à qual pertencia Alexandre VII, seu patrocinador –um grupo de montanhas encimado por uma estrela–, é visto acima do portão principal. Durante o verão, a escada ao redor do obelisco e os cafés dos dois lados da praça são pontos de encontro muito populares. Mas a maior atração é a vista que se tem de toda a Via del Corso até as colunas centrais do monumento a Vittorio Emanuele. Se você quiser escolher uma primeira vista de Roma, escolha esta.

Santa Maria del Popolo

Seg–sáb 7h–12h e 16h–19h, dom 8h–13h30 e 16h30–19h30. Santa Maria del Popolo guarda algumas das melhores obras de arte do Renascimento, entre elas afrescos de Pintoricchio, na primeira capela da nave sul, e a bela escultura e os mosaicos da Capela Chigi, encomendada a Rafael (a segunda na nave norte a partir da entrada). Construída para o banqueiro Agostino Chigi em 1516, a capela só foi concluída no século 17, de modo que a maior parte do trabalho foi realizada por outros artistas. O protegido de Michelangelo, Sebastiano del Piombo, foi responsável pelo altar-mor, e as duas imagens nos nichos dos cantos, de Daniel e de Habakkuk, são de Bernini. A maior atração talvez sejam as duas pinturas de Caravaggio na capela da esquerda no transepto norte: *A conversão de são Paulo* e *A crucificação de são Pedro*, cujo realismo foi considerado na época extremamente rude.

Casa di Goethe

Ter–dom 10h–18h; € 3; ⓦwww.casadigoethe.it. Descendo a Via del Corso, a curta distância da Piazza del Popolo, no número 18, à esquerda, a **Casa di Goethe** é um museu pequeno, mas sedutor. Goethe sonhava em viajar para a Itália, inspirado pela viagem que seu pai fizera anos antes. Chegou a Roma –incógnito, como Filippo Miller– em 1786, depois de excursionar pelo norte do país. Goethe parece ter se hospedado em outras casas por toda a Itália, mas nesta ele passou mais de dois anos, durante os quais escreveu grande parte de seu clássico *Viagem à Itália* –de fato, cada aposento é decorado com uma citação do livro. A casa foi restaurada como um moderno espaço de exposições e guarda livros, cartas, gravuras e desenhos, além da reconstrução de seu estúdio em Viena. Há gravuras de Piranesi que mostram vistas de Roma, aquarelas do próprio Goethe e desenhos do artista alemão **Tischbein**, com quem ele partilhou a casa.

Mausoléu de Augusto

No centro da moderna Piazza del Augusto Imperatore, o Mausoléu de Augusto é o monumento fúnebre do imperador e de sua família, mas hoje não passa de um tranquilo anel de ciprestes, cercado por caminhos, arbustos floridos e ruínas. Augusto morreu no ano 14, e seu falecimento marcou o fim da época augusta –e da ordem, prosperidade e expansão que a definiram. Segundo Suetônio, Augusto teria dito: "Encontrei Roma construída de simples tijolos; deixei-a coberta de mármore." O mausoléu foi transformado em muitos edifícios ao longo dos anos e hoje está aberto ao público. No interior, os corredores e a cripta central, onde estão guardadas as cinzas dos membros da dinastia de Augusto, não acrescentam muito ao que se vê do exterior. De qualquer forma, as excursões são esporádicas e atualmente quase inexistentes.

Ara Pacis Augustae

Diariam 9h–19h; € 6,50, guia de áudio € 3,50. Do lado oposto da praça, o **Ara Pacis Augustae**, ou Altar da Paz de Augusto, hoje está protegido por uma estrutura moderna projetada pelo arquiteto residente em Nova York, Richard Meier. Um bloco de mármore cercado por paredes esculpidas, o altar foi construído no ano 13 a.C., provavelmente para celebrar a vitória de Augusto sobre a Espanha e a Gália, e a paz que ela anunciava. Fragmentos da construção foram sendo trazidos à superfície ao longo dos anos, mas a parte principal foi descoberta em meados do século passado, poucas centenas de metros para o sul, sua localização original. É um magnífico exemplo da arte escultórica da Roma imperial, no qual um friso mostra a família imperial no auge de seu poder. Vê-se Augusto, seu general Marcus Agrippa e sua mulher Lívia, seguidos por um cortejo que inclui seu filho e eventual sucessor, Tibério, a sobrinha Antonia e o marido, Druso, entre outros. Acredita-se que a figura do lado oposto, coberta com véu, seja Júlia, filha de Augusto.

Fontana di Trevi

Piazza dei Trevi. Uma das mais surpreendentes atrações de Roma, com a qual é fácil tropeçar por acaso, a Fontana di Trevi é uma grande fonte barroca construída nos fundos de um palácio renascentista. Antes dela, havia uma fonte Trevi, projetada por Alberti, na esquina da Via dei Crociferi, uma fonte

▲ ARA PACIS AUGUSTAE

▲ FONTANA DI TREVI

menor e bem mais modesta. Urbano VIII decidiu aumentá-la para fazê-la à altura das outras obras grandiosas da época e encarregou Bernini, entre outros, de projetar uma fonte próxima. As obras só começaram em 1732, quando Niccolò Salvi venceu um concurso promovido por Clemente XII para escolher o projeto da fonte. Ainda assim, a obra levou trinta anos para ser concluída. Hoje, quem quiser voltar a Roma deve atirar uma moeda em suas águas, mas uma imagem que ficou na memória é a de Anita Ekberg atirando-se de corpo inteiro na fonte no filme *La dolce vita* (a polícia fica a postos para evitar que outros façam o mesmo).

Time Elevator

Via dei Santissimi Apostoli 20 ⓣ06.977.46243, ⓦwww.time-elevator.it. Diariam 10h30–19h30; € 11, 5–12 anos € 8. Simuladores de vôo e fones de ouvido são os instrumentos para uma viagem virtual de 45 minutos por 3.000 anos de história de Roma. É uma excelente maneira de preparar as crianças para o que elas irão ver na cidade. Mas também é interessante para os pais –provavelmente só não serve para os bebês. Apresentações a cada 30 minutos.

Galleria Colonna

Via della Pilotta 17 ⓦwww.galleriacolonna.it. Sáb 9h–13h, fechado ago; € 7. A Galleria Colonna não se compara a outras coleções palacianas de Roma, mas, se você estiver por perto nos horários em que ela estiver aberta, vale perder uns 45 minutos para visitá-la, no mínimo pelo Grande Saguão, que celebra as conquistas do nobre Marcantonio Colonna, em especial sua vitória sobre os turcos na Batalha de Lepanto em 1589. Entre as pinturas, o destaque é a coleção de paisagens de Dughet (cunhado de Poussin), mas outras obras notáveis são *Manjafagioli (Comedor de feijões)* de um Carracci ainda jovem –e por isso espontâneo–, *Narciso* de Tintoretto e *Retrato de um cavalheiro veneziano,* captado em uma pose extremamente confiante por Veronese.

Lojas

Anglo-American Bookshop

Via della Vite 102. Seg 15h30–19h30, ter–sáb 9h–13h e 15h30–19h30. Um dos melhores estoques romanos de livros novos em inglês, especialmente livros de história e acadêmicos.

La Bottega del Principino

Via Margutta 59b. Seg–sáb 9h30–19h30. Uma pequena loja interessante, muito diferente dos antiquários que a cercam. Oferece ecléticos objetos –um pouco de tudo, de equipamentos agrícolas do século 18 a candelabros de cristal dos anos 1940.

Buccone

Via di Ripetta 19. Seg–qui 9h–20h30, sex e sáb 9h–24h, dom 10h–17h. Aqui você encontra qualquer bebida alcoólica que possa imaginar, inclusive uma grande seleção de vinhos de todo o mundo –eles até têm em estoque garrafas de dez litros de grapa.

Ferrari Store

Via Tomacelli 147/152. Diariam 10h–19h30. Que melhor lembrança se pode levar da Itália do que um acessório dessa marca que é um ícone da indústria automobilística italiana? Não é uma loja barata, mas há objetos para todos os bolsos –de um carro movido por controle remoto de € 30 até uma jóia caríssima.

Fratelli Alinari

Via Alibert 16a. Seg–sáb 15h30–19h30. Se você quiser saber como eram as praças de Roma antes da chegada do McDonald's, esta loja oferece belas fotos em preto-e-branco da cidade. Há filiais em Milão e em Florença.

Galleria Alberto Sordi

Via del Corso. Diariam 10h–22h. Esta galeria em arcos do século 19 reabriu depois de anos de negligência, quando recebeu o nome do famoso ator italiano, escolhido porque os atores costumavam perambular por aqui em busca de trabalho. Hoje é um ambiente elegante que reúne algumas grandes lojas e oferece um refúgio das multidões que percorrem a Via del Corso em dias de calor.

Giorgio Sermoneta Gloves

Piazza di Spagna 61. Seg–sáb 9h–20h, dom 10h–19h. Especializada em luvas, esta loja tem um grande estoque de luvas italianas de todos os preços, que nos últimos 35 anos calçaram as mãos de celebridades, políticos e turistas.

'Gusto

Piazza Augusto Imperatore 7. Aqui há de tudo para um aspirante a gourmet: vinhos, *decanters*, taças e os mais modernos e sofisticados utensílios de cozinha que se possa desejar. Também vende livros de culinária.

Lion Bookshop

Via dei Greci 33. Uma antiga livraria inglesa, com uma confortável sala onde se pode fazer uma pausa para um café ou um chá.

Messagerie Musicali

Via del Corso 472. Esta loja tem uma das melhores coleções de CDs, além de um variado estoque de revistas e livros estrangeiros.

▲ 'GUSTO

Nostalgica

Via di Ripetta. Camisas de times do futebol italiano que já saíram de linha a partir de € 70 –ironicamente, fabricadas na Inglaterra.

Pineider

Via Due Macelli 68. Esta loja exclusiva vende lindos papéis, convites e materiais de escritório feitos a mão desde 1774.

TAD

Via del Babuino 155a. Seg 12h–20h, ter–sáb 10h–20h. De fora, esta elegante loja parece pequena, mas na verdade conta com departamentos de roupas, perfumes e cosméticos, flores e artigos de casa, além de um salão de cabeleireiro e um café ultramoderno. Como a maioria das lojas de rua, é cara e sofisticada, mas também tem algumas roupas e acessórios a preços acessíveis.

Cafés e lanchonetes

Museo-Atelier Canova-Tadolini

Via del Babuino 150a. É um tanto estranho –e com certeza nada barato– comer aqui entre as esculturas deste café-museu. Mas este é um dos poucos lugares desta movimentada rua onde se pode sentar. Serve sanduíches decentes, saladas e pratos simples de massa. Há umas poucas mesas externas, de onde se pode observar o vaivém de sacolas de lojas de estilistas famosos.

Dolci e Doni

Via delle Carrozze 85. Diariam 8h–20h. Um cardápio verdadeiramente suntuoso de doces e bolos bem no coração do Tridente. Não perca a torta de limão. Serve chás e outros petiscos também.

Il Gelato di San Crispino

Via della Panetteria 42. Considerada por muitos a melhor sorveteria de Roma. Sabores maravilhosos –todos naturais– vão fazer os sorvetes que você conhece parecerem sem graça.

Da Michele

Via dell'Umilta 31. Dom e seg–qui 9h–19h30, sex 9h–14h, fecha sáb. Esta tradicional lanchonete romana antigamente estava instalada no bairro judeu (quando era conhecida como *Zi Fenizia)*, mas foi substituída por uma casa de hambúrgueres. O que foi uma perda para o Ghetto foi um ganho para a região de Trevi. Sob o novo nome, ainda faz pizzas *kosher* para viagem –a especialidade da casa é a pizza de anchovas frescas e endívias–, frango assado e *supplì* (bolinhos de arroz).

Restaurantes

Antica Birreria Peroni

Via San Marcello 19 ☎ 06.679.5310. Seg–sáb 12h–24h. Uma animada *birreria* com um menu perfeito para acompanhar litros de cerveja. Oferece as costumeiras entradas e pratos de massa, além de boas opções de pratos de carne, queijo *scamorza* e especialidades *wurstel* –tudo isso servido em um salão revestido de painéis de madeira no estilo da virada do século 20, cheio de fotos da velha Roma.

Beltramme

Via della Croce 39. Diariam 12h–15h e 19h–23h. Originalmente, esta casa só vendia vinhos, em garrafa ou em *fiasco*. Hoje, a poucas quadras da escadaria da Piazza di Spagna, é um restaurante que vive sempre lotado. Mas, se você deseja a autêntica comida romana e um ambiente acolhedor por preços acessíveis –€ 10 por um *primo*, € 15 por um *secondo* –este é o lugar. O serviço pode ser um tanto lento. Não aceita cartões de crédito.

Il Chianti

Via del Lavatore 81/82a ☏06.678.7550. Fecha dom. No centro da Roma turística, a poucos metros da Fontana di Trevi, este restaurante especializado na cozinha toscana é um achado nesta região, onde é difícil comer e beber bem por bons preços. Há ótimos patês de queijo e frios da Toscana, pratos de carne e os costumeiros pratos de massa, além das pizzas. Você pode se sentar fora no verão, desde que consiga aguentar os músicos contratados para entreter os turistas.

Dal Bolognese

Piazza del Popolo 1 ☏06.361.1426. Ter–dom 12h45–15h e 20h15–23h. Um dos primeiros restaurantes de comida da Emília em Roma, em uma localização extraordinária. Caro, mas delicioso.

'Gusto

Piazza Augusto Imperatore 9 ☏06.322.6273. Diariam 12h30–15h e 19h30–2h. Um restaurante sofisticado e não muito caro que se transformou no maior sucesso culinário de Roma. A comida é inigualável, e o ambiente, muito chique. Todos os dias, no almoço, há um bufê mediterrâneo a preços razoáveis, além de deliciosas sobremesas originais e uma completa carta de vinhos.

Margutta

Via Margutta 118 ☏06.3265.0577. Diariam 12h30–15h e 19h30–23h30. Um sofisticado restaurante vegetariano que serve porções generosas –embora um tanto caras. Tem uma filial perto do Pantheon– o *Margutta Vegetariano alle Cornacchie*, na Piazza Rondanini 53, ☏06.6813.4544.

Matricianella

Via del Leone 4 ☏06.683.2100. Fecha dom. Bem localizado perto da Via del Corso, este restaurante tradicional talvez seja o melhor lugar no centro da cidade para experimentar a verdadeira comida romana: *baccala* e vários *fritti de vegetais*, tradicionais pratos de massa, como *cacio e pepe*, e uma ótima carta de vinhos –que você pode saborear no movimentado salão principal ou no terraço.

Otello alla Concordia

Via della Croce 81 ☏06.678.1454. Seg–sáb 11h30–15h e 19h30–23h. Este restaurante era um dos preferidos de Fellini –que morou algumas quadras daqui, na Via Margutta –e continua sendo um estabelecimento elegante de preços acessíveis. Há um cardápio variado de pratos romanos e italianos, mas peça os "spaghetti Otello" (nunca consta do menu) para sentir o gosto da tradição: tomates frescos com manjericão e alho.

Pizza Ciro

Via della Mercede 43/45 ☏06.678.6015. Diariam 12h–15h e 19h–24h. Uma grande *pizzeria* que também oferece entradas, pratos principais e sobremesas. Uma opção simples e despretensiosa no coração da cidade.

▲ OTELLO ALLA CONCORDIA

Recafé

Piazza Augusto Imperatore 9 ☎ 06.6813.4730. Diariam 12h45–13h. A porta na Via del Corso dá acesso a um café napolitano, enquanto do lado da Piazza Augusta Imperatore você pode saborear pizzas napolitanas, boas massas, saladas e excelentes *secondi* grelhados por preços razoáveis –cerca de € 9 por um *primo*, € 12–18 por um *secondo*. Também tem doces napolitanos e *fritti*. O ambiente é elegante, e o grande terraço está sempre movimentado.

Bares

L'Enoteca Antica

Via della Croce 76b. Diariam 11h–13h. Uma vinheria antiga na região da Piazza di Spagna, com um cardápio de pratos quentes e frios, entre eles sopas e atraentes sobremesas. No interior, uma intrigante decoração em *trompe l'oeil* e mesas externas com tampo de cerâmica.

Rosati

Piazza del Popolo 5. Diariam 8h–24h. Este bar era frequentado por políticos de esquerda, boêmios e escritores em um tempo que já se foi, mas hoje seus coquetéis e petiscos atraem muitos clientes para o terraço.

Shaki

Via Maria de' Fiori 29. Diariam 11h–23h. Um bar de vinhos anexo a uma loja de alimentos, que serve saladas, sopas, pratos leves e lanches nas mesas externas, a poucos passos da Piazza di Spagna. Bons vinhos, e um lugar acessível, embora pretensiosamente chique.

Casa noturna e de espetáculo

Gregory's

Via Gregoriana 54d ☎ 06.679.6386. Ter–dom 8h–3h. No alto da escadaria da Piazza di Spagna, esta elegante casa noturna atrai muita gente com seu jazz ao vivo, executado por músicos romanos e internacionais.

▼ L'ENOTECA ANTICA

Fórum, Coliseu e arredores

Há ruínas da Roma antiga por toda a cidade, mas as mais famosas –o Fórum e o Coliseu, assim como o monte Palatino e o monte Célio– se estendem a sudeste da colina do Capitólio. Esta região é independente e razoavelmente livre de tráfego, e você pode gastar meio dia, talvez mais, abrindo caminho pelas ruínas do que um dia foi o centro do mundo antigo. O lugar mais óbvio para começar é o Fórum, construção do período republicano, centro comercial e político da cidade antiga. Depois pode-se visitar os posteriores Foros Imperiais, que ficam do outro lado da Via dei Fori Imperiali, antes de seguir para o lendário monte Palatino, onde antigamente viviam os cidadãos mais poderosos de Roma. Logo depois do Fórum, o Coliseu talvez seja a imagem mais representativa de Roma, uma construção cuja beleza contrasta com seu violento passado, enquanto, ali perto, o monte Célio é um lugar adorável para um passeio, com um parque tranquilo e igrejas interessantes.

Os Foros Imperiais

O Fórum Romano foi o centro de Roma no período republicano, mas o surgimento do império e o crescente poder de Roma perante o resto do mundo provocaram a construção dos Foros Imperiais nas proximidades. Júlio César iniciou essa expansão por volta de 50 a.C., obra que foi continuada, depois de sua morte, por seu sobrinho e sucessor, Augusto e, mais tarde, pelos imperadores da dinastia flaviana: Vespasiano, Nerva e, finalmente,

Visita ao Fórum, ao Palatino e ao Coliseu

O **Fórum**, o **Palatino** e o **Coliseu** ficam abertos todos os dias (verão 8h30-18h15; inverno 9h-16h30). A entrada para o Fórum é grátis, mas para o Palatino e o Coliseu o ingresso conjunto custa € 11. As **filas**, especialmente para o Coliseu, podem ser um problema: embora andem rápido, raramente atingem menos de 100m de comprimento e quase sempre seguem em meio a arcada da estação do metrô que fica do lado do estádio e aos cambistas que ficam do lado de fora. Para evitar isso, chegue antes do horário de abertura ou compre um **Ancheocard** ou um **Romapass** (ver pág. 206), que dão direito a outra fila. O **centro de informações turísticas**, em frente à Basilica dei Santi Cosma e Damiano (diariam 9h30-18h30), tem mais informações, se você precisar, e um café onde possa descansar os pés.

FÓRUM, COLISEU E ARREDORES
Coluna de Trajano
Basilica Ulpia
Mercados de Trajano
Fórum de César
Fórum de Augusto
Monumento a Vittorio Emanuele
San Pietro in Cascere
Arco de Sétimo Severo
Fórum de César
Santi Luca e Martina
Curia
Basilica Emilia
Templo de Rômulo
Santi Cosma e Damiano
Rostra
Coluna de Foca
LACUS CURTIUS
FÓRUM ROMANO
MONTE CAPITÓLIO
Museo Capitolini
Templo de Vespasiano e Tito
Templo de Saturno
Entrada
Rocha Tarpéia
Basilica Julia
Templo de Júlio César
Templo de Castor e Pólux
Templo de Vesta
Casa das Virgens Vestais
Entrada do Palatino
Jardins Farnese
Cryptoporticus
MONTE PALATINO
Domus Livia
Vila e Antiquário da Idade do Ferro
Domus Flavia
Domus Augustana
San Maria in Cosmedin
Sant' Anastasia
Termas Severianas
Circo Máximo
Parco di Sant' Alessio
MONTE AVENTINO
Circo Massimo
PIAZZA VENEZIA
PIAZZA SAN MARCO
PIAZZA MADONNA DI LORETO
PIAZZA DEL GRILLO
PIAZZA DEL CAMPIDOGLIO
PIAZZA DELLA CONSOLAZIONE
PIAZZA DELLA BOCCA DELLA VERITA
PIAZZA ANASTASIA
PIAZZALE UGO LA MALFA
VIA DEGLI ASTALLI
VIA SAN MARCO
VIA D'ARACOELI
VIA SAN VENANZIO
VIA DEL TEATRO DI MARCELLO
VIA SANT'EUFEMIA
SALITA DEL GRILLO
VIA DEI FORI IMPERIALI
VIA ALESSANDRINA
VIA TOR DE CONTI
VIA SACRA
V. D. CONSOLAZIONE
VICO JUGARIO
VIA DEI FORAGGI
VIA BUCIMAZZA
VIA SAN GIOVANNI DECOLLATO
VIA DELLA MISERICORDIA
VIA DI SAN TEODORO
VIA D. PONTE ROTTO
VIA DI SAN BONAVENTURA
VIA DEI CERCHI
VIA DELLA GRECA
VIA DELL' ARA MASSIMA DI ERCOLE
VIA SANTA MARIA IN COSMEDIN
CLIVO DEI PUBLICI
VIA DEL CIRCO MASSIMO
VIA DI VALLE MURCIA
VIA SANTA SABINA
VIA DELLA FONTE DI FAUNO

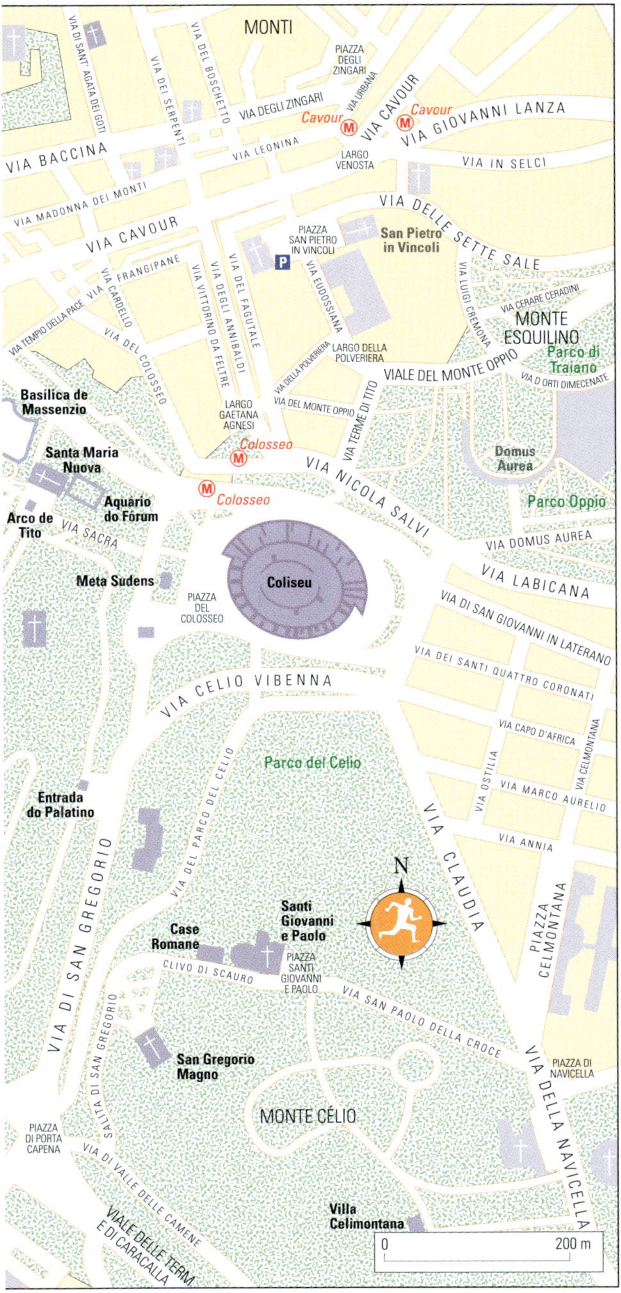
MONTI
PIAZZA DEGLI ZINGARI
VIA URBANA
VIA DEGLI ZINGARI
Cavour
VIA CAVOUR
VIA GIOVANNI LANZA
VIA DI SANT' AGATA DEI GOTI
VIA DEI SERPENTI
VIA DEL BOSCHETTO
VIA BACCINA
VIA LEONINA
LARGO VENOSTA
VIA IN SELCI
VIA MADONNA DEI MONTI
VIA DELLE SETTE SALE
PIAZZA SAN PIETRO IN VINCOLI
San Pietro in Vincoli
VIA FRANGIPANE
VIA CARDELLO
VIA TEMPIO DELLA PACE
VIA DEL COLOSSEO
VIA VITTORINO DA FELTRE
VIA DEGLI ANNIBALDI
VIA DEL FAGUTALE
VIA EUDOSSIANA
VIA LUIGI CREMONA
VIA CERARE CERADINI
MONTE ESQUILINO
Parco di Traiano
LARGO DELLA POLVERIERA
VIA DELLA POLVERIERA
VIALE DEL MONTE OPPIO
VIA D ORTI DIMECENATE
Basílica de Massenzio
LARGO GAETANA AGNESI
VIA DEL MONTE OPPIO
VIA TERME DI TITO
Colosseo
Santa Maria Nuova
VIA NICOLA SALVI
Domus Aurea
Aquário do Fórum
Parco Oppio
Arco de Tito
VIA SACRA
VIA DOMUS AUREA
Meta Sudens
Coliseu
PIAZZA DEL COLOSSEO
VIA LABICANA
VIA DI SAN GIOVANNI IN LATERANO
VIA DEI SANTI QUATTRO CORONATI
VIA CELIO VIBENNA
VIA CAPO D'AFRICA
VIA CELMONTANA
VIA OSTILIA
Parco del Celio
VIA MARCO AURELIO
Entrada do Palatino
VIA DEL PARCO DEL CELIO
VIA CLAUDIA
VIA ANNIA
N
VIA DI SAN GREGORIO
Santi Giovanni e Paolo
Case Romane
PIAZZA CELMONTANA
CLIVO DI SCAURO
PIAZZA SANTI GIOVANNI E PAOLO
VIA SAN PAOLO DELLA CROCE
SALITA DI SAN GREGORIO
San Gregorio Magno
PIAZZA DI NAVICELLA
VIA DELLA NAVICELLA
MONTE CÉLIO
PIAZZA DI PORTA CAPENA
VIA DI VALLE DELLE CAMENE
VIALE DELLE TERME DI CARACALLA
Villa Celimontana
0
200 m

Trajano. Recentes escavações encheram de detritos as margens da Via dei Fori Imperiali, e hoje estão em grande parte abertas ao público. Do lado norte, o **Fórum de Trajano** é o mais interessante, particularmente os semicirculares **Mercados de Trajano** (ter–dom 9h–18h; € 3) e a **Coluna de Trajano**, erguida para celebrar as vitórias do imperador na Dácia e decorada de cima a baixo com relevos que registram os pontos altos da campanha. Os fóruns de Augusto (mais adiante) e de César (do lado sul) também merecem uma rápida visita.

Santi Cosma e Damiano

Diariam 8h–13h e 15h–19h. Do outro lado da rua em frente ao Fórum de Augusto, o vestíbulo da Basilica dei **Santi Cosma e Damiano** foi criada originalmente a partir do Templo de Rômulo, no Fórum, que se pode ver da nave da igreja. Dê meia-volta e você verá os mosaicos na abside, que mostram figuras naturalistas dos dois santos sendo apresentados a Cristo por são Pedro e são Paulo, ladeados por são Félix à esquerda e são Teodoro à direita. Do lado de fora, o claustro é maravilhosamente tranquilo comparado com o barulho das ruas ao redor. Por uma doação de € 1 você pode visitar também o **presépio** napolitano, montado em uma sala de canto, uma imensa peça com centenas de figuras espalhadas entre as ruínas da antiga Roma.

Fórum Romano

Os dois hectares ocupados pelo Fórum foram nos tempos antigos o centro do mundo mediterrâneo. Embora as glórias de Roma já não se vislumbrem hoje, o local mantém uma sedução simbólica e um clima de dramática desolação, especialmente ao amanhecer e ao pôr-do-sol, o que faz do Fórum Romano uma das mais convincentes ruínas do mundo. É preciso conhecer um pouco de história e ter alguma imaginação para apreciar plenamente o local, mas é fácil discernir os espaços públicos, em especial a **Via Sacra**, a rua mais famosa da antiga Roma, ao longo da qual vitoriosos generais e imperadores desfilaram para apresentar seu tributo no Templo da Juno, na colina do Capitólio. Pouco adiante, a grande construção em forma de cubo é a **Cúria**, construída por ordem de Júlio

▼ FÓRUM ROMANO

▲ ARCO DE SÉTIMO SEVERO

César em seu projeto de expandir o Fórum. Mas o que se vê aqui hoje é uma reconstrução feita no século 3º. Este é o edifício do Senado, em cujo interior três amplas escadarias abrem-se à esquerda e à direita, nas quais cerca de 300 senadores se acomodavam em suas cadeiras dobráveis. No centro fica a plataforma do orador, onde se ergue a estátua de alabastro de uma figura togada. Ali perto, o **Arco de Sétimo Severo** foi construído no início do século 3º por seus filhos, Caracalla e Geta, para celebrar as vitórias do pai na região hoje ocupada pelo Irã. Os frisos que o decoram lembram Severo e particularmente Caracalla, que governou Roma sob um regime de terror por sete anos. À esquerda do arco, o baixo muro marrom é a **Rostra**, de onde foram proferidos importantes discursos (foi daqui que Marco Antônio teria discursado sobre César depois de sua morte). À esquerda da Rostra vêem-se as escadarias da **Basilica Julia**, construída por Júlio César por volta de 50 a.C., depois que voltou das guerras na Gália, e, adiante, as grades marcam o local do **Lacus Curtius** –onde, de acordo com a lenda, um grande buraco se abriu durante os primeiros dias de Roma. Os profetas declararam que ele só seria fechado quando Roma sacrificasse nele seus bens mais preciosos. Marcus Curtius, um soldado romano que declarou que o bem mais precioso de Roma era um cidadão leal, atirou-se com seu cavalo no vazio e foi soterrado. Mais adiante, à direita, o enorme monte de entulho encimado por três graciosas colunas coríntias era o **Templo de Castor e Pólux**, dedicado em 484 a.C. aos divinos gêmeos, que surgiram milagrosamente para garantir a vitória dos romanos em uma importante batalha. Atrás dele, a **Casa das Virgens Vestais** é uma reconstrução do século 2º do edifício construído por Nero: quatro andares de celas cercam um pátio central, ainda com um lago no centro, rodeado de estátuas ou pedestais das próprias virgens, tendo na extremidade o circular Templo de Vesta. Quase do lado oposto, um caminho sombreado à esquerda leva à **Basilica di Massenzio**, às vezes chamada Basílica de Constantino –em tamanho e inventividade, talvez as ruínas mais impressionantes do Fórum. Iniciada por Massenzio, foi continuada por seu co-imperador e rival, Constantino, depois que derrotou Massenzio na Batalha da Ponte Milvio no ano 312. De volta à Via Sacra, as colinas tornam-se mais íngremes em direção ao **Arco de Tito**, construído pelo irmão de Tito, Domiciano, depois da morte do imperador no ano 81, para celebrar seu triunfante retorno da Judéia no ano 70. Segundo uma velha tradição, os judeus não passam sob este arco.

Monte Palatino

Diariam 8h30–19h; € 11, inclui o Coliseu (com exposições; caso contrário, € 9); pode-se reservar pelo ☎06.3996.7700 (seg–sáb 9h–13h30 e 14h30–17h; € 1.50 e evite as filas); visitas guiadas em inglês 12h, € 3,50. Entrada e bilheterias ao lado do Arco de Tito (Fórum Romano) e na Via di San Gregorio. Erguendo-se acima do Fórum Romano, o Palatino parece ter sido o local onde a cidade foi fundada e o que contém algumas das ruínas mais antigas. É mais agradável do que o Fórum para um piquenique ou para relaxar depois dos rigores das ruínas abaixo. Nos tempos da República, o Palatino era o endereço mais desejável de Roma (a palavra "palácio" deriva de Palatino), e os grandes nomes continuaram a ocupá-lo durante a época imperial, tentando superar um ao outro com construções cada vez maiores e mais impressionantes.

Seguindo o caminho principal que sai do Fórum, **Domus Flavia** foi uma das esplêndidas residências, embora hoje esteja quase totalmente em ruínas. À esquerda, o andar superior da colossal **Domus Augustana** se espalha pela borda da colina –não era a casa de Augusto como o nome sugere, mas a residência particular de todos os imperadores, ou seja, de todos os Augustus. Daqui, pode-se ver abaixo um vasto pátio central com fontes e caminhar até o profundo fosso do Estádio, em cuja extremidade vêem-se as ruínas das **Termas Severianas**. Caminhando na direção oposta da Domus Flavia, uma escada leva ao **Cryptoporticus**, uma longa passagem construída por Nero para ligar a sua Domus Aurea ao Palatino, decorada ao longo de parte do comprimento com bem preservadas obras de estuque. Pode-se escolher qualquer um dos caminhos ao longo da passagem. Uma curva à esquerda leva à **Domus Livia**, que se acredita tenha sido a residência de Lívia. Descendo à direita e subindo alguns degraus, chega-se aos **Jardins Farnese**, um dos primeiros jardins botânicos da Europa, fundado em meados do século 16 e hoje um refúgio sombreado do calor das ruínas. Do terraço na extremidade oposta avistam-se as escavações da **Vila da Idade do Ferro**, que provavelmente assinala o início de Roma. O grande edifício cinza aqui abriga o **Museo Palatino**, que contém uma enorme variedade de

▼ O MONTE PALATINO VISTO DO FÓRUM

▲ ARCO DE CONSTANTINO

estátuas, cerâmicas, ornamentos de terracota e fragmentos arquitetônicos.

Arco de Constantino

Saindo do Fórum Romano pela Via Sacra, o imenso Arco de Constantino à direita foi colocado aqui nas primeiras décadas do século 4º, depois que Constantino consolidou seu poder como imperador único. O arco demonstra a deterioração das artes durante as últimas fases do Império Romano –a maior parte da decoração escultórica teve que ser removida de outros monumentos, e os construtores provavelmente desconheciam o significado das peças que tomavam emprestadas: os medalhões redondos foram tirados de um templo dedicado ao amante do imperador Adriano, Antínoo, e mostram os dois amigos envolvidos em uma caçada. As outras peças, extraídas do Fórum de Trajano, mostram prisioneiros dácios capturados por Trajano na guerra.

Coliseu

Diariam 8h30–17h30; € 11, inclui o monte Palatino. O Coliseu talvez seja o monumento antigo mais imponente de Roma: um enorme anfiteatro que, apesar das depredações causadas por quase 2.000 anos de terremotos, incêndios, rebeliões, guerras e pilhagens de seu aparentemente inesgotável suprimento de blocos de travertino, continua relativamente intacto. Você nunca será um observador solitário, e, no verão, a mistura de excesso de gente e andaimes pode lembrar mais um edifício contemporâneo que um monumento da Antiguidade. Mas, se você fizer a visita no fim da tarde ou no início da manhã, antes que cheguem os ônibus de excursões, a arena revelará a maravilha que realmente é. Originalmente conhecido como Anfiteatro Flaviano (o nome Coliseu é muito posterior), ele foi iniciado por volta do ano 72 pelo imperador Vespasiano, que, ansioso para apagar a lembrança de Nero, escolheu o local da

▲ INTERIOR DO COLISEU

Domus Aurea, onde residia o imperador. No interior, há espaço para cerca de 60 mil pessoas sentadas e 10 mil em pé, e o sistema de saídas (*vomitoria*) de cada seção serviu de modelo para estádios em todo o mundo. Os lugares eram divididos estritamente: os melhores eram reservados ao imperador e seus acompanhantes, e a classe social dos espectadores diminuía quanto mais próximo do topo. No subterrâneo, havia um labirinto coberto com um piso de madeira com vários alçapões e elevadores por onde eram transportados os animais que participavam dos jogos. Para drenar a água da chuva, o piso era coberto com lona, que por sua vez era coberta com vários centímetros de areia para absorver o sangue. Na verdade, a palavra "arena", em latim, significa "areia". Lá dentro, pode-se caminhar pela maior parte do nível inferior e por todo o nível superior, que no entanto está a meia altura da estrutura original. Atualmente, as partes mais altas do anfiteatro estão fechadas. De cima, pode-se ver as vísceras da arena, mas não há mais piso desde as escavações realizadas no século 19, que também estão fora do alcance dos visitantes. O andar superior do lado norte contém uma boa livraria e um espaço para exposições temporárias; a área ao lado dos elevadores é reservada a uma exposição de fragmentos da construção do Coliseu.

Monte Célio, monte Aventino e a região sul

O monte Célio e o monte Aventino são arborizados e constituem dois dos pontos mais agradáveis da cidade. Alguns dos animais que seriam sacrificados no Coliseu eram criados em um zôo no monte Célio, que fica logo atrás da arena, ao passo que o Aventino era o centro da Roma plebéia e hoje é uma área residencial de alta classe, com belas vistas além do rio. Entre os dois montes ficam as ruínas do Circo Máximo e as Termas de Caracalla, lugares muito procurados pelos antigos cidadãos romanos para relaxar. Ao sul e a oeste do monte, situam-se dois diferentes bairros: Testaccio, um enclave da classe trabalhadora que vem se tornando cada vez mais moderno e restaurado (e onde se situa grande parte da vida noturna), e o promissor Ostiense, que merece um visita graças à Centrale Montemartini, antiga central termoelétrica que se tornou uma ala dos Museus Capitolinos. Entre esses bairros fica o Cemitério Protestante, onde os poetas Keats e Shelley estão enterrados. Mais para o sul, além dos antigos muros da cidade, encontram-se a magnífica Basilica di San Paolo fuori le Mura e a Via Appia Antica, onde se situam as catacumbas cristãs. Também vale a pena fazer uma visita à EUR, um experimento futurístico de planejamento urbano dos anos 1930.

Santi Giovanni e Paolo

Diariam 8h30–12h e 15h30–18h30. Reconhecida por seu colorido campanário, esta igreja é dedicada a Giovanni e Paolo, dois dignitários da corte de Constantino que foram decapitados aqui no ano 361, depois de se recusarem a prestar serviço militar. No meio da nave está o santuário que assinala o local onde os dois homens foram martirizados e enterrados, embora a basílica seja mais conhecida hoje em Roma como a igreja preferida para casamentos.

Case Romane

Clivio di Scauro. Diariam 10h–13h e 15h–18h, exceto ter e qua; € 6. O local guarda as relíquias do que se acredita ser a residência de Giovanni e Paolo (ver ao lado) –cerca de vinte salas, com afrescos sobre temas cristãos e pagãos, que exigem alguma imaginação para que se possa identificá-los como os aposentos palacianos que um dia foram. Entretanto, há alguns destaques, como a Casa dei Genii, com afrescos que representam cupidos alados, e o pátio

CAFÉS E LANCHONETES
Palombini 18
Volpetti Piu 7

RESTAURANTES
Augustarello 3
Checchino dal 1887 12
Felice 6
Da Remo 2
Tuttifrutti 5

BARES
Caffè del Emporio 1
Oasi della Birra 4
On the Rox 8

CASAS NOTURNAS
Akab 11
L'Alibi 13
Alpheus 16
Casa del Jazz 15
Cave 11
Fake 14
Goa 19
Caffè Latino 10
Rashomon 17
Villaggio Globale 9

LOJA
Volpetti a

San Paolo fuori le Mura (1 km), Eur (2 km) e 17 18 e 19 (400 m)

0
100 m
Sant' Anastasia
Domus Augustana
Via del Cerchi
Circo Máximo
Piazzale Ugo La Malfa
Circo Massimo
Via di S. Gregorio
Via del Parco del Celio
Parco del Celio
Santi Giovanni e Paolo
Case Romane
Clivio di Scauro
Via Claudia
Via Annia
Piazza Celmontana
San Gregorio Magno
S.D.S. Gregorio
Santo Stefano Rotondo
Santa Maria in Domnica
Via della Navicella
Villa Cellimontana
Villa Celimontana
Piazza di Porta Capena
Via di Valle delle Camene
Viale delle Terme di Caracalla
Via delle Terme Deciane
Circo Massimo
Via della Fonte di Fauno
FAO
Viale Aventino
Estádio das Termas
Viale Guido Baccelli
San Sisto Vecchio
Via Druso
Santi Nereo e Achileo
Via B. Peruzzi
Via Aventina
Van San Saba
Annia Faustina
San Saba
Piazzale Numa Popilio
Via di Porta Sebastiano
Parco di Porta Capena
Largo Enzo Fioritto
Termas de Caracalla
Viale delle Therme di Caracalla
San Cesareo
Via di Villa Pepoli
Via Guerrieri
Via Bramante
Via D Ponta
Via Palladio
Pinelli
Via Antonina
Porta Ardeatina
Viale Giotto Tata
Via Lucio Fabio Cilone
Viale Guido Baccelli
Viale Marco Polo
Via dei Verbiti
Viale di Porta Ardeatina
Via Odoardo Beccari
Muralha Aureliana
15
N
Largo Terme di Caracalla
Via Cristoforo Colombo
P
Viale Marco Polo
Piazzale 12 Octobre 1492
Via F. A. Pigafetta
MONTE CÉLIO, MONTE AVENTINO E A REGIÃO SUL
Museo delle Mura e Via Appia Antica (1 km) e Catacumbas (2 km)

ou *nymphaeum*, onde há um maravilhoso afresco de uma deusa, talvez Proserpina preparando-se para o seu casamento com Plutão, acompanhada de um cortejo festivo de barcos conduzidos por cupidos. Há ainda um interessante antiquário, com um bom estoque de achados do local.

San Gregorio Magno

Diariam 8h30–12h30 e 15h–18h30; toque a campainha onde está escrito "portinare" para ter acesso. Pouco depois da Case Romane (ver pág. 111), descendo o monte, esta igreja ocupa uma posição privilegiada para quem olha através dos pinheiros do monte Palatino, em frente. São Gregório fundou e viveu no monastério que ainda se ergue aqui antes de se tornar papa no ano 590. O interior é bastante comum, mas o adorável piso Cosmati permanece intacto e a capela do santo, no final da ala sul, tem um vaso lindamente esculpido que mostra cenas da vida de são Gregório e seu trono de mármore, um exemplar gasto que já existia quinhentos anos antes do nascimento do santo. As capelas à esquerda da entrada também merecem uma espiada, mas quase sempre estão fechadas.

Circo Máximo

O Circo Máximo era o local onde se realizavam as corridas de carros. Ocupava uma grande área verde entre o monte Palatino e o monte Aventino, que hoje está cercada de ruas de tráfego pesado. A arena tinha capacidade para cerca de 300 mil espectadores, e, se ainda estivesse intacta, com certeza rivalizaria com o Coliseu em grandiosidade. Hoje, um monte de pedras na extremidade da Viale Aventino é tudo o que resta, além de –na ponta sul– uma pequena torre medieval, e, atrás de um muro de blocos de mármore na base do Palatino, o contorno do Septizodium, uma estrutura imperial construída para exibir as glórias de Roma e de seu império àqueles que chegassem pela Via Appia.

Santa Sabina

Piazza Pietro d'Illiria. Diariam 6h30–12h45 e 16h–19h. Coroando o monte Aventino, a encantadora santa Sabina é uma forte concorrente à mais bela basílica de Roma –a nave e o pórtico foram restaurados na década de 1930 na forma como eram no século 5º. Observe especialmente a porta principal, da mesma época que a igreja, que exibe dezoito painéis esculpidos com temas cristãos, constituindo uma perfeita Bíblia ilustrada (tem, inclusive, uma das mais antigas representações da Crucificação). Santa Sabina é também a principal igreja dos dominicanos. No interior, bem perto da porta, há uma peça de mármore negro, cheia de furos, que se acredita tenha sido atirada pelo demônio contra são Domingos enquanto rezava, rachando o piso de mármore, mas, milagrosamente, sem ferir o santo. Também se acredita que as laranjeiras do pomar dos fundos, que podem ser vistas a caminho de uma sala que era ocupada por são Domingos, são descendentes das árvores que o próprio santo plantou. Seja ou não verdade, a vista do pomar é esplêndida, abrangendo, além do Tibério, o centro de Roma e a Basílica de São Pedro.

Termas de Caracalla

Viale Terme di Caracalla 52. Seg 9h–13h, ter–dom 9h–anoitecer; € 6. As ruínas do centro de lazer da antiga Roma dão uma idéia muito mais clara da monumental arquitetura romana que a maioria das ruínas existentes na cidade –tanto que Shelley decidiu escrever *Prometeu libertado* aqui em 1819. Os muros ainda estão de pé a uma altura bem próxima da original, e há muitos fragmentos de mosaicos –nenhum espetacular, mas alguns bem preservados. O complexo inclui ginásios, jardins e uma piscina descoberta, além das termas de águas quentes, mornas e frias. Caracalla foi um dos piores governantes de Roma, de modo que não admira que não haja na cidade mais nada que tenha sido construído por ele. Durante muitos anos, as termas foram usadas para apresentações de ópera no verão (uma das melhores idéias de Mussolini), que foram retomadas recentemente e são uma maneira barata e emocionante de ver as termas em uma clima envolvente.

Testaccio

O bairro operário de Testaccio contém duas praças principais. Esta comunidade unida, que abriga um mercado e alguns bares e pequenas *trattorias*, foi por muitos anos sinônimo de matadouro, ou **mattatoio**. Nas últimas décadas, a área tornou-se um bairro moderno, e o matadouro, antigamente o maior empregador da região, se transformou no Centro Sociale e Villaggio Globale, um espaço usado para concertos, raves e outros eventos. Durante anos, falou-se em reformá-lo, mas até agora nada foi feito e provavelmente é assim que ele vai ficar pelos próximos anos. O prédio também abriga uma ala do **Museu de Arte Contemporânea de Roma** (MACRO; ter–dom 16h–24h),

▲ TERMAS DE CARACALLA

que apresenta exposições temporárias.

Monte Testaccio

O monte que dá nome ao bairro tem 35 metros de altura e se formou pelo acúmulo de cacos de ânforas descartados aqui ao longo dos séculos. É um local estranho, onde os frisos de cerâmica se tornam claramente visíveis em meio a tufos de grama que cobrem o cume e onde as bordas são ocupadas por oficinas mecânicas de carros e motos –e, atualmente, bares e boates (ver pág. 122).

Cemitério Protestante

Entrada pela Via Caio Cestio 5. Seg–sáb 9h–17h; aceita donativos. Ônibus 23 para Piazzale Ostiense. Este cemitério não é de fato totalmente protestante, mas reservado a não-católicos italianos e de outras nacionalidades. É no entanto um dos santuários à Inglaterra em Roma e a conclusão da visita à Casa Memorial de Keats-Shelley na Piazza di Spagna, já que aqui os dois poetas estão enterrados, ao lado de outros nomes famosos. A maioria dos visitantes vem para visitar o túmulo de Keats,

▲ CEMITÉRIO PROTESTANTE

ao lado da sepultura de seu amigo, o pintor Joseph Severn, em um canto da parte antiga do cemitério. Em sua lápide está escrito, segundo seu desejo: "Aqui jaz alguém cujo nome foi escrito na água". As cinzas de Shelley foram transportadas e enterradas aqui a pedido de sua mulher, depois de muitas objeções das autoridades papais, na parte nova do cemitério –os Shelleys o haviam visitado vários anos antes, quando o poeta o elogiara como "o mais belo e solene cemitério que já contemplei".

Pirâmide de Caio Séstio

Piazzale Ostiense. O marco desta parte da cidade é o túmulo piramidal de um certo Caio Séstio, que morreu em 12 a.C.

▼ PIRÂMIDE DE CAIO SÉSTIO E PORTA SAN PAOLO

Depois de passar algum tempo no Egito, Séstio determinou em testamento que todos os seus escravos fossem libertados –a pirâmide branca que se vê hoje foi construída por eles em apenas 330 dias, uma obra que deve ter sido realizada com muito prazer. Ocasionalmente, ela é aberta ao público, mas todas as tardes, entre 14h30 e 16h30, você pode visitar os gatos que vivem aqui e os voluntários que cuidam deles.

Centrale Montemartini

Via Ostiense 106. Ter–dom 9h–19h; € 4,50, € 8,50 também para os Museus Capitolinos, válido por 7 dias. Esta antiga central energética foi requisitada para expor as melhores esculturas do museu enquanto o edifício principal estava sendo reformado. Tornou-se tão popular que hoje é um local de exposição permanente, atraindo visitantes para o antigo bairro industrial de Ostiense. As imensas salas da estação são ideais para a exibição de esculturas antigas, embora a visão de turbinas enormes e fornalhas seja por si só fascinante e dispute a atenção do visitante. Entre as muitas obras importantes há a cabeça, os pés e um braço de uma estátua colossal, que teria 8 metros de altura, encontrada no Largo Argentina, uma grande cópia romana de Atena, um mosaico fragmentado com cenas de caçada e uma adorável estátua naturalista de uma jovem sentada em um banco com as pernas cruzadas, do século 3º a.C. Há ainda uma imagem de Hércules e, perto dele, uma *Muse Polymnia:* o primeiro pronto para a ação; a segunda, recostada em uma rocha e fitando pensativamente o horizonte.

San Paolo fuori le Mura

Diariam 7h–18h30; no inverno até 18h. Metrô linha 3 ou ônibus 271 na Piazza Venezia (os ônibus não circulam nos fins de semana). Cerca de um quilômetro ao sul da Centrale Montemartini, a Basilica di San Paolo fuori le Mura, uma das cinco basílicas patriarcais de Roma, ocupa o suposto local do túmulo de são Paulo. Das cinco, esta foi a que se deu pior ao longo dos anos, tendo sido vítima, em 1823, de um incêndio devastador que quase a destruiu totalmente –o que se vê hoje é em grande parte uma reconstrução do século 19. Foi um obra bem-sucedida, e a imensa estrutura semelhante a um celeiro, com o clerestório e as vigas do teto sustentados por enormes colunas, revela uma forte e autêntica noção de oportunidade e história, evidenciada nos medalhões de todos os papas que adornam a nave e o transepto, a começar por são Pedro, à direita do pórtico em arco, e terminando com Bento XVI, no alto da ala sul. No transepto sul, o castiçal pascal é uma extraordinária peça de escultura românica, sustentado por bestas semi-humanas e exibindo cenas da vida de Cristo; as portas de bronze foram resgatadas da antiga basílica e datam de 1070, assim como o tabernáculo do século 13 de Arnolfo di Cambio. O arco do outro lado da ala é decorado com mosaicos doados pela rainha bizantina Gala Placídia no século 6º. Há ainda um claustro

▼ SAN PAOLO FUORI LE MURA

▲ MURALHA AURELIANA

–provavelmente o mais belo exemplo romano de peças Cosmati: suas colunas em espiral, incrustadas de mosaicos, cercam um calmo roseiral.

Muralha Aureliana

Construída pelo imperador Aureliano no ano 275 para cercar as colinas de Roma e proteger a cidade contra invasões, a Muralha Aureliana ainda cerca boa parte da cidade, mas o trecho mais preservado se estende por dois quilômetros entre a Porta San Paolo e a Porta San Sebastiano (que fica a algumas centenas de metros do Largo Terme di Caracalla). Aqui, o **Museo delle Mura** (ter–sáb 9h–14h; € 2,60) ocupa dois andares da porta da cidade e exibe as plantas originais de Aureliano e muitas fotos, antigas e atuais, da muralha. Pode-se subir ao topo da porta, de onde

Visita à Via Appia Antica e às Catacumbas

Há **ônibus** que percorrem a Via Appia Antica e param convenientemente na –ou perto da– maioria dos pontos de interesse, a começar pela Porta San Sebastiano. Você pode caminhar pela Via Appia Antica, mas lembre que esta via não é particularmente pitoresca, pelo menos até chegar às Catacumbas de São Sebastião. Por isso, o melhor é tomar um ônibus até San Sebastiano e daí caminhar até as atrações que você deseja ver. O ônibus 118 sai da Piazzale Ostiense até as Catacumbas de São Sebastião, e você também pode pegar o ônibus 218, que desce a Via Ardeatina, ou o ônibus 660, que vai do Túmulo de Cecilia Metella até a estação de metrô Colli Albani. Mas a melhor opção é pegar o **Archeobus**, que parte de Termini e da Piazza Venezia, assim como de outros pontos do centro, mais ou menos de hora em hora; os bilhetes custam € 8 para uma viagem de ida e volta que dura um dia e na qual você pode embarcar ou descer quando quiser. Você também pode partir da Porta San Sebastiano e fazer o caminho a pé, o que lhe permitirá parar no **centro de informações turísticas** do Parco Regionale dell'Appia Antica –um parque nacional–, na Via Appia Antica 58, antes de chegar a Domus Quo Vadis (diariam verão 9h30-17h30; inverno 9h30–16h30 T06.512.6314, www.parcoappiaantica.org). Aqui também se pode alugar **bicicletas** por € 3 a hora ou € 10 por dia; pegue um bom mapa e outras informações sobre as várias atrações da Appia Antica. Finalmente, há alguns **restaurantes** decentes perto de San Sebastiano: *L'Archeologica*, logo depois da igreja, e *Cecilia Metella*, em frente; nenhum deles é muito barato, mas ambos têm jardins onde se pode comer ao ar livre.

se tem lindas vistas do campo ao redor de Roma, e caminhar por algumas centenas de metros ao longo da muralha.

Via Appia Antica

A Via Appia Antica, que começa na Porta San Sebastiano, é a mais famosa das estradas consulares que, partindo de Roma, se irradiavam em todas as direções. Foi construída por um certo Appio Cláudio em 312 a.C. e é o único marco romano mencionado na Bíblia. Durante o período clássico, foi a mais importante das rotas comerciais de Roma, por onde os produtos escoavam em direção ao porto de Brindisi. Não é mais a principal via para o sul –substituída pela Via Appia Nuova, que parte das cercanias da Porta San Giovanni–, mas preserva a importância que teve nos primórdios do cristianismo, já que em suas margens se alinham numerosos marcos pagãos e cristãos, entre eles as famosas catacumbas, cemitérios dos primeiros cristãos.

Domine Quo Vadis

Via Appia Antica 51. A cerca de 500m da Porta San Sebastiano, onde a estrada se bifurca, a Chiesa del Domine Quo Vadis é a primeira e a mais óbvia atração da Via Appia. Segundo um texto apócrifo, neste lugar são Pedro, fugindo da morte certa em Roma, teve uma visão de Cristo e lhe perguntou: "Aonde ides, Senhor?", ao que Cristo lhe respondeu que estava voltando para ser crucificado outra vez, o que fez com que Pedro desse meia-volta e aceitasse seu destino. A pequena igreja tem um interior bastante comum, exceto pela réplica de uma peça de mármore que, segundo se acredita, mostra as pegadas de Cristo –o original está na Basilica di San Sebastiano (ver abaixo).

Catacumbas de São Calisto

Via Appia Antica 126. Diariam exceto qua 9h–12h e 14h–17h; € 5. As maiores das catacumbas de Roma, as Catacumbas de São Calisto foram construídas no século 2º. Muitos dos primeiros papas (entre eles são Calisto) estão enterrados aqui. Há excursões regulares ao local. As catacumbas também apresentam afrescos bem preservados dos séculos 7º e 8º, além da cripta de santa Cecília, que foi enterrada aqui depois de seu martírio, antes de ser transferida para a sua igreja no Trastevere –uma cópia da famosa imagem de Carlo Maderno assinala o local.

Mausoleo delle Fosse Ardeatine

Seg–sex 8h15–15h30, sáb e dom 8h15–17h; grátis. A dez minutos de caminhada de São Calisto, perto da parada do ônibus 218 , esta é uma catacumba diferente, que lembra o massacre de mais de 300 civis durante a ocupação nazista de Roma, depois que a Resistência tinha emboscado e matado 32 soldados no centro da cidade. Os nazistas engendraram uma cruel vingança, matando dez civis para cada alemão morto, enterrando os copos aqui e depois explodindo minas para encobrir o crime. Os corpos foram desenterrados depois da guerra e enterrados novamente neste mausoléu.

Catacumbas de São Sebastião

Via Appia Antica 136. Seg–sáb 9h–12h e 14h30–17h; € 5. Estas catacumbas estão situadas sob uma basílica muitas vezes restaurada que foi construída por Constantino no local onde os corpos dos apóstolos Pedro e Paulo teriam sido enterrados por algum tempo. Uma excursão de 30 minutos visita pinturas de pombos e peixes, uma lamparina a óleo gravada e inscrições que datam as tumbas. O aspecto mais surpreendente, porém, não é cristão, mas três túmulos pagãos (um pintado e dois decorados em estuque) descobertos quando os arqueólogos escavavam sob o piso da basílica. Exatamente aqui Constantino teria erguido a capela a Pedro e Paulo, e, embora são Pedro tenha sido mais tarde removido para o Vaticano e são Paulo para San Paolo fuori le Mura, as inscrições encontradas registram que foi aqui, de fato, que os dois apóstolos foram enterrados, embora temporariamente.

Circo de Massenzio

Diariam 9h–13h; € 2,60. Algumas centenas de metros adiante das Catacumbas de São Sebastião, as ruínas de tijolos que desaparecem em meio aos campos à esquerda são as ruínas da Vila e do Circo de Massenzio, um grande complexo construído pelo imperador no início do século 4º, antes de sua derrota para Constantino. É um nítido gramado oval, similar ao Circo Máximo (ver pág. 114), mas ligeiramente mais bem preservado e situado em um local mais bucólico –o que o torna um lugar excelente para quem quiser fazer um piquenique, estender-se na grama ou descansar sobre as ruínas.

▲ PALAZZO DELLA CIVILITÀ

Túmulo de Cecilia Metella e além

Ter–dom 9h–16h30; € 2, € 6 se incluir as Termas de Caracalla e a Villa dei Quintilli. Seguindo pela Via Appia, este túmulo circular que data da era de Augusto foi transformado no torreão de um castelo no século 14. Conhecido como "Capo di Bove" pelas cabeças de boi presentes no friso que o cerca, o túmulo propriamente dito, um imenso tambor de tijolos, hoje não passa de um grande pombal. Fragmentos estão espalhados pelo pátio adjacente, de um período posterior, e abaixo se pode ver o que restou de um fluxo de lava de milhares de anos atrás.

EUR

Praças na extremidade sul da Via Cristoforo Colombo. Ônibus 714 em Termini ou linha B do metrô.
O distrito de EUR foi planejado por Mussolini para a Exposição Universal de Roma em 1942, mas só foi concluído depois da guerra. Não é exatamente um bairro, mas uma declaração em pedra: sua monumental arquitetura fascista e seus amplos bulevares lembram a Roma imperial (especialmente o Palazzo della Civilità, ou "Colosseo Quadrato"). De maneira geral, é um lugar belo, mas sem alma, um elefante branco apesar do movimento de lojas e escritórios. Além da arquitetura, a principal atração do EUR são seus museus, dos quais o mais interessante é o **Museo della Civilità Romana**, Piazza Agnelli 10 (ter–sáb 9h–14h, dom 9h–13h30; € 6,50, € 8,50

se incluir o planetário). Entre os muitos achados antigos de Roma, há uma grande maquete da cidade do século 4º. Atualmente o museu incorpora o novo **Planetário e Museu Astronômico** –que não é lá grande coisa, principalmente para quem não entende italiano.

Loja

Volpetti

Via Marmorata 47. Vale a pena conhecer essa delicatéssen de Testaccio, uma das melhores de Roma, com uma fantástica seleção de frios, queijos e tudo o que você possa imaginar.

Cafés e lanchonetes

Palombini

Piazzale Adenauer 12. Um ótimo café no EUR, onde o terraço e o amplo interior são um oásis em meio aos bulevares do bairro. Adequadamente instalado no térreo do "prédio oficial dos restaurantes" do EUR, é ao mesmo tempo café, tabacaria e adega, e serve excelentes bolos e sanduíches.

Volpetti Piu

Via A. Volta 8. Seg–sáb 11h–21h. *Tavola calda*, ou rotisseria, ligada à famosa delicatéssen situada algumas portas adiante. Ótimas pizzas, *supplì*, frangos, vegetais fritos e muito mais.

Restaurantes

Augustarello

Via G. Branca 98 ☎06.574.6585. Seg–sáb 12h–15h30 e 19h30–23h30. Um estabelecimento em Testaccio de preços moderados, que serve a genuína cozinha romana em um ambiente antiquado. Um bom lugar para quem aprecia rabo de touro e moela, mas também há boas opções para os vegetarianos.

Checchino dal 1887

Via Monte Testaccio 30 ☎06.574.6318. Ter–sáb 12h–15h e 20h–23h30. Um símbolo histórico da culinária de Testaccio, com uma excelente adega de vinhos. Caro, mas o ambiente rústico e o cardápio de autênticas carnes romanas e miúdos valem quanto custam.

Felice

Via Mastro Giorgio 29 ☎06.574.6800. Seg–sáb 12h30–14h45 e 20h–22h30. Não desanime diante das placas de "*riservato*" sobre as mesas –o proprietário gosta de "selecionar" seus cientes. Sorria e faça Felice entender que você está faminto e adora a comida romana. Experimente os *bucatini cacio e pepe* ou o carneiro, e, no inverno, as alcachofras.

Da Remo

Piazza Santa Maria Liberatrice 44 ☎06.574.6270. Seg–sáb 19h30–1h. A *Remo* é o melhor tipo de *pizzeria*: geralmente lotada de romanos, muito simples e que serve a massa mais fina e crocante que você vai encontrar. Também vale a pena experimentar as *bruschette* e outros petiscos, como *supplì* e *fior di zucca*. A refeição perfeita antes de uma noitada –e muito barata.

▼ VOLPETTI

▲ DA REMO

Tuttifrutti
Via Luca della Robbia 3a
Ⓣ06.575.7902. Ter–dom 19h30–23h55. Este popular restaurante em Testaccio é perfeito: de administração familiar, com boa comida, preços decentes e muitos clientes. O cardápio muda diariamente, oferecendo variações interessantes dos tradicionais pratos romanos. Recomendado.

Bares

Caffè Emporio
Piazza dell'Emporio 2, Ⓦwww.caffemporio.com. Diariam 16h-2h. A poucos passos do Tibre, este *lounge* bar reformado atrai uma clientela ultramoderna. Muitas cervejas servidas do barril, além de destilados.

Oasi della Birra
Piazza Testaccio 41. Seg–sáb 19h30–1h. Modestamente situado sob a Adega Piazza Testaccio, estas acolhedoras salas de porão abrigam uma seleção internacional de cervejas que rivaliza com a de qualquer cervejaria do mundo –quinhentos tipos ao todo–, além de uma boa seleção de vinhos. Pode-se comer generosas porções de queijo e salame, ótimas *bruschette* e pratos de polenta.

On the Rox
Via Galvani 54. Ter–sáb 20h–4h, dom 19h–2h. Virando a esquina depois das boates da Via di Monte Testaccio, bem no coração da vida noturna da Via Galvani, este é um bar agradável e alegre, administrado por um casal de dinamarqueses.

Casas noturnas e de espetáculos

Akab/Cave
Via Monte Testaccio 69
Ⓣ06.5740.4485. Metrô B estação Piramide, ônibus 23, 30, 75, 95, 280, 716, 719 ou bonde 3. Qui–dom 23h–4h30. Uma casa noturna construída em uma antiga carpintaria, com dois ambientes: um no térreo e outro em uma espécie de cave no subsolo.

A grande noite no Akab é a festa "L-Ektrica", às quintas-feiras.

L'Alibi

Via Monte Testaccio 44 ☎06.574.3448. Entrada grátis ter–qui, sex € 10, sáb € 15, incluindo um drinque. Uma casa predominantemente –mas não exclusivamente– masculina que é uma das mais antigas e melhores boates gay de Roma. No subsolo há várias salas para dançar e, no andar superior, um bar ao ar livre. O grande terraço é perfeito nos meses de calor.

Alpheus

Via del Commercio 36 ☎06.574.7826, ⓦwww.alpheus.it. Metrô B estação Piramide ou ônibus 23, 769, 770. Ter–dom 22h–4h30. Instalada em uma antiga fábrica perto da Via Ostiense, pouco depois de Testaccio, a Alpheus tem espaço para três eventos simultâneos –discoteca, sala de concertos e exposições ou espetáculos de teatro. O sábado é Gorgeous, uma noite gay.

Casa del Jazz

Viale di Porta Ardeatina 55 ☎06.704.731, ⓦwww.casajazz.it. Metrô B estação Piramide ou ônibus 714. Patrocinada pela prefeitura e projeto do prefeito Walter Veltroni, um amante do jazz, esta *villa* reformada em um local arborizado abriga um complexo moderno, com livraria, loja de discos, restaurante, estúdios de gravação e um auditório de 150 lugares que apresenta shows ao vivo quase todas as noites. Entrada € 5–10.

Fake

Via di Monte Testaccio 64 ☎06.4544.7627. Qua–dom 23h30–4h. DJs internacionais tocam R&B, hip-hop e música eletrônica nesta casa noturna construída sob um monte de antigas ânforas de terracota.

Goa

Via Libetta 13 ☎06.574.8277. Metrô B estação Garbatella ou ônibus 29, 769, 770. Ter e qui–sáb 23h–5h. Esta tradicional casa noturna perto da Basilica di San Paolo, inaugurada pelo famoso DJ local Giancarlino, toca techno, house e drum & bass. Tem um clima étnico, com incenso e uma loja que vende produtos feitos a mão. Há sofás onde você pode recuperar as energias depois da balada.

Rashomon

Via degli Argonauti 16 ☎347.340.5710, ⓦwww.myspace.com/rashomonclub. Qua–dom 23h–5h. Uma decoração minimalista se combina com um design industrial nesta casa que apresenta música ao vivo e eletrônica. A melhor noite é o sábado, quando o som é de house, disco e techno.

Villaggio Globale

Lungotevere Testaccio 22 ☎06.575.7233. Ônibus 95, 170, 719, 781. Só no inverno; horários dependem dos eventos. Instalada em um velho matadouro à margem do rio, a Villaggio Globale apresenta alguma coisa quase todas as noites, seja world music, indie rock ou performances de vanguarda, em seu *Spazio Boario*. Fecha ago.

Monte Quirinale, Termini e arredores

Das colinas que se erguem a leste do centro de Roma, o monte Quirinale talvez seja o mais interessante. Foi o primeiro a se desenvolver quando, no fim do século 16, o papado se mudou para o Palazzo del Quirinale (hoje residência do presidente italiano) e aqueles que tinham condições financeiras o seguiram, abandonando o centro da cidade atacado pela malária. O bairro abriga algumas das mais obrigatórias atrações da cidade, entre elas o enorme Palazzo Barberini, em cujo acervo estão algumas das melhores obras de arte de Roma, e, logo além, o Palazzo Massimo, onde está em exposição uma boa tarde dos tesouros antigos da cidade. Esta região, ao redor da Estação Termini, é bem servida de hotéis e talvez seja a escolhida para sua hospedagem. Um pouco adiante, fora do centro, a Via Nomentana tem duas igrejas –Sant'Agnese fuori le Mura e Santa Costanza– que merecem uma viagem até lá; e o bairro de San Lorenzo constitui um centro estudantil e abriga alguns restaurantes e casas noturnas.

Piazza Barberini

No alto da movimentada Via del Tritone, a Piazza Barberini tem ao centro a **Fontana del Tritone**, de Bernini, na qual o deus dos mares lança um jato de água de uma concha. Tradicionalmente, era o bairro da família Barberini, grande patrona de Bernini, e por isso está cheio de obras do escultor em sua homenagem. Ele concluiu a fonte em 1644, e logo depois criou a **Fontana delle Api**, do lado oposto da rua, na extremidade da Via Veneto: obra menor e mais excêntrica, constituída de uma grande concha salpicada de abelhas, símbolo dos Barberini.

Santa Maria della Concezione

Via Veneto 27. Diariam 9h–12h e 15h–18h; espera-se um donativo para o cemitério. A Chiesa di Santa Maria della Concezione foi outra obra patrocinada pelos Barberini, que, embora não seja especial, merece uma visita

▲ FONTANA DEL TRITONE

pelo macabro cemitério dos capuchinhos. Construído em 1793, contém os ossos de 4.000 monges enterrados nas paredes de uma série de capelas –um monumento a "nossa irmã a Morte corporal", nas palavras de são Francisco. Os ossos aparecem em padrões abstratos ou cristãos, ou na forma de esqueletos completamente vestidos, com o rosto surgindo de dentro do capuz em expressões de agonia –um dos mais macabros e bizarros locais de Roma.

Via Veneto

Os bares e restaurantes caros ao longo da Via Veneto já foram os preferidos do *beautiful people* de Roma, imortalizados por Fellini em seu filme *La dolce vita*. Mas esse tempo ficou para trás, e hoje a rua, apesar de abrigar luxuosos hotéis, nunca recuperou a classe que tinha nos anos 1960 e 1970. Apesar disso, suas pistas arborizadas, seus cafés na calçada, suas lojas elegantes e os porteiros uniformizados dos hotéis de luxo conferem-lhe um ar de sofisticação européia que quase não se encontra em outras partes da cidade.

Palazzo Barberini

Via delle Quattro Fontane 13. Ter–dom 8h30–19h30; € 6; visitas aos aposentos a cada 45 minutos.

O Palazzo Barberini abriga a **Galleria Nazionale d'Arte Antica** –um rico mosaico de arte italiana do início do Renascimento ao Barroco tardio. Em seu magnífico acervo destacam-se obras de Ticiano, El Greco e Caravaggio. Mas talvez o aspecto mais impressionante da galeria seja sua arquitetura, obra construída em diferentes épocas pelos arquitetos mais conceituados do momento:

▲ PALAZZO BARBERINI

Bernini, Borromini e Maderno. No primeiro andar, o Gran Salone é dominado pelo afresco de Pietro da Cortona, *O triunfo da Divina Providência*, um dos melhores exemplos do exuberante trabalho barroco em *trompe l'oeil* –que parece rastejar pela parede ao encontro do observador. Entre as pinturas, não deixe de ver *Judith decapitando Holofernes*, de Caravaggio; a maternal *Madonna e o Menino* de Fra' Filippo Lippi, pintada em 1437, que introduz detalhes de fundo, principalmente arquitetônicos, na pintura religiosa italiana; a sedutora *Fornarina de Rafael* –filha de um padeiro de Siena que parece ter sido sua amante (o nome de Rafael aparece claramente no bracelete da jovem); o magnificamente ereto *Stefano Colonna*; criação de Bronzino; e um retrato de *Henrique VIII* de Hans Holbein. Finalmente, pode conhecer os aposentos dos Barberini em uma visita guiada, que vale pela escada de Borromini –uma resposta em espiral à escada principal de Bernini, em outra ala do edifício. Entretanto, como os aposentos não são espetaculares, não lamente se não houver uma visita prestes a se iniciar.

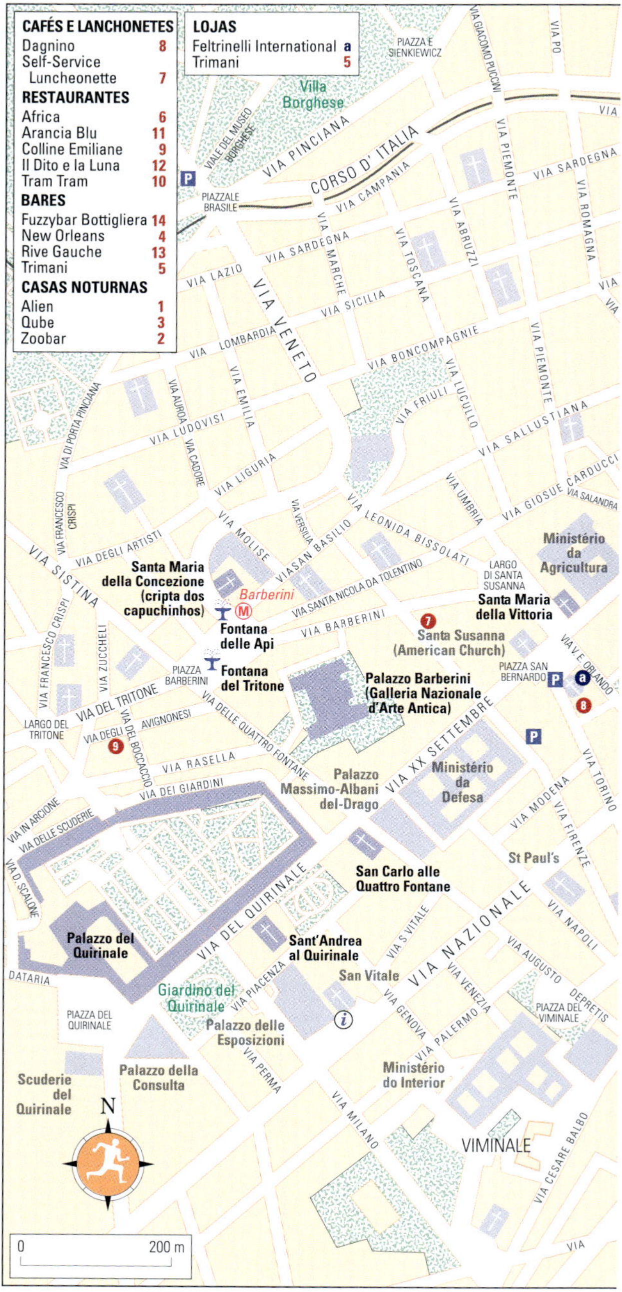
CAFÉS E LANCHONETES
Dagnino 8
Self-Service Luncheonette 7
RESTAURANTES
Africa 6
Arancia Blu 11
Colline Emiliane 9
Il Dito e la Luna 12
Tram Tram 10
BARES
Fuzzybar Bottigliera 14
New Orleans 4
Rive Gauche 13
Trimani 5
CASAS NOTURNAS
Alien 1
Qube 3
Zoobar 2
LOJAS
Feltrinelli International a
Trimani 5
Villa Borghese
PIAZZALE BRASILE
PIAZZA E SIENKIEWICZ
VIA PINCIANA
CORSO D' ITALIA
VIA VENETO
VIA LUDOVISI
VIA SISTINA
VIA DEL TRITONE
VIA BARBERINI
VIA XX SETTEMBRE
VIA NAZIONALE
VIA DEL QUIRINALE
Santa Maria della Concezione (cripta dos capuchinhos)
Barberini
Fontana delle Api
Fontana del Tritone
PIAZZA BARBERINI
LARGO DEL TRITONE
Santa Susanna (American Church)
Santa Maria della Vittoria
LARGO DI SANTA SUSANNA
Ministério da Agricultura
PIAZZA SAN BERNARDO
Palazzo Barberini (Galleria Nazionale d'Arte Antica)
Palazzo Massimo-Albani del-Drago
Ministério da Defesa
St Paul's
San Carlo alle Quattro Fontane
Sant'Andrea al Quirinale
San Vitale
Palazzo del Quirinale
Giardino del Quirinale
Palazzo delle Esposizioni
PIAZZA DEL QUIRINALE
Palazzo della Consulta
Scuderie del Quirinale
Ministério do Interior
PIAZZA DEL VIMINALE
VIMINALE
N
0 200 m

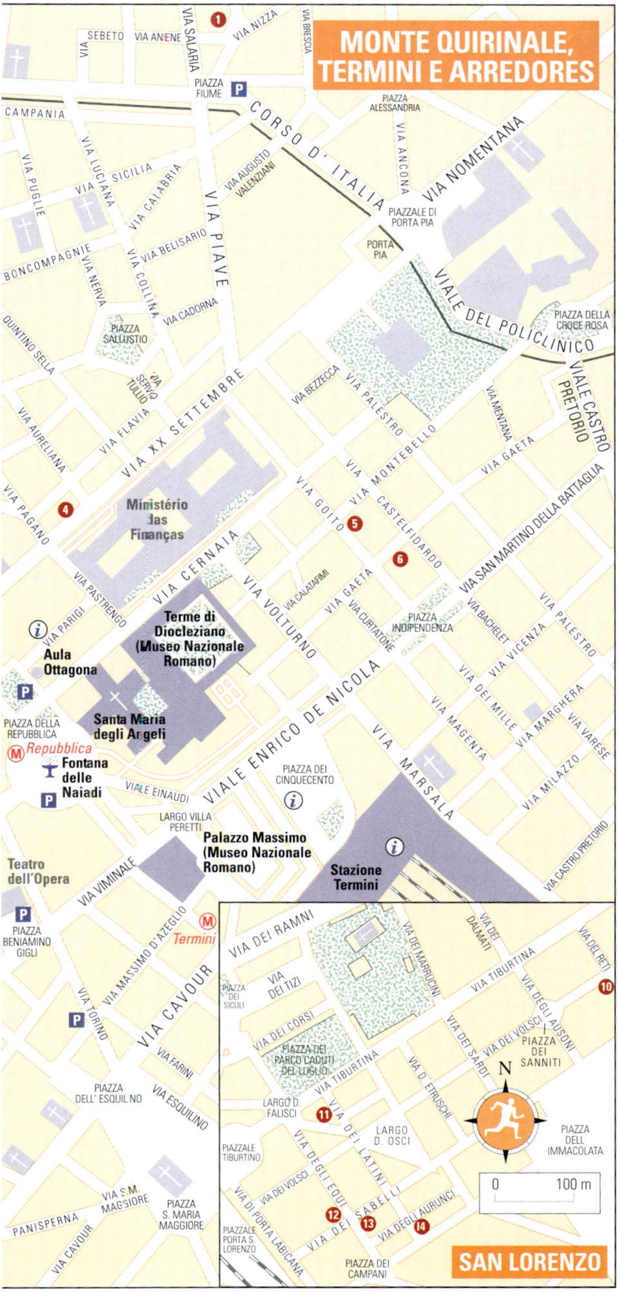

▶ 2 (2 km), S. Agnese fuori le Mura e S. Costanza (1 km) ▶ 3

San Lorenzo & San Lorenzo Fuori Le Mura ▶

San Carlo alle Quattro Fontane

Via del Quirinale 23. Seg–sáb 10h–13h e 15h–18h, sáb 12h–13h. A Chiesa di San Carlo alle Quattro Fontane –vizinha às quatro fontes que lhe dão nome– foi a primeira encomenda real feita a Borromini. Nela, ele revela toda a criatividade que mais tarde o tornou famoso, comprimindo elegantemente o espaço em uma igreja minúscula e desajeitada que aparentemente cobre a mesma superfície que uma das principais pilastras de São Pedro. Escondido ao lado da igreja, o claustro também se limita a um estreito mas elegante espaço retangular, encimado por uma encantadora balaustrada.

Sant'Andrea al Quirinale

Via del Quirinale. Fechada ter 8h–12h e 16h–19h. Um exuberante edifício que Bernini planejou em uma forma oval plana para caber em um espaço largo, mas raso. Como San Carlo, situada na mesma rua, tem um interior original e criativo. Parece ter sido a igreja de que Bernini mais se orgulhava, com sua nave elíptica transformada em um espaço grandioso apesar de seu tamanho relativamente pequeno. Uma vez no interior, por € 1 você pode visitar a sacristia, cujos afrescos são igualmente engenhosos, nos quais querubins descerram as cortinas de falsas janelas, e, no andar superior, os aposentos de são Stanislaus Kostka, onde o santo polonês viveu (e morreu), em 1568. As salas mudaram bastante desde então, com o acréscimo de pinturas do artista jesuíta Andrea Pozzo que ilustram a vida do santo e uma capela cujo destaque é uma perturbadora imagem realista de Stanislaus em seu leito de morte.

▼ UMA DAS QUATTRO FONTANE

Palazzo del Quirinale

Piazza del Quirinale. Dom 8h30–12h; € 5; www.quirinale.it. Em frente à igreja vê-se o muro do Palazzo del Quirinale, construção do século 16 que foi a residência oficial de verão dos papas até a Unificação da Itália, quando se tornou o palácio real. Hoje é residência do presidente da República (um papel em grande parte cerimonial). A vista que daqui se descortina abrange o centro de Roma. O principal aspecto da Piazza del Quirinale é a imensa estátua de Castor e Pólux: uma cópia de 5 m de altura de estátuas clássicas gregas, transferida para cá pelo papa Sisto V no início do século 16 para embelezar a praça –parte do seu projeto de dar dignidade e beleza à cidade com muitas praças amplas e avenidas longas e retas. O interior do palácio merece uma visita se você estiver na cidade em um domingo: há algumas salas espetaculares que glorificam o papa Paulo V, entre outros, decoradas por luminares do século 17 como Carlo

Maderno e Pietro da Cortona, e o fragmento de um afresco de Cristo pintado por Melozzo da Forlí no século 15 para o pórtico dos Santi Apostoli –o resto está no Vaticano (ver pág. 175).

Via XX Settembre

A Via XX Settembre, continuação da Via del Quirinale, era a rota por onde as tropas entraram na cidade no dia 20 de setembro de 1870 –o local onde elas romperam a Muralha Aureliana está assinalado por uma coluna. Não é a via mais interessante de Roma, ladeada como está pelos impessoais edifícios burocráticos do governo nacional erguidos após a Unificação. Entretanto, no meio do caminho, a Fontana dell'Acqua Felice chama a atenção: a sólida figura de Moisés ocupa o arco central, ladeada por dois leões sentados. A fonte marca o fim do aqueduto de Acqua Felice, parte do projeto urbanístico do papa Sisto V no fim do século, que visava adornar a cidade com obras públicas de grande escala.

Santa Maria della Vittoria

Via XX Settembre 17. Diariam 7h–12h e 15h30–19h. Enquanto o interior é um dos mais elaborados exemplos da decoração barroca em Roma, o aspecto mais conhecido de Santa Maria della Vittoria é o *Êxtase de santa Teresa d'Ávila,* de Bernini, peça central da capela sepulcral do cardeal Cornaro. A escultura de Bernini registra o momento, em 1537, em que Teresa d'Ávila, santa da Igreja Católica, teve a visão de um anjo prestes a perfurar seu coração com uma flecha. É uma obra de arte barroca no sentido mais popular –não só o fato é literalmente encenado, mas o êxtase de santa Teresa beira o mundano, uma vez que ela está deitada em uma postura de submissa lamentação sob uma massa de desordenadas vestes.

Via Nazionale

A alguns minutos a pé do Palazzo del Quirinale, a Via Nazionale liga a Piazza Venezia e o centro da cidade à região ao redor da Estação Termini e dos bairros mais a leste. Objeto de desenvolvimento urbano depois da Unificação, a avenida é ladeada por edifícios pesados construídos para dar a Roma uma aparência de moderna sofisticação quando a cidade se tornou a capital do novo país, mas a maioria desses edifícios está hoje ocupada por hotéis, lojas e butiques.

Piazza della Repubblica

Típica das restaurações do século 19, a Piazza della Repubblica (originalmente Piazza Esedra) é um austero semicírculo de edifícios, antes bastante dilapidados, mas que hoje renasceram com a ajuda de um novo e moderníssimo hotel. As arcadas da praça são um ótimo lugar para um passeio, apesar do barulho do tráfego, que não cessa ao redor da Fontana delle Naiadi, onde se vêem lânguidas ninfas e monstros marinhos. A forma semicircular da praça acompanha o contorno das Termas de Diocleciano, cujas ruínas situam-se do outro lado da praça (ver abaixo).

Santa Maria degli Angeli

Piazza della Repubblica. Seg–sáb 7h–18h30, dom 7h–19h30. A Basilica di Santa Maria degli Angeli foi construída sobre as ruínas das Termas de Diocleciano depois

▲ PIAZZA DELLA REPUBBLICA

que um padre siciliano teve uma visão de anjos aqui em 1541. Ela foi encomendada pelo papa Pio IV e projetada por Michelangelo em 1563, um ano antes de sua morte. Embora não seja a mais acolhedora igreja de Roma, causa impressão pelo tamanho e pela grandiosidade das termas: a forma de crescente da fachada é do caldário ou sauna original (anteriormente, escondida por uma nova fachada), o grande transepto era antes o tepidário, e oito dos imensos pilares de granito rosa são originais das termas. Depois de séculos de gradual adaptação, Luigi Vanvitelli restaurou o interior em 1749 segundo os desenhos de Michelangelo. A entrada monumental da Cappella di San Bruno, o coro e as ornamentações foram acrescentados por ele. O meridiano que atravessa diagonalmente o piso no transepto sul, ladeado por representações dos doze signos do zodíaco, regulou até 1846 o tempo dos romanos (hoje, um canhão dispara fogos diariam ao meio-dia do monte Gianicolo).

Aula Ottagona

Seg–sáb 9h–14h, dom 9h–13h; mesmos bilhetes válidos para o Museo delle Terme di Diocleaziano –ver abaixo. A saída da igreja deixa o visitante atrás de outra parte remanescente das termas, a Aula Ottagona, que contém estátuas de mármore retiradas das Termas de Caracalla e de Diocleciano, assim como duas notáveis estátuas, de um lutador e um atleta, do monte Quirinale. Escavações subterrâneas –acessíveis por escadas– mostram as fornalhas onde a água das termas era aquecida e as fundações de outro edifício da época de Diocleciano. Entretanto, na época de edição deste guia, estavam fechadas.

Museo delle Terme di Diocleziano

Piazza della Repubblica. Ter–dom 9h–19h; € 7, inclui Palazzo Altemps, Palazzo Massimo, Cripta Balbi, válido por 3 dias. Atrás da Basilica di Santa Maria degli Angeli, os imensos vestíbulos e pátios das Termas de Diocleciano foram reformados (mais um anexo monastério cartusiano) e hoje abrigam a parte menos interessante do Museo Nazionale Romano: o Museo delle Terme di Diocleziano. A parte mais evocativa do museu é o amplo claustro da igreja, lotado de estátuas, monumentos funerários e fragmentos provenientes de toda Roma. As galerias que cercam o claustro contêm uma inteligente coleção, embora apresentada de forma um tanto acadêmica, de achados romanos e pré-romanos: bustos, imagens de terracota, armaduras e armas encontradas em tumbas romanas.

Palazzo Massimo

Largo di Villa Perretti 1. Ter–dom 9h–19h; € 7, inclui Palazzo Altemps, Termas de Diocleciano, Cripta Balbi, válido por 3 dias, € 4 o guia de áudio.

O bem restaurado Palazzo Massimo abriga uma das duas principais partes do **Museo Nazionale Romano** (a outra está no Palazzo Altemps) –um soberbo acervo de antiguidades gregas e romanas, inferior apenas ao do Vaticano. Neste que é um dos excelentes museus de Roma, são tantos os destaques que sempre há algo que vale a pena ver em cada andar. Comece pelo subsolo, que expõe requintadas jóias do século 2º e os assustadores restos mumificados de uma menina de 8 anos de idade, assim como uma fantástica coleção de moedas. O térreo é dedicado à estatuária do início do Império e inclui uma galeria com uma inigualável seleção de bustos não identificados encontrados por toda Roma –surpreendentes retratos e uma vívida representação da vida dos patrícios romanos. Há também rostos conhecidos da família imperial: um bronze de Germânico, um magnífico pequeno busto de Calígula, várias representações de Lívia, Antonia e Druso, uma estátua encapuzada de Augusto. Do outro lado do pátio há esculturas gregas, entre elas bronzes de um príncipe helênico portando uma lança e um pugilista ferido descansando. A galeria

▲ PALAZZO MASSIMO

do primeiro andar contém grupos de posteriores dinastias imperiais em uma certa ordem cronológica, começando pelos imperadores flavianos –Vespasiano e outros– até Trajano, na sala seguinte, que aparece como Hércules ao lado de sua mulher Plotina, vizinho ao busto de seu sobrinho Adriano. A coleção continua com a dinastia antonina –Antonino Pio em um heróico nu e em vários bustos, ladeado por sua filha Faustina Minor. Faustina se casou com o sucessor de Antonino, Marco Aurélio, que está na sala seguinte. Adiante estão os imperadores severianos, com o feroz Caracalla olhando através de seu pai, Sétimo Severo, para seu irmão Geta, que ele viria a assassinar. Finalmente há o segundo andar, que só se pode conhecer em uma visita guiada que percorre alguns dos mais belos afrescos e mosaicos romanos. Um extraordinário conjunto de afrescos da Villa di Livia mostra um pomar carregado de frutos e flores e rodeado por perdizes e pombos, pinturas murais resgatadas da *villa* à beira-rio que parece ter sido de Júlia e Agripa e mosaicos de cenas naturalistas –criaturas marinhas, barcos– da chamada Villa di Baccano, na Via Cassia, entre elas quatro cocheiros e seus cavalos, elaborados com tanta perfeição que a distância parecem ter sido pintados.

Estação Termini

A estação tem este nome graças à proximidade das Termas de Diocleciano, e não pelo fato de ser o terminal das linhas férreas de Roma. O edifício, um ambicioso exemplar da moderna arquitetura, foi concluído em 1950 e ainda domina inteiramente as ruas ao redor com suas linhas futurísticas. O prédio recebeu uma ampla e cuidadosa reforma, que transformou parte do cavernoso saguão das bilheterias em um espaço de lojas e restaurantes, o que tornou o edifício não só uma excelente estação de trens, mas também um belo lugar para um passeio. Em frente à estação, a Piazza dei Cinquecento é um ponto de ônibus e táxis, mas tanto ela quanto a região ao redor estão em uma área degradada, que, embora não seja particularmente perigosa, também não é lugar onde se deva ficar muito tempo.

Sant'Agnese fuori le Mura

Via Nomentana 364 (entrada principal pela Via S Agnese 315); bonde 3. Seg 9h–12h, ter–sáb 9h–12h e 16h–18h, dom 16h–18h; € 5 para as catacumbas. Na extremidade norte da Via XX Settembre, a Via Nomentana leva à Basilica di Sant'Agnese fuori le Mura, dedicada à santa que aos 13 anos foi martirizada no Estádio de Domiciano (hoje Piazza Navona) no ano 303. Embora tenha sido construída por Constantino e apesar da inevitável modernização barroca, a maior parte do edifício que cerca o túmulo de Agnes foi reconstruída pelo papa Honório I no século 7º. O mosaico no pórtico, da época do edifício de Honório, mostra Agnes ao lado do papa, que segura um modelo da sua igreja. No subsolo, as catacumbas que se esparramam sob a basílica estão entre as mais bem preservadas e menos visitadas de Roma. De fato, se você só tiver tempo para ver um conjunto de catacumbas durante sua estadia (e elas, na verdade, são muito parecidas), estas estão entre as melhores. Na administração são vendidas pequenas lâmpadas de terracota na forma de peixe ou as convencionais lâmpadas de estilo romano com a marca "Chi-Rho" –provavelmente o mais antigo símbolo da cristandade.

Santa Constanza

349 Via Nomentana. Geralmente abre nos mesmo horários que Sant'Agnese; grátis. Vizinha de Sant'Agnese, a Chiesa di Santa Constanza ilustra melhor a transição da cidade pagã para a cidade cristã do que qualquer outra construção romana. Erigida em 350 como mausoléu de Constanza e Helena, filhas do imperador Constantino, tem uma estrutura redonda, a forma tradicional dos grandes túmulos pagãos, mas os mosaicos na abóbada do deambulatório circular –representações de videiras, folhas e pássaros –poderiam estar tanto no piso de uma casa romana quanto em uma igreja cristã. Infelizmente, o sarcófago de alabastro de santa Constança foi transferido para o Vaticano, e o que se vê na igreja é uma cópia em gesso.

San Lorenzo fuori le Mura

Piazzale del Verano. Diariam: verão 7h–12h e 16h–19h30; inverno fecha 17h30. O bairro estudantil de San Lorenzo, atrás da Estação Termini, abriga San Lorenzo fuori le Mura, uma das sete maiores igrejas de peregrinação de Roma. É uma típica basílica romana, com pórtico em colunas e um encantador claustro do século 12 ao lado. A igreja original foi construída por Constantino no local do martírio de são Lourenço –conta-se que o santo foi queimado até a morte em uma grelha e, durante seu martírio, teria proferido as imortais palavras: "Virem-me. Estou pronto deste lado". Devido à proximidade da estrada de ferro, a igreja foi bombardeada durante a Segunda Guerra Mundial, mas foi reconstruída com sensibilidade e recuperou sua aparência original. No interior há aspectos de todos os períodos: um piso Cosmati, púlpitos do século 13 e um castiçal pascal. O mosaico na parte interna do arco triunfal é uma imagem do século 6º do fundador oferecendo sua igreja a Cristo. As catacumbas no subsolo (atualmente fechadas para restauração) marcam o local onde são Lourenço teria sido enterrado –se estiverem abertas, você verá que um caminho escuro leva até os pilares da estrutura original de Constantino. Há também um claustro românico com um bem conservado jardim.

Lojas

Feltrinelli Internacional

Via Emanuele Orlando 84 ☎06.482.7878. Seg–sáb 9h–20h, dom 10h30–13h30 e 16h–20h. Esta filial da cadeia internacional tem um excelente estoque de livros em inglês, francês, alemão, espanhol e português.

Trimani

Via Goito 20 ☎06.446.9661. Uma das melhores lojas de vinhos da cidade, bem perto da Estação Termini, se você quiser fazer compras antes de seguir para o aeroporto.

▼ SAN LORENZO FUORI LE MURA

Também tem um bar, virando a esquina, que serve uma comida decente (ver pág. ao lado).

Cafés e lanchonetes

Dagnino

Galleria Esedra, Via E. Orlando 75. Diariam 7h30–22h30. Boa para um café, um lanche ou uma refeição ligeira, esta tradicional padaria siciliana é um refúgio na região de Termini, com mesas externas dispostas numa pequena galeria.

Self-Service Luncheonette

Salita di San Nicola da Tolentino 19/21. Seg–sáb 8h–15h. Ótima comida servida no estilo cafeteria –um sucesso na hora do almoço junto aos funcionários de escritórios e turistas.

Restaurantes

Africa

Via Gaeta 26 ☎06.494.1077. Ter–dom 12h–15h30 e 19h30–23h. Talvez a culinária étnica mais interessante da cidade –eritréia– e um sinal da chegada recente de imigrantes do nordeste africano.

Arancia Blu

Via dei Latini 57 ☎06.445.4105. Diariam 20h30–24h. Este ultramoderno restaurante vegetariano em San Lorenzo se considera superior ao que de fato é. Mas, em uma cidade com poucos vegetarianos, ele não precisa se esforçar muito. Boa comida, usando ingredientes frescos de maneira criativa: entre as especialidades, várias massas recheadas de verduras –ravióli, canelone etc.– e saladas decentes.

Colline Emiliane

Via degli Avignonesi 22 ☎06.481.7538. Ter–sáb 12h45–14h45 e 19h30–22h45, dom 12h45–14h45 apenas, fecha seg. Muitos italianos consideram a cozinha da região da Emília a melhor do país. Confirme você mesmo. A comida é preparada com amor por uma família, por ironia, da região das Marcas. Situado logo depois da Piazza Barberini, em uma calma rua secundária paralela à Via del Tritone. Preços moderados.

Il Dito e la Luna

Via dei Sabelli 49/51 ☎06.494.0726. A criativa cozinha siciliana é servida neste restaurante do tipo bistrô no bairro de San Lorenzo, popular entre os romanos na faixa dos 30 anos. Chegue cedo, porque eles costumam acabar com os pratos.

Tram Tram

Via dei Reti 44–46 ☎06.490.416. Ter–dom 12h–15h e 19h30–24h. Apesar da sujeira do bairro onde está localizado, este animado restaurante de San Lorenzo é acolhedor e serve bons pratos da culinária apuliana: massas, frutos-do-mar e saladas diferentes. Convém reservar. Também há um bar para quem quiser continuar bebendo depois do jantar.

Bares

Fuzzybar Bottigliera

Via degli Aurunci 6/8. Seg 12h30–15h, ter–sex 12h30–15h e 18h30–2h, sáb 18h30–2h. O melhor dos muitos bares de vinho em San Lorenzo, um lugar despretensioso onde provar os vinhos italianos. Na *happy hour*, é muito frequentado pelos estudantes universitários do bairro.

▲ TRAM TRAM

Rive Gauche

Via dei Sabelli 43. Diariam 19h–3h. No bairro de San Lorenzo, uma evocação do ambiente enfumaçado e barulhento da Margem Esquerda de Paris. Muitas opções de cervejas irlandesas e petiscos para sustentar uma noite de bebedeira. *Happy hour* até 21h.

Trimani

Via Cernaia. Um elegante bar de vinhos bom para um drinque na hora do almoço ou alguma complacência gastronômica. Você vai gastar cerca de € 15 para provar uma amostra de bons queijos e carnes de porco defumadas, ou sopa e salada, com uma taça de vinho.

Casas noturnas e de espetáculos

Alien

Via Velletri 13/19 ⓣ06.841.2212, ⓦwww.aliendisco.it. Ônibus 63. Ter–dom 23h–4h. São dois salões, com decorações bastante diferentes: um no clima luxuoso dos marajás; outro em estilo modernista em preto-e-branco. A música é uma mistura de house e techno. Também tem um salão de verão, *Alien 2 Mare*, no bairro litorâneo de Fregene, na Piazzale Fregene 5 (ⓣ06.6656.4761).

Qube

Via Portonaccio 212 ⓣ06.4358.7454. Metrô B estação Tiburtina ou ônibus 409. Qui–sáb 22h30–4h. Uma grande casa noturna em Tiburtina, com atrações diferentes a cada semana, inclusive música ao vivo. Quanto à música, não tem nada de original, mas as noites de sexta-feira –*Mucca Assassina* ("Vaca Assassina")–, dedicada aos gays e drags, atrai um grande público.

Zoobar

Via Bencivenga 1 ⓣ339.272.7995 Ônibus 23, 30, 75, 95, 170, 280, 716, 781 ou bonde 3. Qui–sáb 23h–3h30. Esta casa noturna hoje tem uma nova localização, perto da Estação Nomentana, mas continua tocando música variada: oldies, ska, funk, R&B e muito mais.

▼ TRIMANI

Monti e San Giovanni

O distrito de Monti tem este nome por causa das duas colinas que ele abrange: o monte Esquilino, o maior e mais alto da cidade, bairro residencial da moda na Roma antiga; e o monte Viminale, o menor, onde está o Ministério do Interior e pouco mais. De maneira geral, é um bairro atraente, com ruas de pedra, onde bares e restaurantes aconchegantes se misturam a movimentadas avenidas e aos pesados edifícios do século 19 que se estendem pela Via Cavour e pela Via Merulana –principais artérias da região. A maioria dos visitantes acaba se deparando com este bairro, já que aqui estão atrações como a Domus Aurea de Nero e a Basilica di Santa Maria Maggiore, e, ao redor da Estação Termini, aqui perto, há muitos hotéis. Além disso, ao sul e a leste ficam três das mais interessantes igrejas de Roma: San Clemente, o complexo de San Giovanni in Laterano –que dá nome ao bairro de San Giovanni, que a cerca– e Santa Croce in Gerusalemme.

San Pietro in Vincoli

Diariam 8h–12h30 e 15h–19h. San Pietro in Vincoli é uma das mais simples igrejas de Roma. Foi construída para guardar uma importante relíquia, as duas correntes (*vincoli*) que mantiveram são Pedro prisioneiro em Jerusalém e na Prisão Marmetina, e que milagrosamente se fundiram quando postas em contato. As correntes ainda podem ser vistas no *confessio* abaixo do altar-mor, mas a maioria das pessoas vem para ver o túmulo do papa Júlio II, na extremidade da ala sul. Esta ala manteve Michelangelo ocupado por grande parte de sua carreira e foi causa de uma disputa com Júlio e seus sucessores. Ele estava relutante em abandonar a obra para pintar a Capela Sistina –as únicas imagens que conseguiu concluir foram o *Moisés*, *Lia e Raquel,* que continuam aqui, e dois *Escravos moribundos*, que estão no Louvre. As figuras estão entre as obras mais cativantes do artista, especialmente o *Moisés*: devido a uma má tradução medieval das Escrituras, ele é representado com chifres de sátiro em lugar da "radiância do Senhor", que, segundo conta o Êxodo, brilhava

▲ CADEIRA DE SÃO PEDRO, SAN PIETRO IN VINCOLI

atrás de sua cabeça. Apesar disso, esta poderosa imagem é tão realista que, ao terminá-la, Michelangelo teria batido o martelo em seus joelhos e gritado: "Fala!".

Santa Pudenziana

Diariam 8h–12h e 16h–18h. Durante muitos anos, acreditou-se que esta igreja, dedicada à suposta irmã de santa Praxedes, foi construída no local onde são Pedro viveu e exerceu seu sacerdócio. Ela continha duas relíquias: a cadeira que são Pedro usava como trono e a mesa onde ele rezava a missa. Mas na verdade elas já se foram há muito tempo, para o Vaticano e para o Palazzo Laterano, respectivamente. Entretanto, ela ainda apresenta um aspecto original: os magníficos mosaicos do pórtico do século 5º, tendo no centro Cristo em um trono dourado, cercado pelos apóstolos.

Santa Maria Maggiore

Diariam 7h–19h. Museu diariam 9h30–18h30; € 4. Uma das quatro basílicas patriarcais de Roma (as outras são San Giovanni in Laterano, San Paolo fuori le Mura e São Pedro), Santa Maria Maggiore é uma mistura de diferentes estilos arquitetônicos e tem um dos mais bem preservados interiores bizantinos da cidade –camuflado por um exterior sóbrio do século 18. Ela foi construída durante o século 5º, depois que a Virgem Maria apareceu em sonho para o papa Libério na noite de 4 de agosto de 352. No sonho, ela lhe disse para erigir uma igreja em sua honra no monte Esquilino –o ponto exato seria assinalado na manhã seguinte pela neve que acabara de cair, desenhando o contorno da igreja. Apesar de ser verão, Libério encontrou as marcas. O fato é comemorado todo dia 5 de agosto, quando, na missa do meio-dia, uma chuva de pétalas de rosas brancas é lançada do teto sobre a congregação, e, à noite, o corpo de bombeiros aciona uma máquina de neve artificial na praça diante da igreja.

No interior, a **basílica** é decorada dos dois lados com mosaicos bem preservados, a maioria da época do papa Sisto III, que contam passagens do Velho Testamento. A capela no transepto direito guarda o elaborado túmulo de Sisto V –é outra Capela Sistina, menos famosa, mas decorada com afrescos e relevos em estuque que mostram eventos de seu reinado. Do lado de fora fica o túmulo da família Bernini; em frente, a Capela Paulina, que guarda o túmulo do papa Borghese, Paulo V, e o de seu predecessor imediato, Clemente VIII. Entre as duas capelas, o *confessio* contém uma imagem do papa Pio IX de joelhos, e, sob ela, um relicário que, segundo se acredita, contém fragmentos da manjedoura de Cristo. O altar-mor, acima, contém as relíquias de são Mateus e de outros mártires cristãos, mas são os mosaicos do arco que realmente fascinam, uma vívida representação de cenas da vida de Cristo. Sob a basílica há um **museu** (diariam 9h–18h30; € 4), que exibe uma grande variedade de relíquias, mesmo para os padrões de Roma, e uma **loggia** acima da porta principal (diariam 9h e 13h, visita agendada com antecedência; € 3), que tem alguns magníficos mosaicos, nos quais Cristo, entre vários santos, sentado sobre quatro cenas que contam a história do milagre da neve.

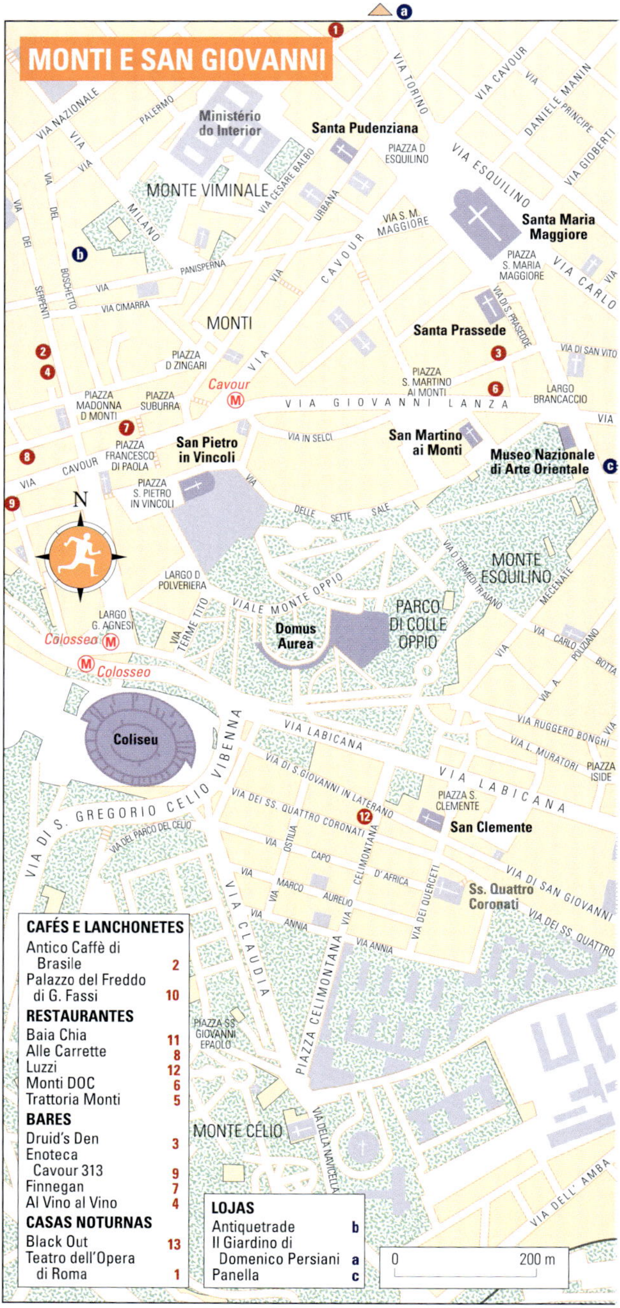
MONTI E SAN GIOVANNI
Ministério do Interior
Santa Pudenziana
PIAZZA D ESQUILINO
MONTE VIMINALE
Santa Maria Maggiore
PIAZZA S. MARIA MAGGIORE
MONTI
Santa Prassede
PIAZZA D ZINGARI
Cavour
PIAZZA S. MARTINO AI MONTI
LARGO BRANCACCIO
VIA GIOVANNI LANZA
PIAZZA MADONNA D MONTI
PIAZZA SUBURRA
PIAZZA FRANCESCO DI PAOLA
San Pietro in Vincoli
San Martino ai Monti
Museo Nazionale di Arte Orientale
PIAZZA S. PIETRO IN VINCOLI
VIA CAVOUR
VIA DELLE SETTE SALE
MONTE ESQUILINO
LARGO D POLVERIERA
VIALE MONTE OPPIO
PARCO DI COLLE OPPIO
Domus Aurea
LARGO G. AGNESI
Colosseo
Coliseu
VIA LABICANA
VIA DI S. GIOVANNI IN LATERANO
VIA DEI SS. QUATTRO CORONATI
PIAZZA S. CLEMENTE
San Clemente
Ss. Quattro Coronati
VIA DI S. GREGORIO
VIA CLAUDIA
PIAZZA SS GIOVANNI E PAOLO
MONTE CÉLIO
VIA DELLA NAVICELLA
VIA DELL' AMBA
CAFÉS E LANCHONETES
Antico Caffè di Brasile 2
Palazzo del Freddo di G. Fassi 10
RESTAURANTES
Baia Chia 11
Alle Carrette 8
Luzzi 12
Monti DOC 6
Trattoria Monti 5
BARES
Druid's Den 3
Enoteca Cavour 313 9
Finnegan 7
Al Vino al Vino 4
CASAS NOTURNAS
Black Out 13
Teatro dell'Opera di Roma 1
LOJAS
Antiquetrade b
Il Giardino di Domenico Persiani a
Panella c
0 200 m

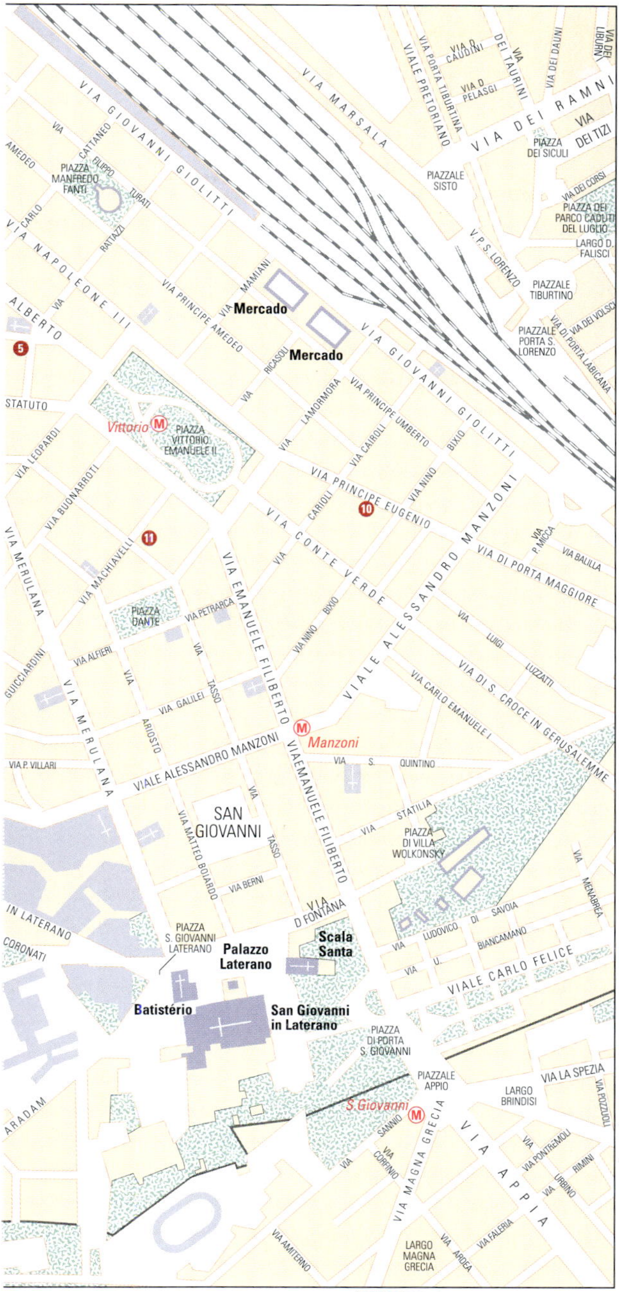

S. Croce in Gerusalemme (200 m)

13 (200 m)

▲ MOSAICOS NO PÓRTICO DE SANTA PRASSEDE

Santa Prassede

Diariam 7h–12h e 16h–18h30. A Basilica di Santa Prassede, do século 9º, ocupa o local onde, segundo se crê, santa Praxedes deu abrigo a cristãos que fugiam de seus perseguidores romanos. Conta-se que ela recolheu o sangue e os restos dos mártires e os atirou em um poço, onde ela própria foi enterrada mais tarde; um disco de mármore vermelho no piso da nave marca esse ponto. Os mosaicos do pórtico são extraordinários, particularmente os da Capela de São Zeno, que o fazem brilhar como uma caixa incrustada de pedras preciosas.

Museo Nazionale di Arte Orientale

Via Merulana 248. Seg, qua, sex e sáb 8h30–14h, ter, qui e dom 8h30–19h30, fechado 1ª e 3ª. seg do mês; € 4. Instalado no imponente Palazzo Brancaccio, este museu guarda um grande acervo de arte oriental. A ligação entre a Itália e o Extremo Oriente remonta ao século 13, com Marco Polo, e a qualidade desta coleção de arte islâmica, chinesa, indiana e do Sudeste Asiático reflete esse longo relacionamento. Há peças de 1500 a.C. de um cemitério do Paquistão; fragmentos arquitetônicos, obras de arte e jóias do Tibete, do Nepal e do Paquistão; uma sólida coleção da China, com os previsíveis Budas e vasos, ao lado de curiosidades como figuras da dinastia Han e um grande Buda da dinastia Wei com dois *boddhisatvas*; e moedas do século 12, do Irã e do noroeste da Índia.

Piazza Vittorio Emanuele II

A Piazza Vittorio Emanuele II fica no centro de um distrito que ficou conhecido como "*quartiere piemontese*" depois da Unificação. As arcadas da praça, certamente, lembram o centro de Turim, assim como os edifícios palacianos que a cercam, mas, recentemente, o distrito se tornou o bairro dos imigrantes, com grande concentração de lojas e restaurantes africanos, asiáticos e do Oriente Médio. Aqui é fácil ouvir línguas diferentes, embora o **mercado** ao ar livre que costumava cercar a praça tenha se mudado para alguns quarteirões a leste da Via Giolitti, entre a Via Ricasoli e a Via Lamarmora, onde há dois pavilhões cobertos, um que vende roupas e outro que vende alimentos.

Domus Aurea

Atualmente está fechada para reforma, mas às vezes fica aberta ao público. Cobrindo antigamente uma vasta área entre o Palatino e o Esquilino, a Domus Aurea de Nero não foi construída para ser uma residência. Na verdade, era um complexo que incluía salões de banquetes, pequenas termas, terraços e jardins de frente para um lago. Roma estava acostumada aos excessos de Nero, mas nunca vira algo como a "Casa Dourada": o teto era revestido de folhas de ouro, havia água corrente quente e fria nas termas, e o vasto terreno em volta abrigava vinhedos e caça. Nero não chegou a desfrutar a propriedade por muito tempo –morreu alguns anos depois que ela foi concluída–, e os imperadores posteriores estavam determinados a apagá-la da paisagem de Roma. Vespasiano ergueu o Coliseu sobre o lago, e Trajano construiu suas termas em outra parte do complexo. Assim ela ficou esquecida até que suas pinturas murais foram descobertas por artistas renascentistas, entre eles Rafael. No interior, a temperatura sempre se mantém por volta de 10°C, fato que, aliado aos quase 100% de umidade, obriga o visitante a usar um agasalho mesmo no verão. As excursões costumam ser confusas a princípio, quando fica claro o esforço de Trajano para esconder o palácio –as fundações de suas termas se fundem com partes da residência e vice-versa–, mas o guia nos ajuda a imaginar como o local parecia antigamente. A parte mais espetacular é a Sala Octogonal, que tem um furo no meio, que, supostamente, girava à medida que o dia progredia, imitando a passagem do sol. Em outras salas, há pinturas que mostram pessoas olhando através de janelas para o observador, guirlandas de flores e folhas entremeadas com animais míticos e, o melhor de tudo, uma sala que ilustra a história de Aquiles como a narrou Homero: ele foi enviado para a ilha de Skyros disfarçado de mulher para não ser convocado para a Guerra de Tróia.

San Giovanni in Laterano

Diariam 7h–18h30. Claustros diariam 9h–18h; € 2. A área imediatamente ao sul e a leste do monte Esquilino é conhecida como San Giovanni, nome da grande basílica que ocupa o seu centro e é dedicada a são João de Latrão –é a catedral da cidade e quartel-general da Igreja Católica antes da criação do Estado do Vaticano. Desde o século 4º existe uma igreja neste local, e o atual edifício evoca a rica história de Roma, com aspectos de diferentes períodos. As portas da igreja foram retiradas da Cúria Romana, ou Senado, enquanto o obelisco que se ergue na área externa foi trazido de Tebas por Constantino e data do século 15 a.C. No interior, na ala direita, a primeira coluna à esquerda mostra um fragmento de um afresco de Giotto no qual Bonifácio VIII proclama o primeiro Ano Santo em 1300, uma peça suave de lindas cores, que é ofuscada pela grandiosidade do resto do edifício. Na coluna seguinte, uma obra mais recente comemora Silvestre I, bispo de Roma durante grande parte

▲ SAN GIOVANNI IN LATERANO

do reinado de Constantino, e incorpora parte de seu túmulo original, que, segundo se diz, transpira e chacoalha os ossos nele contidos quando um papa está para morrer. A nave é ladeada por imagens dos apóstolos em estilo rococó do século 18, cada um oferecendo uma pista de sua identidade: são Mateus, coletor de impostos, aparece com uma bolsa da qual transbordam moedas; são Bartolomeu segura uma faca e sua própria pele (ele foi esfolado vivo). Na extremidade da nave, as cabeças de são Pedro e são Paulo, valiosas relíquias da igreja, são guardadas atrás do altar papal, enquanto o baldaquim em frente, obra do escultor toscano Giovanni di Stefano no século 14, dá uma idéia da grandiosidade do estilo gótico: ele abriga o túmulo de bronze de Martinho V –o papa de Colonna que, em 1419, foi responsável pela volta do papado de Avignon para Roma. Fora da igreja, os claustros são uma das partes mais agradáveis do conjunto, decorados com obras Cosmati do início do século 13, enquanto ao lado fica o Palazzo Laterano, residência dos papas na Idade Média.

Batistério

San Giovanni in Laterano. Diariam 7h–12h30 e 16h–19h30; grátis. O batistério de San Giovanni é o mais antigo do mundo cristão –a estrutura octogonal foi construída durante o século 5º e desde então tem servido de modelo para outros batistérios. Estranhamente, ele não aparenta a idade que tem, embora os mosaicos da capela lateral e as portas de bronze da capela da direita, trazidas das Termas de Caracalla, rapidamente nos lembrem onde estamos.

Scala Santa e Sancta Sanctorum

Piazza di San Giovanni in Laterano 14. Abril–set diariam 6h15–12h e 15h30–18h45; out–mar diariam 6h15–12h e 15h–18h15. A Scala Santa é a escada da casa de Pôncio Pilatos pela qual Cristo teria descido após seu julgamento e que teria sido trazida a Roma por santa Helena e colocada aqui pelo papa Sisto V. Os 28 degraus são protegidos por bordas de madeira, e a única maneira permitida de subi-los é de joelhos, o que os peregrinos fazem regularmente –mas há duas outras escadas, uma de cada lado, para os menos penitentes. No alto da escada, o Sancta Sanctorum abriga uma antiga (século 6º ou 7º) pintura de Cristo que seria obra de um anjo, donde seu nome: *acheiropoeton* ou "feito por mãos não-humanas". Não se pode entrar na capela, e, talvez de propósito, só se tem uma visão do quadro de joelhos, espiando por entre as grades.

Santi Quattro Coronati

Diariam 6h15–29h; claustro e Cappella di San Silvestro seg–sáb

▲ SUBIDA DA SCALA SANTA

9h30–12h e 16h30–18h, dom 9h–10h40 e 16h–17h45. Entre San Giovanni in Laterano e o Coliseu, a Basilica dei Santi Quattro Coronati é dedicada a quatro soldados mártires que morreram porque se recusaram a venerar uma imagem de Esculápio durante a perseguição de Diocleciano. Construída em 1110, tem um interior antigo e silencioso, parecendo muito distante das multidões que cercam o Coliseu –um clima que é intensificado no lindo claustro, ao qual se tem acesso por uma porta na ala norte. Freiras agostinianas ocupam o convento atualmente, e é a elas que às vezes os visitantes precisam pedir a chave da capela dedicada a são Silvestre, que contém os afrescos mais antigos de Roma –pintados em 1248, eles narram como o papa do século 4º curou o imperador Constantino de lepra e depois o batizou. Constantino aparece entregando sua coroa ao papa, em uma simbólica transferência de poder.

San Clemente

Seg–sáb 9h–12h30 e 15h–18h, dom 10h–12h30 e 15h–18h; € 5 para a igreja inferior e o templo. A Basilica di San Clemente talvez resuma mais do que qualquer outra o desenrolar da história de Roma, porque é, na verdade, um conjunto de três locais de culto de três diferentes épocas. A igreja no térreo é um magnífico exemplo de uma basílica medieval, com a fachada e o pátio voltados para leste, à moda antiga. Há belos mosaicos no pórtico e –talvez o destaque da igreja principal– vívidos afrescos do século 15, obra de Masolino, na capela dedicada a santa Catarina. O coro é separado por placas de mármore branco que levam a primeira insígnia papal: o monograma do papa João II, que reinou de 533 a 535. No andar inferior encontra-se a nave de uma igreja mais antiga, datada de 392, e o túmulo do papa Clemente I, a quem a igreja é dedicada (o terceiro papa depois de são Pedro, que teria sido ordenado por ele). Na extremidade leste da igreja do século 4º, uma escada desce ainda mais até as ruínas de uma casa romana –um labirinto de salas que inclui um úmido templo mitraico do fim do século 2º. No templo, há uma imagem do deus Mitra matando um touro e os assentos onde ficavam os crentes durante as cerimônias.

Santa Croce in Gerusalemme

Saindo de San Giovanni in Laterano, siga pela Viale Carlo Felice até a Piazza Santa Croce in Gerusalemme (5min a pé). Diariam 6h45–19h30. Apesar dos ornamentos renascentistas e barrocos, a Basilica di Santa Croce in Gerusalemme parece muito antiga e, segundo se acredita, ocupa o local do palácio da mãe de Constantino, santa Helena. Contém as relíquias da verdadeira cruz que ela trouxe de Jerusalém, guardadas em uma capela surreal da época de Mussolini, acima de uma escada na extremidade da ala esquerda. Os afrescos renascentistas do pórtico mostram a descoberta dos fragmentos da cruz e são de fato primorosos –um cenário naturalista de árvores e montanhas, com santa Helena ao centro. Atrás, uma escada desce para a casa original de Helena –atualmente

▲ GRÃOS DE CAFÉ, ANTICO CAFFÈ DI BRASILE

uma capela dedicada à santa e decorada com mosaicos renascentistas.

Lojas

Antiquetrade

Via del Boschetto 4 ☎06.4782.5539. Antiguidades de todos os tipos e épocas são encontradas aqui, embora a loja seja especializada em gravuras antigas. Não muito barata, mas é um lugar interessante para vasculhar a história de Roma.

Il Giardino di Domenico Persiani

Via Torino 92 ☎06.488.3886. Um calmo jardim cheio de todos os tipos de peças de cerâmica. Há de tudo, de ladrilhos vitrificados a cópias em tamanho natural de famosas estátuas. Peças feitas sob encomenda.

Panella

Via Merulana 54 ☎06.487.2435. Seg–sex 8h–13h30 e 17h–20h, sáb 8h–13h30 e 16h30–20h, dom 8h30–13h30. Uma fantástica padaria que é um santuário à arte da panificação; também faz suas próprias massas.

Cafés e lanchonetes

Antico Caffè di Brasile

Via dei Serpenti 23. Seg–sáb 6h–20h30, dom 7h–14h. Um café confiável no Monti, que vende ótimos cafés, lanches e bolos há cerca de um século. Tem bancos e mesas nos fundos para quem quiser descansar.

Palazzo del Freddo di Giovanni Fassi

Via Principe Eugenio 65. Ter–dom 12h–24h. Uma cervejaria maravilhosa da década de 1920. Ótimos sorvetes de frutas e excelentes *frullati* também.

Restaurantes

Baia Chia

Via Machiavelli 5 ☎06.679.2770. Diariam 20h–24h. Este restaurante sardo de preços moderados oferece ótimos pratos de peixe –experimente o peixe assado no sal. Excelentes sobremesas também.

Alle Carrette
Via Madonna dei Monti 95 ☎06.679.2770. Diariam 20h–24h. Uma pizzaria grande e barata bem perto da Via Cavour. Costuma ter longas filas de espera para provar as pizzas e as sobremesas fenomenais que eles oferecem.

Luzzi
Via San Giovanni in Laterano 88 ☎06.709.6332. 12h–15h e 19h–24h. Fecha qua. A meio caminho entre San Giovanni in Laterano e o Coliseu, este movimentado restaurante é uma boa opção entre os estabelecimentos turísticos da redondeza. A comida é honesta e simples, mas não espetacular. Há mesas externas e é muito barato: *secondi* por € 6–9. Também tem pizzas à noite.

Monti DOC
Via G. Lanza 93 ☎06.487.2696. Ter–sex 13h–15h30 e 19h–1h, sáb e dom 19h–1h. Uma adega confortável perto de Santa Maria Maggiore, com uma vasta carta de vinhos e boa comida: queijos, frios, sopas, *quiches*, saladas e massas, além de alguns bons pratos vegetarianos, anotados no quadro-negro diariamente.

Trattoria Monti
Via di San Vito 13a ☎06.446.6573. Ter–dom 12h–15h e 19h–23h. Um pequeno restaurante de administração familiar especializado na cozinha da região das Marcas, o que significa pratos honestos e um cardápio reduzido. Restaurante caseiro e acolhedor –coisa que os estabelecimentos da vizinhança raramente são.

Bares

Druid's Den
Via San Martino ai Monti 28. Seg–qui e dom 18h–1h30, sex e sáb 18h–3h. Um *pub* irlandês perto de Santa Maria Maggiore com um genuíno ar celta (e proprietários também). Tem uma clientela de italianos e irlandeses. Barato e animado, com ocasionais improvisos musicais.

Enoteca Cavour 313
Via Cavour 313. Seg–sáb 12h30–14hh30 e 19h30–0h30. Uma encantadora adega antiga que oferece um refúgio depois da visita às atrações da Roma antiga. Muitos vinhos e deliciosos (mas não muito baratos) petiscos e saladas.

Finnegan
Via Leonina 66. Um *pub* irlandês decente com futebol ao vivo na TV, bilhar e uma simpática clientela de irlandeses. Há mesas externas nesta movimentada rua de Monti.

Al Vino al Vino
Via dei Serpenti 19. Diariam 11h30–13h30 e 17h–0h30. Na mais badalada rua de Monti fica esta excelente adega que oferece mais de quinhentos

▼ ENOTECA CAVOUR 313

tipos de vinhos, muitos deles vendidos em taça. Os petiscos são geralmente especialidades sicilianas.

Casas noturnas e de espetáculos

Black Out

Via Saturnia 18 ☎06.7049.6791. Metrô A San Giovanni ou Re di Roma, ou ônibus 85. Qui–sáb 23h–4h. Uma casa escura no industrial bairro de San Giovanni que toca punk, heavy metal e música gótica, com apresentações ocasionais de bandas inglesas e americanas. Fecha no verão.

Teatro dell'Opera di Roma

Piazza Beniamino Gigli 1 ☎06.481.601, ⓦwww.operaroma.it. Bilheteria seg–sáb 9h–17h, dom 9h–13h30. Não se compara ao La Scala, mas aqui é mais fácil e mais barato conseguir ingressos para espetáculos de ópera ou balé –os preços partem de € 20 para ópera; menos para balé. Artistas importantes às vezes se apresentam aqui. Se comprar os ingressos mais baratos, traga um binóculo poderoso: você vai precisar dele para ver alguma coisa.

Villa Borghese e a região norte

Durante o Renascimento, as pequenas propriedades agrícolas e os olivais ao norte das muralhas da cidade foram ocupados pela elite rica de Roma, especialmente os mais ligados à corte do papa, para a construção de residências de verão. Uma das mais notáveis dessas propriedades, a Villa Borghese, residência de verão da família Borghese, é hoje um parque público que abriga dois dos melhores museus de Roma: a imperdível Galleria Borghese, que guarda uma resplandecente coleção de arte, e a Villa Giulia, construída pelo papa Júlio III como seu refúgio de verão, que é hoje o Museo Nazionale Etrusco. Ao norte da Villa Borghese, estendem-se bairros residenciais do século 19 e início do século 20 –que nada têm de especial interesse, a não ser talvez o Foro Italico da era Mussolini, que merece uma visita, seja para assistir a uma partida do Roma ou do Lazio no Estádio Olímpico, seja simplesmente para passear por entre suas grandiosas estátuas e avenidas.

Villa Borghese

O grande parque de Villa Borghese –ao qual se tem acesso pelos Jardins do monte Píncio ou por entradas no alto da Via Veneto ou da Via Pinciana– é um dos raros lugares onde se pode ter um pouco de tranquilidade longe do burburinho do centro da cidade. Os belos jardins e o palácio foram projetados pelo cardeal Scipione Borghese em 1605 e desapropriados pela prefeitura na virada do século 19. Há muito o que fazer para aqueles que esperam algo mais do que apenas caminhar e tomar sol: um pequeno lago para um passeio de barco, um zôo e alguns dos melhores museus da cidade (ver pág. 148). Pode-se alugar bicicletas na esquina da Viale Obelisco com a Viale Orologio e em outros pontos dos Jardins do monte Pincio

▼ ESTÁTUA NA VILLA BORGHESE

(€ 4,50/h, € 8/2h, € 11/3h), assim como cartes (€ 2,50/30min, € 4/h) e patins (€ 4/h).

Museo e Galleria Borghese

Piazza le Scipione Borghese. Ter–dom 9h–19h; € 8,50; é obrigatório agendar a visita, porque só é permitida a entrada de um número limitado de pessoas a cada 2h; ☎ 06.32.810, ⓦ www.galleriaborghese.it. O cardeal Scipione Borghese foi um astuto e prodigioso patrono das artes, e sua magnífica coleção está aberta ao público no Museo e Galleria Borghese. O **térreo** contém esculturas, uma mistura de antiguidades romanas e obras do século 17, unidas *grosso modo* por um teto pintado do século 18 que mostra cenas da literatura clássica. A não ser pela primeira sala, que tem como peça central

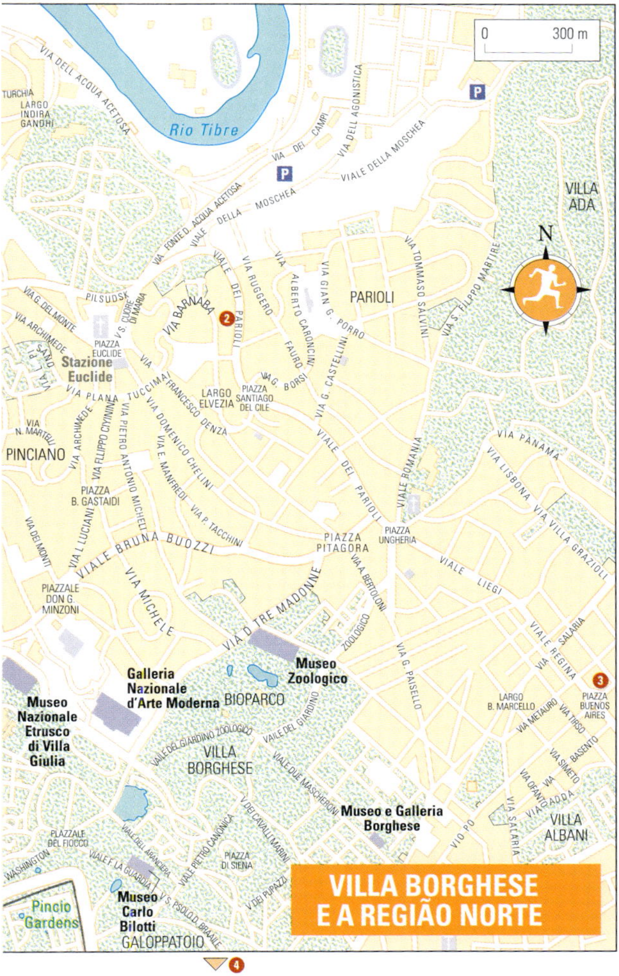

a famosa estátua de Canova que retrata Paolina Borghese como Vênus, mal coberta por um panejamento que deixa pouco à imaginação, as esculturas de Bernini são o destaque em quase todas as salas. O rosto de sua magnífica estátua de Davi é um auto-retrato, que teria sido esculpido com a ajuda de um espelho segurado pessoalmente por Scipione Borghese.

Outros pontos altos são seu dramático *Apolo e Daphne; O rapto de Proserpina, de* 1622, uma obra virtuosística que mostra de forma melodramática o sequestro da bela ninfa Proserpina; assim como uma heróica estátua de Enéas carregando seu pai, Anquises, para fora da cidade incendiada de Tróia, obra esculpida em 1613 por Bernini e seu filho,

▲ DAVI DE BERNINI

então com 15 anos. Há ainda pinturas, entre elas obras notáveis de Caravaggio, como *Davi segurando a cabeça de Golias* e um auto-retrato como *Baco*.

A maior parte das pinturas, porém, está na **Pinacoteca** do primeiro andar, uma das mais ricas coleções de pintura do mundo, embora, infelizmente, não se possa ficar aqui mais de meia hora. Há telas de Rafael, de seu mestre Perugino e outros mestres da escola úmbria do fim do século 15 e início do século 16, e nada menos que a *Deposição* de Rafael. Procure a *Dama com unicórnio* e *Retrato de um homem*, ambos de Rafael, e, acima da porta, uma cópia do retrato de Júlio II pintado em 1513, último ano da vida do papa. Há ainda um delicado *Cupido queixando-se a Vênus* de Cranach, um tocante *Retrato de um homem* de Lotto, uma pintura de Diana feita por Domenichino, na qual a deusa e seus assistentes estão em meio a uma celebração, e, finalmente, obras de Bellini e outros venezianos do início dos anos 1500, entre elas *Amor sagrado e profano*, de Ticiano, pintado em 1514 para celebrar o casamento do nobre veneziano Nicolò Aurelio. Visite também a **Galleria di Lanfranco**, nos fundos do edifício, onde estão expostos auto-retratos de Bernini em várias fases de sua longa vida e um busto realista do cardeal Scipione feito por Bernini em 1632, no qual ele aparece como o conhecedor das belas-artes e do bem viver, como ele de fato foi, além de um busto de Paulo V e uma escultura de um *Jovem com fauno*, a mais antiga obra conhecida do escultor.

Museo Carlo Bilotti

Ter–dom 9h–19h; € 6. Inaugurado recentemente no laranjal da Villa Borghese, este museu é, como a Galleria Borghese, constituído de um legado familiar, desta vez de Carlo Bilotti –um barão do ramo de perfumes e cosméticos que, até sua morte, em 2006, colecionou arte e relações com os nomes mais brilhantes do cenário artístico mundial. Bons retratos dele feitos por Larry Rivers, e de sua mulher e sua filha, obras de Andy Warhol, abrem a exposição e dão um ar de auto-elogio ao lugar, mas a verdadeira razão para uma visita é a pequena coleção de excelentes obras do grande pintor greco-italiano moderno, Giorgio De Chirico.

Bioparco

Via del Giardino Zoologico, Villa Borghese ☎06.360.8211, Ⓦwww.bioparco.it; diariam: jan–mar e nov–dez 9h30–17h; abr–out 9h30–18h, aberto até 19h sáb e dom abr–set; € 8,50 adultos, € 6,50 3 a 12 anos. Um zoológico típico de centro urbano, bastante melhorado e reinventado como "bioparque", centrado na conservação e educação, mas sem deixar de exibir os animais que as crianças desejam ver: tigres, macacos, girafas, elefantes, hipopótamos e muito mais. Por alguma razão, o Rettilario (Casa dos Répteis) custa um ingresso extra de € 2,50, o que não deixa de ser um roubo. O museu zoológico vizinho é menos interessante, mas ainda assim vale uma visita.

Galleria Nazionale d'Arte Moderna

Via delle Belle Arti 131 ⓦ www.gnam.arti.beniculturali.it. Ter–dom 8h30–19h30; € 6,50. O museu de arte moderna de Roma talvez seja o menos atraente dos museus da Villa Borghese –um desajeitado edifício neoclássico, que abriga uma coleção de artistas italianos (e uns poucos estrangeiros) dos séculos 19 e 20. Entretanto, pode representar uma agradável mudança depois de dias de bombardeio de arte etrusca, romana e renascentista. A coleção do século 19 contém uma esplêndida série de pinturas dos impressionistas toscanos (da Escola Macchiaoli), além de obras de Courbet, Van Gogh e Cezanne. A coleção do século 20 apresenta obras de Modigliani, De Chirico, Giacomo Balla, Boccioni e outros futuristas, ao lado de Mondrian e Klimt, além de telas do pós-guerra pintadas por nomes como Rothko, Pollock e Cy Twombly, artista americano que viveu na cidade a maior parte de sua vida.

Museo Nazionale Etrusco di Villa Giulia

Piazzale Villa Giulia 9. Ter–dom 8h30–19h30; € 4. A Villa Giulia é um harmonioso conjunto de pátios, *loggias*, jardins e templos reunidos de uma forma maneirista pelo papa Julio III em meados do século 16. Abriga o Museo Nazionale Etrusco di Villa Giulia, a primeira coleção de tesouros etruscos do mundo, ao lado da coleção etrusca do Vaticano (ver pág. 172). Pouco se sabe sobre os etruscos, mas os antecessores dos romanos eram um povo civilizado e criativo, o que fica evidente aqui na riqueza de esculturas, jóias e outras obras de arte. Eram também profundamente religiosos, e grande parte da coleção se concentra na preparação para a vida depois da morte. A peça mais famosa da exposição é o notável *Sarcófago dos esposos* (na sala octogonal na ala leste) –a imagem emocionante de marido e mulher abraçados em um sofá. A escultura data do século 6º a.C. e foi descoberta nas tumbas de Cerveteri. Veja também as belas cistas gravadas e ornamentadas, usadas para guardar todas as coisas de que a pessoa precisaria depois da morte, e, na mesma sala, intricadas jóias de ouro delicadamente trabalhadas com

▼ IMAGEM VOTIVA ETRUSCA, VILLA GIULIA

minúsculos cavalos, pássaros, camelos e outros animais, assim como espelhos, candelabros e imagens religiosas –ofertas votivas destinadas a apaziguar os deuses. Mais adiante você encontrará um vaso na forma de uma cabeça de cão, tão natural que quase se espera que ele comece a latir; um *holmos*, pequena mesa, em cuja borda foram presos 24 pingentes; e um peitoral de bronze do século 7º a.C., decorado com um estranho e quase moderno padrão abstrato de criaturas galopantes.

Foro Italico

Ônibus 32 (Ple. M. Giardino), 271 (Ple. M. Diaz), 280 (P. Mancini), bonde 2 (P. Mancini). O complexo esportivo do Foro Italico é uma das poucas partes de Roma que sobreviveram na forma como Mussolini as planejou. O elemento mais importante é a Ponte Duca d'Aosta, que liga o Foro Italico à outra margem do rio, em cuja extremidade há um obelisco de mármore branco encimado por uma pirâmide dourada, onde estão gravadas as palavras MUSSOLINI DUX em bela caligrafia dos anos 1930. Além da ponte, uma avenida revestida de mosaicos que reverenciam o Duce leva a uma fonte cercada por mais mosaicos, em que figuras musculosas se dedicam a saudáveis atividades esportivas. De cada lado da fonte ficam os dois estádios: o maior, o Estádio Olímpico, foi usado nas Olimpíadas de 1960 e ainda recebe jogos de futebol (ver pág. ao lado); o menor, o **Stadio dei Marmi** (Estádio dos Mármores), é cercado por 60 estátuas masculinas, com o sexo pudicamente escondido atrás de folhas de figueira, em diferentes e elegantes poses masculinas –cada uma representando um esporte e uma província da Itália.

▲ STADIO DEI MARMI

Auditorium

Excursões sáb e dom 10h30–16h30, grupos só fins de semana; reservas pelo ⓣ 06.8024.1281, ⓦ www.auditorium.com; € 9. A dez minutos a pé da extremidade oeste da Viale dei Parioli, o novo Auditorium é na verdade um complexo de três auditórios, cuja forma de grandes bulbos lhe dá a aparência de tatus gingantes encolhidos. Projetado pelo arquiteto italiano Renzo Piano e inaugurado na primavera de 2006, é um edifício engenhoso: os saguões são unidos e, acima, os três prédios constituem um amplo anfiteatro, usado para espetáculos ao ar livre na praça. É inteligente, também, na maneira como incorpora, entre duas salas de concertos, as ruínas de uma *villa* da época da República que foram descobertas no início da construção e que suspenderam o projeto por dois anos para as escavações. Pode-se caminhar ao redor do edifício, explorando o Parco della Musica. A entrada principal se faz pela Via Pietro

Como assistir a uma partida de futebol

Os dois principais times de futebol de Roma, AS Roma e SS Lazio, jogam em domingos alternados entre setembro e maio no Estádio Olímpico, a noroeste do centro da cidade. A rivalidade é grande entre as duas equipes, e os clássicos são grandes –e às vezes violentos– eventos. O Estádio Olímpico é enorme, com capacidade para 100 mil pessoas, e, na maioria dos jogos, exceto talvez entre Roma e Lazio, você não deve ter dificuldade para comprar ingressos, a não ser os mais baratos. Leve seu passaporte para comprar o ingresso, porque eles sempre pedem uma identidade. As torcidas tradicionalmente ocupam áreas reservadas em extremidades opostas do estádio (a do Lazio a curva norte e a do Roma a curva sul), onde os ingressos custam € 15–25. Geralmente, é mais fácil conseguir assentos nas arquibancadas de canto, ou distinti, por € 25–35; os lugares nas arquibancadas laterais, ou tribuna, custam € 60–100. Veja em ⓦwww.romantickets.com como comprar ingressos, mas os preços são cerca de 50% mais do que na compra direta. Para isso, tente em Lazio Point, Via Farini 34 (seg–sáb 9h–19h; t06.482.6768); nas bilheterias do Lazio (ⓣ06.323.7333) até 48 horas antes do jogo; ou na loja do Lazio, Via Calderini 66, perto da Piazza Mancini, ou no próprio estádio. As lojas do Roma vendem ingressos, além de produtos do clube (Piazza Colonna 360 ⓣ06.6920.0642; Piazza Indipendiente 8 ⓣ06.4470.2689; ambas diariam 10h–18h), também até 48 horas antes da partida; ou procure Orbis, na Piazza Esquilino 37 (seg–sáb 9h30–13h e 16h–19h30; ⓣ06.482.7403, não aceita cartões de crédito).

Para chegar ao estádio por transporte público, você pode pegar o bonde 2 na Piazzale Flaminio até a Piazza Mancini, ou o ônibus 910 em Termini e depois atravesse o rio a pé até o estádio. Ou pegue o ônibus 32 na Piazza Risorgimento ou 271 na Piazza Venezia, que vai direto ao estádio.

de Coubertin, onde há uma livraria e loja de CDs e um café decente, ou pode-se cortar caminho pelo parque, partindo da Viale Maresciallo Pilsudksi, onde a um playground se soma –no inverno– um rinque de patinação. Para informações sobre concertos, ver pág. 154.

Restaurantes

La Maremma

Viale Parioli 93 ⓣ06.808.6002. São poucos os restaurantes ao longo do bulevar Viale Parioli, mas este é provavelmente o mais despretensioso –uma pizzaria que funciona o dia todo e serve pizzas romanas, mais finas, ou napolitanas, mais espessas, *fritti*, *crostini* e alguns grelhados simples.

ReD

Via Pietro de Coubertin 30 ⓣ06.8069.1630. Parte do complexo do Auditorium, este bar-restaurante de design moderno é uma boa opção para um drinque ou para uma

Cinema –Festa Internazionale di Roma

Em seu terceiro ano, este festival de cinema ocorre durante nove dias, em meados de outubro, no Auditorium e em outros cinemas –alguns ao ar livre– espalhados pela cidade. Entre os artistas que já compareceram ao festival estão Sean Connery e Nicole Kidman, mas o ambiente é tranquilo se comparado ao de seus famosos rivais no circuito de festivais. Os ingressos custam por volta de € 10 e podem ser adquiridos diretamente no Auditorium. Veja em ⓦwww.romacinemafest.org para mais detalhes.

refeição antes de assistir a um espetáculo. No almoço, experimente o bufê por € 15.

Casas noturnas e de espetáculos

Art Café

Via del Galoppatoio 33 ☎ 06.3600.6578. Instalado em um estacionamento subterrâneo em Villa Borghese, esta é uma das casas noturnas que estão na moda em Roma. Prepare-se para enfrentar filas e vá bem vestido.

Auditorium/Parco della Musica

Via Pietro de Coubertin 15 ☎ 199.109.783. www.auditorium.com. Ônibus 53, 280, 910 ou bonde 2, 19. Bilheterias diariam 11h–18h. Ingressos para concertos entre € 20–30. Este novo complexo musical é a casa mais conceituada de Roma, sede de sua principal orquestra, a Accademia Nazionale di Santa Cecilia, que se apresenta na sala maior durante parte do ano. Nas duas salas menores apresentam-se grupos de câmera, corais, recitais e obras experimentais. O complexo também recebe importantes nomes do rock e do jazz que vêm à cidade.

Piper

Via Tagliamento 9 ☎ 06.855.5398. Fundada nos anos 1970 pela cantora *cult* Patty Pravo, a Piper recebe eventos diferentes a cada noite (desfiles de moda, projeções de filmes, festas, shows de música ao vivo e outros) e um público elegante, mas casual, de várias idades. A música varia imensamente, assim como o preço dos ingressos, dependendo da noite. No verão, de fim de maio a início de setembro, a casa tem uma filial à beira-mar –a *AcquaPiper di Guidonia,* na Via Maremmana, antes do quilômetro 24 (☎ 0774.326.538).

Trastevere e o monte Gianicolo

Do outro lado do rio para quem parte do centro da cidade, Trastevere (que significa literalmente "do outro lado do Tibre") foi o bairro dos artesãos na Antiguidade clássica, bem situado para o comércio que se fazia pelo rio, proveniente de Ostia. Fora das muralhas da cidade, a área foi durante séculos muito povoada por imigrantes, e essa particularidade proporcionou ao bairro uma forte identidade que sobreviveu até o século presente. Hoje, está muito distante de suas raízes operárias, e os muitos bares e restaurantes estão lotados de turistas, atraídos pelo charme de suas ruas estreitas e pequenas praças. É um dos melhores lugares para caminhar em Roma, tranquilo de manhã, animado quando a noite cai –e quando dezenas de *trattorias* colocam mesas nas calçadas ao longo das ruas de pedra– e ainda está agitado tarde da noite, quando os bares e boates tornam-se cenário de uma vida noturna dinâmica. Mesmo que a Festa de' Noantri (Festa de Nós Outros), comemorada em julho, pareça simbolizar o lento declínio do espírito local em vez de celebrar sua permanência, há boas razões para vir ao Trastevere.

Mercado de Porta Portese

Em um domingo, vale a pena chegar ao Trastevere caminhando pela Ponte Sublicio até Porta Portese. Daqui, o mercado-de-pulgas de Porta Portese se estende pela Via Portuense até a estação de trem do Trastevere, em uma miscelânea de antiguidades, peças de automóveis, roupas baratas, roupas descoladas, roupas baratas e descoladas e um monte de quinquilharias. Pechinchar é a regra, e fique de olho na bolsa e na carteira. Chegue cedo se quiser comprar, ou mesmo caminhar –a maioria das barganhas já terminaram por volta das 10h, quando o empurra-empurra pode ser intenso.

San Francesco a Ripa

Piazza San Francesco d'Assisi. Seg–sáb 7h–13h e 16h–19h30, dom 7h–12h e 16h–19h. A Chiesa di San Francesco a Ripa é mais conhecida por duas coisas: pelo fato de são Francisco ter vivido no convento anexo –você até poderá ver a cela onde ele ficou, se tiver sorte de encontrá-la aberta– e pela imagem dolorosa e estática de uma santa menor, a beata Ludovica Albertoni, esculpida por Bernini mais para o fim de sua carreira. Ela costuma ser comparada com outra obra de Bernini mais famosa, *Êxtase de santa Teresa,* que está na Chiesa di Santa Maria della Vittoria (ver pág. 129); na verdade,

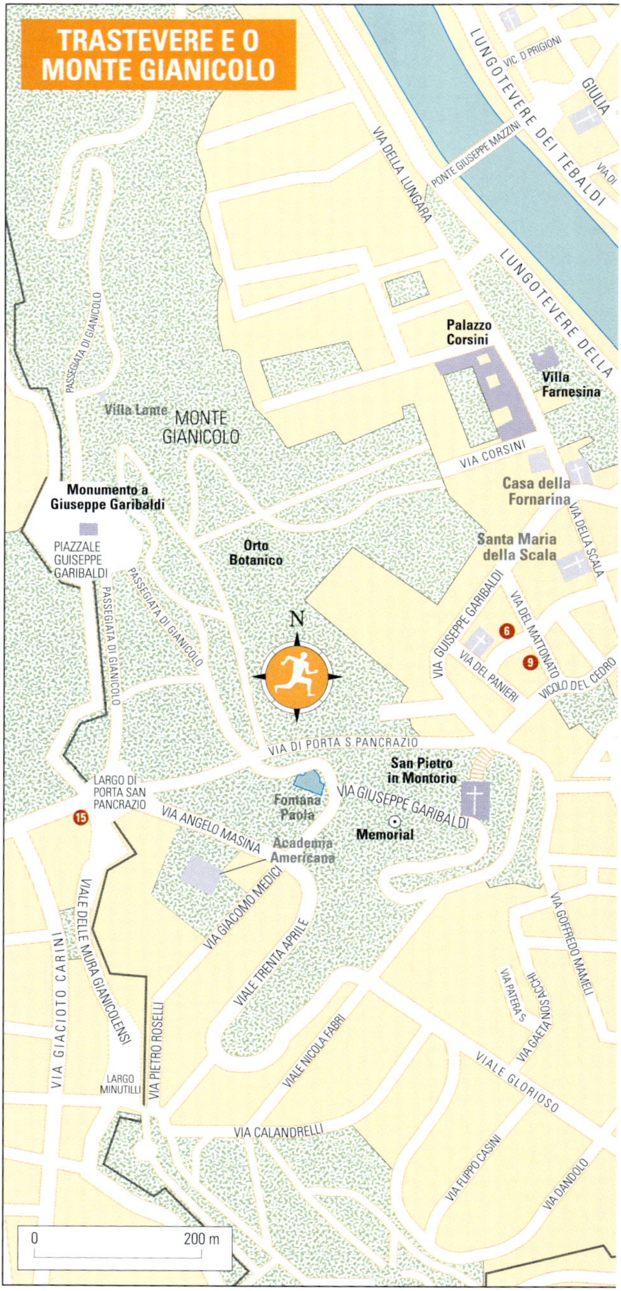
TRASTEVERE E O MONTE GIANICOLO
Palazzo Corsini
Villa Farnesina
Villa Lante
MONTE GIANICOLO
Monumento a Giuseppe Garibaldi
PIAZZALE GUISEPPE GARIBALDI
Orto Botanico
Casa della Fornarina
Santa Maria della Scala
San Pietro in Montorio
Fontana Paola
Academia Americana
Memorial
LARGO DI PORTA SAN PANCRAZIO
LARGO MINUTILLI
LUNGOTEVERE DEI TEBALDI
LUNGOTEVERE DELLA
VIC. D PRIGIONI
GIULIA
PONTE GIUSEPPE MAZZINI
VIA DELLA LUNGARA
VIA CORSINI
VIA DELLA SCALA
VIA GIUSEPPE GARIBALDI
VIA DEL MATTONATO
VIA DEL PANIERI
VICOLO DEL CEDRO
PASSEGIATA DI GIANICOLO
VIA DI PORTA S.PANCRAZIO
VIA ANGELO MASINA
VIA GIACOMO MEDICI
VIALE TRENTA APRILE
VIALE DELLE MURA GIANICOLENSI
VIA GIACIOTO CARINI
VIA PIETRO ROSELLI
VIALE NICOLA FABRI
VIA CALANDRELLI
VIA GOFFREDO MAMELI
VIA PATERAS
VIA GAETA NOSACCHI
VIALE GLORIOSO
VIA FLIPPO CASINI
VIA DANDOLO
N
6
9
15
0
200 m

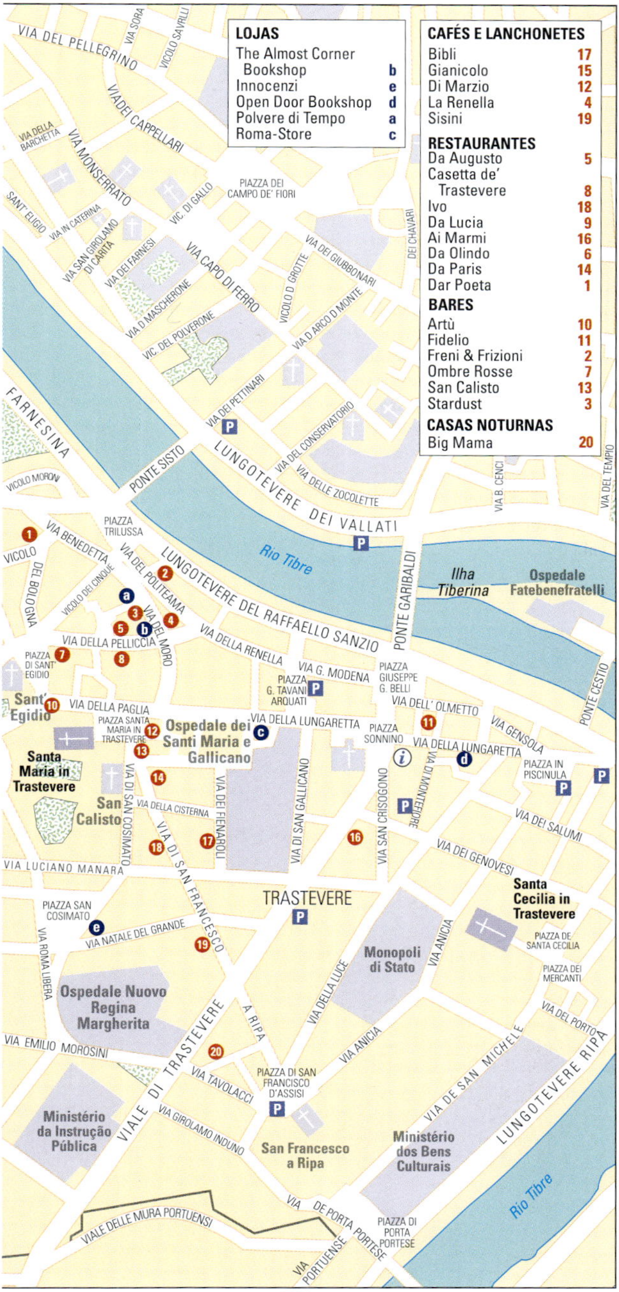

Mercado de Porta Portese

talvez seja ainda mais ousada na representação de um divino êxtase no plano material.

Santa Cecilia in Trastevere

Diariam 9h30–12h30 e 16h–18h30. Escavações da cripta € 2,50. Afresco de Cavellini seg–sáb 10h15–12h15, dom 11h15–12h15; € 2,50. Na tranquila praça ao lado da Via Anicia, a Chiesa di Santa Cecilia in Trastevere foi construída no local onde no século 2º morava santa Cecília, que –junto com o marido– foi perseguida por sua fé cristã. Conta a história que Cecília foi trancada no caldário de suas termas por vários dias, mas se recusou a morrer, cantando durante todo o martírio (Cecilia é padroeira dos músicos). Finalmente, sua cabeça foi meio decepada com um machado, mas outros golpes foram necessários para levá-la à morte. Abaixo do altar-mor, sob um baldaquim gótico, a imagem de Stefano Maderno tem um estilo quase moderno e mostra o corpo da santa intocado, como foi encontrado ao ser exumado em 1599, com três profundos cortes no pescoço –uma imagem frágil e intensamente humana, que ajudou a fazer de Cecília uma das mais veneradas santas romanas. No subsolo, escavações das termas e do resto da casa romana podem ser visitadas na cripta. Mas o espaço sem dúvida mais atraente é o coro acima da nave (toque a campainha à esquerda da porta para entrar), onde o afresco do fim do século 13 pintado por Pietro Cavallini, *O Juízo Final* –tudo o que restou da decoração que antigamente cobria toda a igreja–, é uma obra forte, surpreendentemente naturalista para a sua época. Nela, Cristo ocupa o centro, em calma e meditativa majestade, ladeado por anjos.

Santa Maria in Trastevere

Diariam 7h–21h. No coração do velho Trastevere, a Piazza Santa Maria in Trastevere leva o nome da igreja que se ergue em seu canto noroeste: Santa Maria in Trastevere. Considerada o primeiro local de culto cristão em Roma, ela foi construída no local onde uma fonte de óleo

▼ SANTA CECILIA IN TRASTEVERE

▲ DOMO DE SANTA MARIA IN TRASTEVERE

puro teria brotado no dia do aniversário de Cristo. A maior parte da construção data de 1140, depois da reconstrução ordenada por Inocêncio II, papa do Trastevere. Hoje, as pessoas vêm ver os mosaicos, que estão entre os mais impressionantes da cidade: são na maioria peças inspiradas na arte bizantina, que representam um solene desfile de santos ao redor de Cristo e Maria –*A coroação da Virgem*– sob o qual vêem-se cenas de sua vida pintadas por Pietro Cavallini. Sob o altar-mor à direita, uma inscrição –FONS OLEI– assinala o ponto onde o óleo teria jorrado.

Palazzo Corsini

Via della Lungara 10. Ter–dom 8h30–14h; € 4. Instalada no Palazzo Corsini, a **Galleria Nazionale d'Arte di Palazzo Corsini**, irmã da galeria do Palazzo Barberini (ver pág. 125), é uma atração cultural inesperada deste lado do rio, um acervo relativamente pequeno que só ocupa umas poucas salas do enorme palácio. Há uma série de pintores holandeses, como Rubens, Van Dyck e outros; uma sala cheia de paisagens, entre elas cenas exuberantes de Dughet e uma representação do Pantheon de Charles Clérisseau, da época em que havia uma feira na praça em frente –uma cena bastante fantasiosa, com a Pirâmide de Séstio e o Arco de Jano espremidos ao fundo. Há um famoso retrato de *Salomé com a cabeça de são João Batista*, de Guido Reni, e um *Prometeu* de Salvatore Rosa que é uma das mais vívidas e detalhadas exposições da anatomia interna do corpo humano. Também se pode visitar o quarto de dormir da rainha Cristina, que em 1655 renunciou ao protestantismo e, com isso, ao trono da Suécia e trouxe sua biblioteca e sua fortuna para Roma –ela morreu aqui no palácio em 1689 e é uma das três únicas mulheres que estão enterradas em São Pedro. Também vale dar uma olhada no curioso Trono Aldobrandini, que, segundo se acredita, é uma cópia de um trono etrusco do século 1º ou 2º. Feito de mármore,

▲ PALAZZO CORSINI

tem o espaldar esculpido com guerreiros equipados com armaduras e elmos, abaixo dos quais se vê uma caçada ao porco-do-mato, com animais selvagens do tamanho de cavalos perseguidos pelos caçadores.

Orto Botanico

Entrada em frente ao Palazzo Corsini. Ter–sáb 9h30–18h30; € 4. O Orto Botanico ocupa o lado leste do monte Gianicolo –depois do jardim botânico de Pádua, o mais importante da Itália. É uma área verde negligenciada hoje em dia, um bucólico refúgio no coração de Roma. Você pode subir pelo trecho de bambu e samambaias cortados por regatos, caminhar por um bosque centenário de carvalhos, cedros e coníferas e relaxar em uma alameda de palmeiras climatizadas. Há ainda um herbário de plantas medicinais, uma coleção de orquídeas que florescem na primavera e início do verão, e uma horta de ervas aromáticas para cegos –as plantas são identificadas pelo aroma ou pelo toque e acompanhadas de rótulos em braile. O horto também se distingue por abrigar um dos mais velhos plátanos de Roma, entre 350 e 400 anos de idade, que fica perto da escadaria monumental, ligeiramente decrépita.

Villa Farnesina

Via della Lungara 230 ⓦwww.lincei.it. Seg–sáb 9h–13h; € 5. Este palácio do século 16 foi construído por Baldassare Peruzzi para o banqueiro de Siena Agostino Chigi. É uma das primeiras *villas* renascentistas, cujas salas luxuosas são decoradas com afrescos de alguns dos mestres do período. A maioria dos visitantes vem para ver a obra de Rafael sobre o mito de Eros e Psique, concluída em 1517 pelos assistentes do artista e exposta na *loggia* envidraçada. O pintor e historiador Vasari afirma que Rafael não completou a obra porque a paixão por sua amante, "La Fornarina"–cujo pai tinha uma padaria ali perto–, dificultava sua concentração. Apesar disso, é impressionante: uma obra fluente de homens musculosos e mulheres de torso nu. Mas, segundo se diz, a única parte da obra que Rafael chegou a concluir é a figura feminina de costas para a luneta (à direita da porta que dá saída para leste). Entretanto, ele parece ter conseguido terminar o *Triunfo de Galatéia* que está na sala seguinte –uma mistura de cenas campestres entremeadas com a figura de Galatéia sobre sua carruagem de concha e uma cabeça gigante (que chegou a ser atribuída a Michelangelo) em uma das lunetas. O teto ilustra o horóscopo de Chigi, afresco realizado pelo arquiteto do palácio, Peruzzi, que também decorou o Salone delle Prospettive, no andar superior, onde balcões em *trompe l'oeil* permitem a visão da Roma da época –um dos primeiros exemplos da técnica.

Monte Gianicolo

Saindo da Piazza di Sant'Egidio, em cerca de 15 minutos a pé pela Via Garibaldi chega-se ao topo do monte Gianicolo –não só uma das sete colinas de Roma, mas aquela que oferece as melhores vistas do centro. Partindo da Via della Scala, siga pelo Vicolo del Cedro, suba a escadaria, atravesse a rua principal e continue subindo a escada que leva a **San Pietro in Montorio**, mais conhecida –e merece uma parada– pelo pequeno *tempietto* (capela) do arquiteto renascentista Bramante. Daqui, siga para a Passeggiata del Gianicolo e daí para a Piazzale Garibaldi, onde há um monumento equestre a **Garibaldi** –uma obra ostentosa de 1895. Logo abaixo fica o local onde todos os dias, ao meio-dia, um canhão dispara para que o romanos acertem seus relógios. Adiante, a estátua de Anita Garibaldi relembra o importante papel que ela desempenhou no confronto com os franceses em 1849 –uma obra ardente e melodramática que também assinala sua sepultura. Diante dela abrem-se algumas das melhores vistas da cidade.

▲ MONUMENTO A GARIBALDI, MONTE GIANICOLO

Lojas

The Almost Corner Bookshop

Via del Moro 45. Seg–sáb 10h–13h30 e 15h30–20h, dom 11h–13h30 e 15h30–20h. Fecha dom em ago. De todas as livrarias inglesas de Roma, esta talvez seja a melhor opção para encontrar os últimos lançamentos de sua lista de leituras obrigatórias.

Innocenzi

Piazza San Cosimato 66. Uma boa mercearia, que oferece as costumeiras massas, arroz e produtos italianos, mas também uma seleção de produtos de todo o mundo –ketchup, chás, pasta de amendoim. Uma boa opção para estrangeiros com saudade de casa e gourmets.

Open Door Bookshop

Via della Lungaretta 23. Seg 16h30–20h30, ter–sex 10h30–20h30, sáb 10h30–24h, dom 12h–18h. Verão –só tarde e noite. Embora eles tenham novos títulos, especialmente sobre Roma e história romana, os livros usados dominam as prateleiras desta acolhedora livraria onde você nunca sabe que tesouros poderá encontrar. Eles também têm livros em italiano, alemão, francês e espanhol.

Polvere di Tempo

Via del Moro 59. Seg 15h30–20h, ter–sáb 10h–13h e 16h–20h. Aquele astrolábio com que você sempre sonhou, além de um imenso estoque de instrumentos antigos e medievais para medir o tempo, você encontra nesta misteriosa lojinha. Há ainda anéis de alquimistas que funcionam como relógios de sol e um monte de coisas estranhas e curiosas.

Roma-Store

Via della Lungaretta 63. Seg 16h–20h ter–sáb 9h30–13h30 e 16h–20h. Não se trata de uma loja de artigos de futebol, mas de uma loja que vende perfumes –Acqua di Parma, Penhaligons etc.–, velas, loções e sabonetes perfumados. Os melhores produtos da Itália, França e Inglaterra.

Cafés e lanchonetes

Bibli

Via dei Fienaroli 28. Um café-livraria que só tem um pequeno estoque de livros em inglês, mas oferece acesso à internet e um quadro de avisos com muitos anúncios em inglês para quem procura trabalho, apartamento etc. Também tem boa comida.

Gianicolo

Piazzale Aurelia 5. Fecha seg. Um bar bastante comum, mas em uma bela localização, ponto de encontro de astros italianos, escritores e acadêmicos das duas academias que ficam próximas: a espanhola e a americana. Sanduíches deliciosos.

Di Marzio

Piazza di Santa Maria in Trastevere 15. Diariam 7h–1h. Este bar não tem um interior especial, mas é um lugar acolhedor que faz sanduíches decentes e cujo terraço, voltado para a Piazza Santa Maria, faz dele o melhor ponto de observação do Trastevere.

La Renella

Via del Moro 15. Diariam 9h–21h. Considerada a melhor padaria de Roma, bem no coração do Trastevere, com ótima *foccaccia* e uma excelente *pizza al taglio* (em pedaços). Nos horários de maior movimento, pegue uma senha e prepare-se para esperar. Você também pode pedir para viagem ou comer no balcão.

Sisini

Via di San Francesco a Ripa 137. Seg–sáb 11h–23h, fecha feriados. Localizada a meia quadra da Viale Trastevere, esta portinha que vende talvez a melhor *pizza al taglio* (pizza em pedaços) de Roma não tem placa na fachada. Serve também frango com batatas, *suppli* e os habituais itens de *rosticceria*. Experimente a pizza de azeitonas verdes servida em pedacinhos.

Restaurantes

Da Augusto

Piazza de Renzi 15 ☎ 06.580.3798. Seg–sáb 12h–15h e 20h–23h. Restaurante tradicional que serve pratos básicos da cozinha romana em um ambiente despretensioso. Não se trata de *haute cuisine*, mas de uma cozinha romana decente.

Ivo

Via di San Francesco a Ripa 158 ☎ 06.581.7082. Qua–seg 19h30–1h. Uma pizzaria do Trastevere que corre o risco de se tornar caricatura, mas ainda é uma boa opção. Uma boa seleção de sobremesas também –experimente o *monte bianco*, um creme de castanha e merengue. Chegue cedo para evitar pegar fila.

Da Lucia

Vicolo del Mattonato 2 ☎06.580.3601. Ter–dom 12h–15h e 19h30–23h30. Uma antiga *trattoria* romana que é o melhor lugar para jantar no verão ao ar livre no Trastevere. Os *spaghetti cacio e pepe* são a especialidade da casa –chegue cedo para pegar uma mesa externa.

Ai Marmi

Viale di Trastevere 53/59 ☎06.580.0919. Qui–ter 18h30–2h30. Um restaurante de preços moderados, apelidado de "o necrotério" por causa do interior desolado e das mesas de mármore. Serve um *suppli al telefono* (assim chamado por causa do fio de mussarela que se forma quando ele é mordido), *baccalà* fresco e algumas das melhores pizzas de Roma.

Da Olindo

Vicolo della Scala 8 ☎06.581.8835. Seg–sáb 12h–15h e 20h–23h. Ótima *trattoria* no Trastevere, que serve pratos tradicionais. Os preços são baixos e fáceis de lembrar: os *primi* custam € 7 e os *secondi* € 9.

Da Paris

Piazza San Callisto 7a ☎06.581.5378. Ter–sáb 12h–15h e 20h–23h30, dom 12h–15h. Restaurante judaico de preços moderados em uma das mais típicas *piazzas* do Trastevere. O menu contém muitos pratos tradicionais: *abbachio*, *carciofi alla giudea* e outros.

▲ DA PARIS

Dar Poeta

Vicolo del Bologna ☎06.588.8256. Ter–dom 19h30–1h. Fantástica pizzaria tradicional no Trastevere, famosa por suas pizzas de massa um pouco mais espessa que as pizzas romanas em geral. Tem boas cervejas e clima de *pub*.

Bares

Artú

Largo F. Biondi 5 ☎06.588.0398. Ter–dom 19h–2h. Um *pub* situado numa das esquinas mais movimentadas do bairro do Trastevere. Tem um terraço excelente para ver o mundo passar e um cardápio completo se você estiver faminto.

Fidelio

Via degli Stefaneschi 3/7 ☎06.9784.1585. Diariam 18h–3h. Bem atrás da Piazza Sonino, no Trastevere, uma velha *vineria* que também oferece boa comida tradicional.

Freni & Frizioni

Via del Politeama 4/6 ☎06.5833.4210. Diariam 16h–2h. Perto da Piazza Trilussa, no centro pulsante da vida noturna do Trastevere, esta antiga oficina de carros é hoje um dos melhores –e mais

▲ OMBRE ROSSE

badalados– bares da cidade, com excelentes coquetéis.

Ombre Rosse

Piazza Sant'Egidio 12 ☎ 06.588.4155. Este bar é uma instituição no Trastevere e um ótimo lugar para um cappuccino matinal ou para refeições leves. O terraço é o lugar perfeito para se observar o movimento da rua.

San Calisto

Piazza San Calisto 4 ☎ 06.583.5869. Seg–sáb 18h–2h. Bar da velha guarda do Trastevere que atrai uma grande e eclética clientela nas noites de verão. A bebida é barata e você pode se sentar em uma mesa externa sem custo extra. O ambiente é menos mundano durante o dia, quando o bar é apenas um ótimo lugar onde saborear um cappuccino, ler e desfrutar o sol.

Stardust

Vicolo de' Renzi 4. Seg–sáb 15h30–2h, dom 12h–2h. Um dos mais acolhedores refúgios noturnos no Trastevere, com boa comida e boa bebida. Nos fins de semana, entre 12h e 16h30, serve um bufê de *brunch*. Animado a noite inteira, com regulares shows de jazz ao vivo.

Casa noturna e de espetáculo

Big Mama

Vicolo San Francesco a Ripa 18 ☎ 06.581.2551, Ⓦ www.bigmama.it. Ter–sáb 21h–2h. Clube tradicional de jazz e blues com apresentações todas as noites. Taxa de sócio, € 8; a entrada é grátis, exceto nas noites em que se apresentam grandes nomes (é importante reservar). As portas se abrem às 21h.

Cidade do Vaticano

Situada na margem oeste do Tibre, a Cidade do Vaticano é um Estado soberano desde 1929. Seus mil habitantes têm sua própria estação de rádio, seu jornal diário, seu serviço postal e até mesmo seu serviço de segurança, exercido pela Guarda Suíça em seus uniformes coloridos. Acredita-se que são Pedro foi enterrado em um cemitério pagão na colina do Vaticano, local onde foi erguida uma basílica para venerar seu nome e o comando da Igreja Católica. Os palácios papais renascentistas que se situam ao norte da Basílica de São Pedro hoje abrigam os Museus Vaticanos –o maior, mais rico, mas obrigatório e mais exaustivo complexo museológico do mundo. Outra atração do Vaticano que merece uma visita é o Castel Sant'Angelo, na margem do rio, uma imensa fortaleza que hospedava os papas em épocas de perigo. Além de visitar as principais atrações, você não perceberá quando deixou Roma e entrou no Vaticano, porque, na verdade, a região ao redor dele, conhecida como Borgo, é um dos distritos mais cosmopolitas da cidade –cheio de hotéis médios, restaurantes, turistas e peregrinos apressados.

Castel Sant'Angelo

Ter–dom 9h–19h30; € 8, visitas guiadas grátis em inglês sáb e dom 16h30. A grande construção circular do Castel Sant'Angelo, projetada e construída por Adriano como seu próprio mausoléu, marca a fronteira do Vaticano. Renomeado no século 6º (quando o papa Gregório teve uma visão de são Miguel que pôs fim a uma terrível peste), o edifício foi transformado em uma fortaleza e construída uma passagem que ligava o castelo ao Vaticano e que era usada nos períodos de sítio ou invasão. No interior, uma rampa em espiral leva ao centro do mausoléu, por sobre uma ponte levadiça e até o topo, onde um pequeno palácio foi construído para hospedar os papas residentes com o devido esplendor. O

▼ CASTEL SANT'ANGELO E PONTE VITTORIO EMANUELE II

CIDADE DO VATICANO
PIAZZA DEI PRATI DEGLI STROZZI
VIA CARLO ALBRTO RACCHIA
VIA TOMMASO GULLI
ANGELICO
VIA MONTE SANTO
VIA ALBERTELLI
GESMUNDO
VIA PREVESA
VIA GIUSEPPE PALUMBO
VIA CATTOLICA
VIA EMILIO FAA DI BRUNO
VIA TRIONFALE
VIA NAZARIO SAURO
VIA REMUDA
VIA MARSILIO FICINO
VIA CUNFIDA
VIA DELLA GIULIANA
VIA RICCARDO GRAZIOLI LANTE
VIA SILVIO
VIA GIOVANNI BOVIO
VIA RODI
VIA SIMONE DE SAINT BON
VIALE
VIA COSTANTINO MORIN
VIA GABRIELE CAMOZZI
VIA GIACINTO MOMPIANI
VIA GIROLAMO
VIA BUCCARI
BETTOLO
VIA GIOVANNI
TELESIO
GIORDANO
VIA VITTORIO ARMINJON
VIA BERNARDINO
VIALE DELLE MILIZIE
VIA PIETRO
SAVONAROLO
BRUNO
CAMPANELLA
LARGO TRIOFALE
TOMMASO
VIA BARLETTA
VIA
GIANNONE
VIA PIERO POMPONAZZI
VIA ANDREA DOPIA
VIA TOLEMAIDE
VIA OTRANTO
VIA FAMAGOSTA
Ottaviano
M
CESARE
VIA SEANTAMAUR
VIA OSTIA
VIA LEONE IV
VIA RURRERO
VIA TUNISI
VIA
VIALE GIULIO
VIA OTTAVIANO
VIA FRANCISCO CARACCIOLO
DI LAURIA
MOCENIGO
VIA LA GOLLETA
CANDIA
VIA VESPASIANO
PIAZZA SANTA MARIA DELLE GRAZIE
VIA SEBAATIANO VENIERO
VIA CATONE
VIALE VATICANO
VIALE BASTIONI DE MICHELANGELO
Museus Vaticanos
PIAZZA DEL RISORGIMENTO
CIDADE DO VATICANO
VIA PIO X
VIA DELLA POSTAVECCHIA
VIA DEI TIPOGRAFIA
VIA DI PORTA ANGELICA
MASCHERINO
DEL FALCO
BORGO
BORGO VITTORIO
BORGO PIO
VIA DEL
VIA
VICOLO D. FARINONE
VIA DEI CORRIDORI
Capela Sistina
Palazzo dei Convertendi
Jardins do Vaticano
Basílica de São Pedro
PIAZZA SAN PIETRO
PIAZZA PIO XII
VIA PADRE PFEIFFER
Correio do Vaticano
VIA DEL SANT' UFFIZIO
Piazza Santa Marta
Palazzo del Sant' Uffizio
Aula delle Udienze
Stazione Vatican
LARGO DI PORTA CAVALLEGGERI
VIA PORTA CAVALLEGGERI
LOJAS
Castroni b
Franchi c
Del Frate a

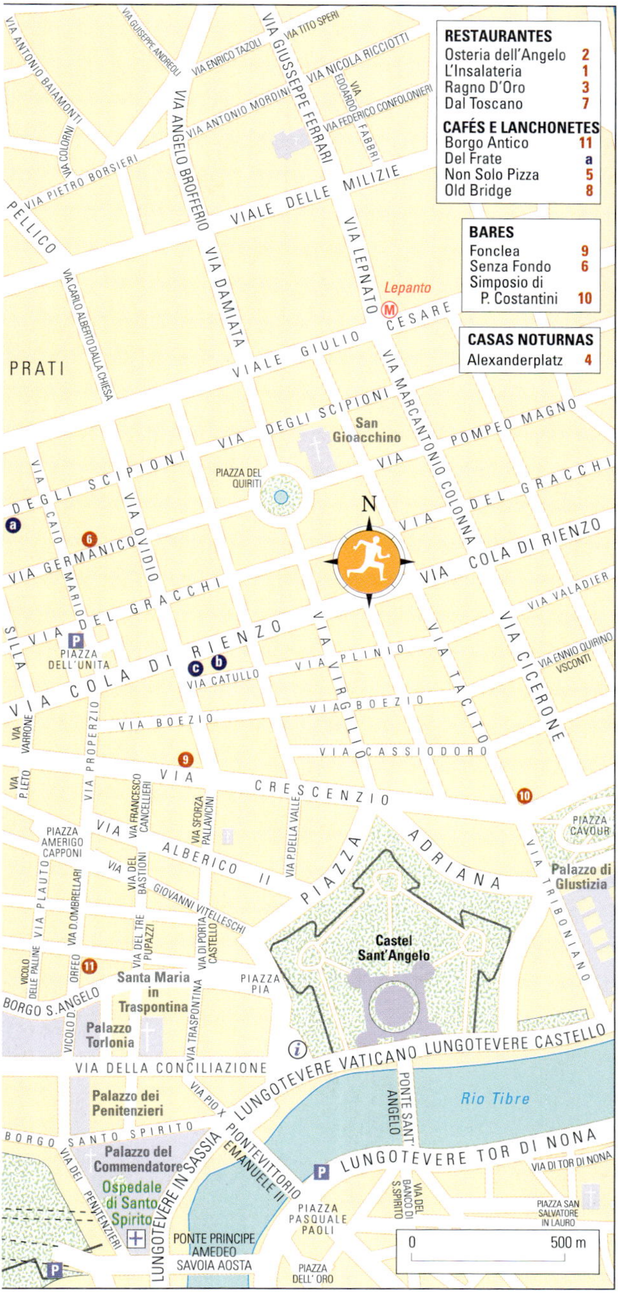

RESTAURANTES
Osteria dell'Angelo 2
L'Insalateria 1
Ragno D'Oro 3
Dal Toscano 7
CAFÉS E LANCHONETES
Borgo Antico 11
Del Frate a
Non Solo Pizza 5
Old Bridge 8
BARES
Fonclea 9
Senza Fondo 6
Simposio di P. Costantini 10
CASAS NOTURNAS
Alexanderplatz 4
PRATI
Lepanto
San Gioacchino
PIAZZA DEL QUIRITI
VIALE DELLE MILIZIE
VIALE GIULIO CESARE
VIA DEGLI SCIPIONI
VIA COLA DI RIENZO
VIA CRESCENZIO
PIAZZA CAVOUR
Palazzo di Giustizia
Castel Sant'Angelo
Santa Maria in Traspontina
Palazzo Torlonia
VIA DELLA CONCILIAZIONE
Palazzo dei Penitenzieri
Palazzo del Commendatore
Ospedale di Santo Spirito
LUNGOTEVERE VATICANO
LUNGOTEVERE CASTELLO
LUNGOTEVERE TOR DI NONA
PONTE SANT'ANGELO
Rio Tibre
PONTE PRINCIPE AMEDEO SAVOIA AOSTA
PIAZZA PASQUALE PAOLI
0 500 m

papa Paulo III promoveu alguns embelezamentos, entre eles a linda Sala Paolina. O teto dourado exibe os ramos da família Farnese, onde também se vê o lema pessoal de Paulo III, *"Festina Lenta"* ("Apresse-se lentamente") espalhado por todo o teto e em vários cantos de seus aposentos. Em outra parte do castelo, algumas salas guardam espadas, armaduras e armas, enquanto outras são luxuosamente decoradas (não perca o banheiro de Clemente VII no segundo andar, com torneiras de água quente e fria e afrescos levemente eróticos). Abaixo, a masmorra pode ser vista de longe da rampa em espiral, testemunho do terrível passado do castelo como a mais famosa prisão da cidade no Renascimento. Do tranquilo bar no andar superior se pode desfrutar lindas vistas de Roma, além de um excelente café.

Praça São Pedro

Talvez a mais famosa das muitas praças de Roma, a Praça São Pedro, obra de Bernini, não decepciona, embora só se tenha uma noção clara de seu tamanho do alto, de onde seus braços parecem acolher simbolicamente o mundo no regaço da Igreja Católica. O obelisco que ocupa o centro foi trazido a Roma por Calígula no ano 36 e transferido para cá em 1586, quando Sisto V ordenou que ele fosse erguido diante da basílica, uma tarefa que levou quatro meses e parece ter sido realizada em silêncio, sob ameaça de morte. As duas fontes de cada lado da praça são de Carlo Maderno (à direita) e de Bernini (à esquerda). Entre o obelisco e cada fonte, uma pedra circular no chão marca o ponto focal de uma elipse, pelo qual se alinham as quatro fileiras de colunas no perímetro da praça, fazendo com que a colunata pareça sustentada por uma única linha de colunas.

▼ PRAÇA SÃO PEDRO

Basílica de São Pedro

Diariam: verão 7h–19h; inverno 7h–18h. Normas rigorosas quanto ao vestuário: não são permitidos shorts nem ombros nus. A Basílica de São Pedro, o principal santuário da Igreja Católica, foi construída no local do túmulo de são Pedro pelos maiores arquitetos italianos dos séculos 16 e 17. Não muito tempo atrás, podia-se caminhar livremente pela praça e pela basílica, mas hoje grande parte da praça está cercada e só se pode entrar na basílica pelo lado direito (saindo pelo esquerdo). Também é necessário passar primeiro pela segurança, e as filas podem ser enormes, a não ser para quem chega bem cedo de manhã ou no fim da tarde. Perto da basílica, o visitante é conduzido por várias entradas, dependendo do que deseja ver primeiro –todas elas rigorosamente guardadas por carrancudos funcionários. Não se pode dizer que seja uma visita despreocupada.

Dentro da **basílica**, à direita, fica a *Pietà* de Michelangelo, terminada quando ele tinha apenas 24 anos. Depois do ataque de um vândalo, ela está protegida por um vidro, estranhamente afastada do resto do edifício. Entrando um pouco mais, a cúpula é imponente, erguendo-se acima do local onde são Pedro teria sido enterrado. Com um diâmetro de 41,5 metros, é o maior domo de Roma, apoiado sobre quatro enormes pilares decorados com relevos que mostram as "principais relíquias" da basílica: o véu com que santa Verônica enxugou a face de Cristo; a lança com que são Longuinho perfurou o corpo de Cristo; e um fragmento da verdadeira cruz. Do lado direito da nave está a estátua de bronze de são Pedro, cujo pé direito está polido pelo toque dos peregrinos. O bronze também foi o material usado por Bernini no alto baldaquim de 26 metros, esculpido em 927 toneladas de metal retirado do teto do Pantheon em 1633. Ao olhar da modernidade, é uma peça quase grotesca, com suas colunas em espiral copiadas das da basílica de Constantino. Outras esculturas de Bernini decoram o pórtico, entre elas seu bronze *Cattedra Petri (Trono de são Pedro)*, mas a peça mais interessante é seu monumento a Alexandre VII, no transepto sul, no qual o papa aparece ajoelhado, em oração, e sob seu manto vê-se um esqueleto alado, símbolo da morte.

Uma porta nesta ala leva ao **Tesouro** (diariam: verão 9h–18h; inverno 9h–17h; € 6), enquanto uma escada ao fundo

▲ ESTÁTUA DE SÃO PEDRO

desce às **Grotte** (diariam: verão 8h–18h; inverno 7h–17h), onde a maioria dos papas está enterrada. Sob o baldaquim de são Pedro, a **necrópole** contém uma fileira de túmulos romanos com inscrições que confirmam que a colina do Vaticano era um cemitério na Antiguidade. Não se sabe ao certo se a Basílica de São Pedro é de fato o local do último repouso do santo, mas ele coincide com algumas descrições históricas. Para garantir lugar em uma visita guiada em inglês, faça uma reserva com dois ou três meses de antecedência através da agência Scavi (seg–sáb 9h–15h30; ⓣ06.6988.5318; ⓔscavi@fsp.va).

Para subir ao **telhado** e ao **domo** (diariam: mai–set 8h–18h; out–abr 8h–17h; € 7 via elevador, € 4 pela escada), o acesso é feito por fora, pela entrada para a igreja. A vista que se tem da galeria que cerca o interior do domo dá uma idéia da enormidade da igreja, e, do telhado, você avistará as imensas estátuas na praça lá embaixo antes de enfrentar a (desafiadora) subida até a clarabóia no topo da cúpula, onde as vistas da cidade são gloriosas como seria de esperar.

Jardins do Vaticano

Mar–out ter, qui e sáb 10h, nov–fev sáb 10h; € 13,50; a visita dura cerca de 2 horas e os ingressos devem ser reservados pelo ☎06.6988.4466; ⓦwww.vatican.va. Pode-se conhecer os adoráveis Jardins do Vaticano em uma visita guiada –que vale a pena pela vista que oferece da Basílica de São Pedro. Mas é preciso reservar com antecedência; o pagamento é feito no dia da visita, quando da retirada dos ingressos. As normas quanto ao vestuário são tão rigorosas como para a basílica –portanto, nada de joelhos de fora ou ombros nus.

Museu Pio-Clementino

Museus Vaticanos. À esquerda da entrada, o Museu Pio-Clementino abriga algumas das

Museus Vaticanos

Viale Vaticano 13; mar–out seg–sex 8h45–15h20, sáb 8h45–12h20; nov–fev seg–sáb 8h45–12h20; € 14, guias de áudio € 6. Fecha dom, feriados e feriados religiosos, exceto último dom do mês (8h45–12h20), quando a entrada é grátis; wwww.vatican.va. Se você achou algum outro museu de Roma decepcionante, o responsável por isso é provavelmente o Vaticano: tantos espólios na história da cidade acabaram aqui, e tantos bons artistas do Renascimento estiveram a serviço dos papas, que o resultado é um complexo de museus que deixa a maioria dos acervos europeus com vergonha. Como o nome indica, o complexo na verdade abrange museus com objetos muito diferentes: estatuária clássica, pintura renascentista, relíquias etruscas e artefatos egípcios, para não mencionar o mobiliário e a decoração do edifício. Não há sentido em tentar ver tudo, pelo menos não em uma única visita, e o que realmente não se pode perder são as Salas de Rafael e a Capela Sistina. Antes de começar a visita, decida quanto tempo você pretende passar aqui e o que você quer ver. Pode-se gastar de 1 hora a uma boa parte do dia, e é fácil sucumbir de fadiga antes mesmo de chegar ao objeto de seu interesse. Na verdade, gasta-se um bom tempo só para entrar – mesmo fora de temporada, as filas se estendem ao longo dos muros do Vaticano e é raro a espera ser inferior a 1 hora, mesmo para quem chega antes de o museu abrir. Evite a segunda-feira, quando todo mundo vem para cá porque os outros grandes museus de Roma estão todos fechados.

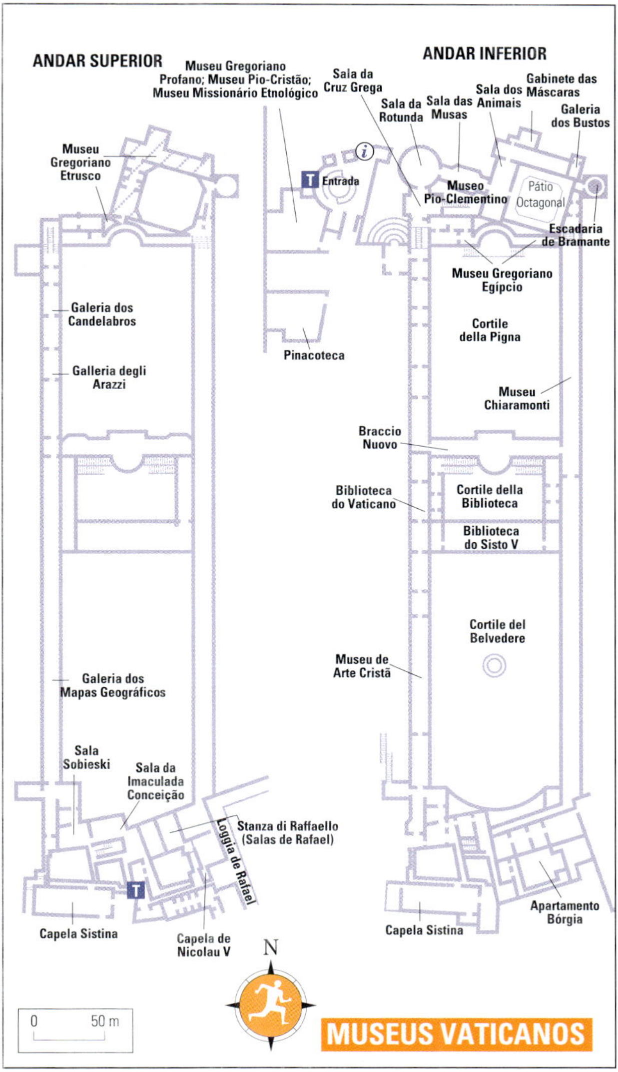

MUSEUS VATICANOS

melhores estátuas clássicas do Vaticano, entre elas duas que muito influenciaram os artistas do Renascimento: o sereno *Apolo Belvedere*, cópia romana de um original do século 4º a.C., e *Laocoonte e seus filhos*, obra do século 1º a.C. Acredita-se que a primeira seja um exemplo quase perfeito da anatomia masculina, objeto de estudo de Michelangelo, enquanto a segunda, talvez a mais famosa estátua clássica de todos os tempos, mostra o profético sacerdote sendo estrangulado por serpentes por ter prevenido os gregos do perigo que representava o Cavalo de Tróia. Mais além encontram-se os bustos dos imperadores romanos, a estátua de *Vênus de Cnidos*, a primeira representação conhecida da deusa, o *Torso de Belvedere*, encontrado no Campo de' Fiori durante o reinado de Júlio II, e muitas outras sublimes estátuas clássicas.

Museu Gregoriano Egípcio

Museus Vaticanos. Talvez não seja um dos destaques do Vaticano, mas o Museu Gregoriano Egípcio contém um importante acervo de artefatos egípcios que inclui sarcófagos de múmias vividamente pintados (e duas múmias), assim como os *vasi canopi*, recipientes de alabastro onde eram guardadas as vísceras do morto. Também há uma reconstrução parcial do Templo de Serapis, da Villa Adriana, perto do Tivoli (ver pág. 182), assim como outra estátua de seu amante, Antínoo, que se afogou perto do templo original, no Egito, inspirando Adriano a construir esta réplica.

Museu Gregoriano Etrusco

Museus Vaticanos. O Museu Gregoriano Etrusco é dedicado à escultura, à arte funerária e às artes aplicadas de sítios como o sul da Etrúria –um complemento é a coleção etrusca exposta na Villa Giulia (ver pág. 151). Particularmente interessante é a tumba Regolini-Galassi, do século 7º a.C., descoberta perto de Cerveteri, que continha os restos de nobres etruscos, dois homens e uma mulher, a quem, supostamente pertenciam preciosos objetos em ouro. Há ainda uma armadura, uma cama de bronze, uma carruagem funerária e grande número de enormes jarras, nas quais eram estocados alimentos, óleo e vinho para uso na outra vida.

Galeria dos Candelabros e Galeria dos Tapetes

Museus Vaticanos. Do lado de fora do Museu Etrusco, uma escadaria monumental leva à Galeria dos Candelabros, cujos nichos são adornados com imensos candelabros retirados de *villas* romanas do tempo do império. A galeria também está lotada de esculturas antigas, das quais a peça mais memorável é uma cópia da famosa *Diana de Éfeso*, cujos múltiplos seios são, de acordo com a descrição oficial do Vaticano, ovos de abelhas. Mais adiante, a Galeria dos Tapetes (tapeçarias) tem peças belgas tecidas a partir de desenhos de Rafael e tapetes feitos em Roma, nos ateliês Barberini, durante os anos 1600.

Galeria dos Mapas Geográficos

Museus Vaticanos. A Galeria dos Mapas Geográficos foi decorada no século 16, por ordem do papa Gregório XIII, para mostrar toda a Itália, as principais ilhas do Mediterrâneo, as possessões do papado na França, assim como o Sítio de Malta, a Batalha de Lepanto e mapas em grande escala das repúblicas marítimas de Veneza e Gênova. Observe também os afrescos do teto, que apresentam cenas ocorridas na região representada no mapa adjacente.

Salas de Rafael

Museus Vaticanos. As Salas de Rafael (Stanze di Raffaello) eram os aposentos particulares do papa Júlio II, que, quando se mudou, encarregou Rafael

▲ GALERIA DOS MAPAS GEOGRÁFICOS

de redecorá-los em um estilo mais sintonizado com seu tempo. Rafael morreu em 1520, antes que o projeto estivesse concluído, mas as duas salas que foram pintadas por ele, assim como as que foram terminadas por seus alunos, são um dos pontos altos do Renascimento. A Stanza di Eliodoro, a primeira sala, foi pintada por três alunos de Rafael cinco anos depois de sua morte. É mais conhecida pela pintura *Missa de Bolsena,* que relata o milagre ocorrido em uma cidade da região do Lazio na década de 1260, e, na janela da parede oposta, a *Libertação de são Pedro*, que mostra o santo sendo ajudado por um anjo do Senhor a fugir da cadeia. A outra sala principal, a Stanza della Segnatura, o estúdio do papa, foi pintada entre 1508 e 1511, quando Rafael chegou a Roma, e está próxima da melhor arte do pintor. *A Escola de Atenas*, na parede próxima, rouba a cena: trata-se da representação do triunfo da verdade científica, na qual todas as grandes mentes da Antiguidade estão representadas. Ela faz par com a *Discussão sobre o Santíssimo Sacramento,* em frente, que é a reafirmação do dogma religioso –um grupo alegórico constituído por papas, cardeais, bispos, doutores e até pelo poeta Dante.

Apartamento Bórgia

Museus Vaticanos. O Apartamento

Júlio II e o teto da Capela Sistina

O papa responsável pela Capela Sistina, Júlio II, ávido colecionador e patrono das artes, convocou a Roma os melhores artistas e arquitetos da época. Um deles foi Michelangelo, que, através de intrigas políticas orquestradas por Bramante e Rafael, recebeu a tarefa de decorar a Capela Sistina. A obra começou em 1508. Michelangelo não queria fazer o trabalho: além de se considerar um escultor, e não um pintor, estava mais interessado em terminar de esculpir o túmulo de Júlio II (hoje em San Pietro in Vincoli, ver pág. 136) do que em pintar o teto, que via como uma obrigação. O papa Júlio II, porém, tinha outros planos, tendo desenhado um esboço dos Doze Apóstolos para a abóbada e contratado Bramante para construir um andaime para a execução da obra. Michelangelo tinha um temperamento difícil e solitário: mal começara a pintar, recusou o andaime de Bramante por considerá-lo imprestável, demitiu toda a sua equipe e rejeitou o projeto do papa em favor do seu. Mas o papa também não era fácil e há relatos de choques entre os dois durante a obra –nos momentos cruciais, Michelangelo trancava as portas, ignorando os apelos do papa para ver como o trabalho progredia. Conta a lenda que um dia, no alto do andaime, os dois se desentenderam, o que levou o papa, frustrado, a golpear o artista.

Bórgia foi habitado pelo odiado antecessor de Júlio II, Alexandre VI, um Bórgia, e guarda uma grande coleção de arte religiosa. Os afrescos do teto, pintados por Pinturicchio entre 1492 e 1495, são de fato o principal motivo de uma visita.

Capela Sistina

Museus Vaticanos. Uma escada leva das Salas de Rafael à Capela Sistina, um salão imenso que serve como capela particular do papa e cenário dos conclaves de cardeais por ocasião da eleição de um novo pontífice. As paredes da capela foram decoradas por diversos proeminentes pintores do Renascimento: Pinturicchio, Perugino, Botticelli e Ghirlandaio. Entretanto, todos eles foram ofuscados pelos famosos **afrescos do teto** de Michelangelo, encomendados pelo papa Júlio II em 1508, que, junto com o *Juízo Final*, na parede do altar, é provavelmente a pintura mais vista do mundo. Ambas representam cenas do Velho Testamento. Júlio II morreu poucos meses depois que o teto da Capela Sistina foi concluído, mas a fama da obra que ele havia contratado logo se espalhou por todo o mundo. É uma obra impressionante, ainda mais depois de sua restauração, que eliminou séculos de fuligem acumulada e sujeira de velas da pintura para revelar uma imagem mais brilhante e vívida que nem se supunha existir.

Os restauradores também foram capazes de mapear o desenvolvimento do trabalho de Michelangelo à medida que ele se deslocava pela abóbada. Cada dia, uma nova camada de gesso era acrescentada, e Michelangelo levava cerca de oito horas pintando-a antes que ela secasse. Comparando as diversas áreas de gesso, pode-se concluir que a figura de Adão, na *Criação de Adão*, levou apenas quatro dias de trabalho; Deus, no mesmo afresco, ocupou três dias. Também se pode ver a evolução de Michelangelo como pintor observando as pinturas em ordem inversa. A primeira pintura, sobre a porta, *A bebedeira de Noé*, foi feita em um estilo rígido e formal, e é muito diferente da última pintura que ele fez, *Criação da luz*, sobre o altar, na qual já se vê que o artista dominava a técnica do afresco. Observe também as feiticeiras pagãs e os profetas bíblicos que Michelangelo incorporou ao projeto –algumas das figuras mais dramáticas de toda a obra, e todas claramente identificadas pelo pintor, desde a sensível figura de Dafne, a sibila délfica, à sibila ciméria e ao profeta Jeremias –um pensativo autorretrato de um Michelangelo de aparência exausta.

O Juízo Final, na parede do altar, foi pintado por Michelangelo mais de vinte anos depois. Michelangelo também não parecia muito disposto a este trabalho, mas o papa Paulo III, velho conhecido do artista, estava ansioso por completar a decoração da capela. A obra levou cinco anos, de novo feita só pelo artista, e é provavelmente a pintura de grande escala mais inspirada e mais homogênea que se conhece. O centro é ocupado por Cristo, que gesticula furiosamente contra os condenados ao mundo das trevas. Carregando suas chaves, são Pedro observa, surpreso, enquanto Maria desvia os olhos da cena. Embaixo de Cristo, um grupo de anjos tocam suas trombetas, despertando os mortos de seu sono. À esquerda, os mortos despertam nos túmulos, nas tumbas e nos sarcófagos e levitam aos céus ou são puxados por cordas ou pela nuca por anjos, que os levam à presença de Cristo. Na base, à direita, Caronte, o barqueiro guardião do mundo subterrâneo, aponta seu remo contra as almas danadas, que caem do barco para as profundezas do inferno.

Museu de Arte Cristã e Biblioteca do Vaticano

Museus Vaticanos. Depois da Capela Sistina, o visitante é guiado para a saída em direção ao **Museu de Arte Cristã**, que não tem grande interesse, mas dá acesso a uma pequena sala à esquerda que contém afrescos e mosaicos romanos, entre eles o celebrado *Casamento Aldobrandini*, um afresco do século 1º a.C. que mostra os preparativos para um casamento em tocantes detalhes. De volta ao corredor principal, a **Biblioteca do Vaticano** guarda cerca de um milhão de livros e é decorada com cenas de Roma e do Vaticano durante o reinado de Clemente VIII, que era da família Aldobrandini. Adiante, o corredor se abre na **Biblioteca de Sisto V**, à direita, um amplo salão construído do outro lado do pátio no fim do século 16 para glorificar a literatura –e, naturalmente, o próprio Sisto V.

Braccio Nuovo e Museu Chiaramonti

Museus Vaticanos. O Braccio Nuovo e o Museu Chiaramonti contêm esculturas clássicas, mas tenha em mente que eles são o exemplo do excesso do Vaticano: cerca de mil estátuas comprimidas em duas longas galerias. O Braccio Nuovo foi construído no início dos anos 1800 para expor a estatuária clássica e contém, entre outras obras, provavelmente a mais famosa imagem de Augusto e uma estátua de aparência bizarra que representa o Nilo, cuja inundação anual era essencial para a fertilidade do solo egípcio. A galeria Chiaramonti, de 300 metros de comprimento, é especialmente enervante, cheia de bustos de mármore de centenas de anônimos cidadãos da antiga Roma e de uma estranha deidade. Vale se você quiser fazer um passeio sem pressa, porque há alguns tipos interessantes aqui: matronas azedas de lábios finos, com cabelos torturados por ondas, rolos e caracóis; crianças de cara emburrada ou em meio a uma gargalhada; e velhos de pele flácida e enrugada.

Pinacoteca

Museus Vaticanos. A Pinacoteca ocupa um edifício independente da espinha dorsal dos Museus Vaticanos. É uma galeria de pintura, com obras que vão do início do Alto Renascimento até o século 19. Entre as obras mais antigas, há um fantástico *Juízo Final* de Nicolò e Giovanni, obra do século 12, o impressionante tríptico *Simoneschi* de Giotto, pintado no início dos anos 1300 para a antiga Basílica de São Pedro, e fragmentos dos *Angeli musicanti* de Melozzo de Forli, pintado para a Basilica dei Santi Apostoli. Adiante, há as elegantemente vestidas figuras da Escola Úmbria de pintura: Perugino e Pinturicchio. Rafael tem uma sala própria, onde se encontram a *Transfiguração*, que ele quase tinha concluído quando morreu, em 1520, *A coroação da Virgem*, feita quando ele tinha apenas 19 anos, e, à esquerda, a *Madona de Foglino*, na qual aparecem são João Batista, são Francisco de Assis e são Jerônimo. O *São Jerônimo* de Leonardo, na sala seguinte, é uma obra notável, na qual o santo aparece sofrendo em seu ascetismo, enquanto a *Descida da cruz* de Caravaggio, duas salas adiante, tem a singularidade de mostrar a Virgem Maria como uma mãe de meia-idade que sofre pela morte do filho. Observe também a mais repulsiva pintura da coleção, *Martírio de santo Erasmo*, de Poussin, na qual o santo está estendido sobre uma mesa, com as mãos atadas acima da cabeça e com as vísceras expostas, antes de ser esquartejado.

Museus Gregoriano Profano, Pio-Cristão e Missionário-Etnológico

Museus Vaticanos. Vizinho à Pinacoteca, o Museu Gregoriano Profano contém esculturas clássicas colocadas em andaimes, mosaicos de atletas das Termas de Caracalla e obras funerárias romanas, especialmente frisos da tumba de Haterii, que mostra cenários da antiga Roma e retratos realistas da vida na época. O adjacente Museo Pio-Cristão tem elaborados sarcófagos do início do cristianismo e uma famosa e expressiva estátua do Bom Pastor, que é do século 3º. O Museu Missionário-Etnológico exibe arte e artefatos de todo o mundo colecionados por missionários católicos.

▲ FRANCHI

Lojas

Castroni

Via Cola di Rienzo 196. Seg–sáb 8h–20h. Uma imensa e labiríntica mercearia, com grande estoque de delícias italianas e produtos internacionais difíceis de encontrar –além de um café que também vende bolos e sanduíches. Sua filial fica nos arredores, na Via Ottaviano 55, e outra perto da Via Nazionale, na Via delle Quattro Fontane. As duas também têm um café.

Franchi

Via Cola di Rienzo 200. Seg–sáb 8h–21h. Uma das melhores delicatessens de Roma –um festival de queijos e linguiças, com muitas opções de pratos quentes e frios, entre eles a deliciosa *torta rustica* e o frango assado. Você mesmo pode montar o cardápio do seu almoço, e eles têm os vinhos para acompanhar.

Del Frate

Via degli Scipioni 118/124 ☎06.321.1612. Seg–sáb 8h–20h.

Esta grande loja de bebidas está situada em uma rua tranquila perto do Vaticano e tem todas as marcas de *barolo* e *chianti* que se possa desejar, além de prateleiras cheias de grapa de todos os tipos e tamanhos. Veja abaixo.

Cafés e lanchonetes

Borgo Antico

Borgo Pio 21. Ter–sáb 12h–15h e 19h30–22h30, dom 12h–15h. Uma ótima adega à moda antiga bem ao lado da Praça São Pedro, que oferece pratos (principalmente frios) e ótimos vinhos.

Del Frate

Via degli Scipioni 118/124. Seg–sáb 13h–15h e 19h30–24. Esta grande loja de bebidas também é uma vinheria que oferece bons queijos e refeições frias, além dos habituais pratos de massa. Bem a mão para quem vai ao Vaticano, seja no almoço ou no fim do dia.

Non Solo Pizza

Via degli Scipioni 95–97. Ter–dom 8h30–22h. Pizza em pedaços, além de *suppli*, *olive ascolane*, *fiori di zucca*, *crocchette* etc., e uma seleção completa de pratos quentes. A partir das 19h, oferece pizzas inteiras para viagem. Não cobra taxa extra para sentar, dentro ou fora.

Old Bridge

Via dei Bastioni di Michelangelo 5. Diariam 10h–2h. Aqui o *gelato* é um dos melhores da cidade, e as filas –que competem com as dos Museus Vaticanos, do outro lado da rua– são um teste de resistência.

Restaurantes

Osteria dell'Angelo

Via G. Bettolo 24 ☎06.372.9470. Seg–sáb 20h–23h15, ter e sex também 12h45–14h30. Restaurante muito popular, cujo proprietário é um ex-jogador de rúgbi, que serve uma comida tradicional romana acima da média. Convém reservar. Preços razoáveis.

L'Insalatiera

Via Trionfale 94 ☎06.3974.2975. Seg–sáb 12h–15h30 e 19h–24h. Restaurante vegetariano de preços moderados, especializado na cozinha regional italiana. Tudo é feito em casa, inclusive as maravilhosas sobremesas.

Ragno d'Oro

Via Silla 26 ☎06.321.2362. Além de oferecer boa cozinha romana e serviço atencioso, este restaurante de administração familiar fica a cinco minutos a pé do Vaticano. Preços decentes.

Dal Toscano

Via Germanico 58/60 ☎06.3972.5717.

▼ DAL TOSCANO

Ter–dom 12h30–15h e 20h–23h. A especialidade deste restaurante é a famosa *bistecca alla fiorentina*, perfeitamente grelhada no carvão. Também faz deliciosos *pici* (espaguete grosso feito em casa) e *ribollita* (sopa de feijão branco, pão e vegetais) –tudo por preços razoáveis.

Bares

Fonclea

Via Crescenzio 82a ☎06.689.6302. Diariam 19h–2h. Este histórico bar subterrâneo tem clientes fiéis, mas os visitantes descobrem, felizes, que existe vida nestes bairros de Borgo e Prati. A música ao vivo aumenta a animação.

Senza Fondo

Via Germanico 168 ☎06.321.1415. Diariam 21h–3h. Um *pub* instalado em um porão de Prati que tem boas opções de cervejas e uma comida decente. Às vezes, tem música ao vivo.

Simposio di Piero Costantini

Piazza Cavour 16 ☎06.321.1502. Seg–sáb 12h30–14h30 e 19h30–23h. Na esquina da Piazza Cavour, bem atrás do Castel Sant'Angelo, esta antiga vinheria e restaurante tem um autêntico clima Art Nouveau. Boa comida.

Casa noturna e de espetáculo

Alexanderplatz

Via Ostia 9 ☎06.5833.5781, Ⓦwww.alexanderplatz.it. Diariam 8h–2h. O melhor clube de jazz ao vivo, que cobra razoáveis € 10 de taxa de sócio. A entrada é grátis, exceto quando se apresenta um grande nome. É também restaurante. Convém reservar. Os shows começam por volta das 21h.

Passeios de um dia

Em Roma há atrações suficientes para manter o visitante ocupado durante todo o tempo de sua estada. Mas pode ser uma cidade quente e opressiva, e suas igrejas, museus e ruínas às vezes são muito desgastantes –de modo que, depois de alguns dias, talvez valha a pena ver alguma coisa fora da cidade. Dos lugares que se pode visitar em um dia, dois são sítios antigos, mas só o caminho até lá já pode ser energizante. Tivoli, cerca de 1 hora de ônibus a nordeste de Roma, é uma cidadezinha de província, famosa não apenas pelas minas de travertino próximas, mas também por duas *villas* –uma renascentista e outra romana, ambas cercadas de parques e jardins. A sudoeste de Roma, Ostia é a cidade litorânea mais movimentada, mas sua importância deriva do fato de ter sido o porto de Roma na Antiguidade, cujas ruínas –Ostia Antica– são bem preservadas e merecem uma visita. Se você estiver a fim de um dia na praia, é melhor pular Ostia e viajar mais para o sul, até Anzio ou Nettuno, que têm praias decentes e bons restaurantes de frutos-do-mar.

Tivoli

Ônibus a cada 20min na estação de metrô Ponte Mammolo (linha B); tempo de viagem 1hora. Situada a 235 mstros de altitude, com ar fresco de montanha e uma agradável localização às margens do rio Aniene, Tivoli sempre foi um refúgio para quem queria escapar da agitação da vida urbana. Na Antiguidade, aqui se refugiavam os romanos ricos; durante o Renascimento, voltou a ser local de lazer dos endinheirados, atraindo algumas das mais prósperas famílias romanas para suas *villas* recém-construídas. Hoje, Tivoli vive dos frutos do próspero negócio do mármore e tem um pequeno centro que preserva algumas relíquias de seus tempos de pompa. Para apreciar devidamente os jardins e *villas* –especialmente se a Villa Adriana estiver em seus planos–, você vai precisar de tempo. Por isso, chegue cedo.

▼ VILLA D'ESTE

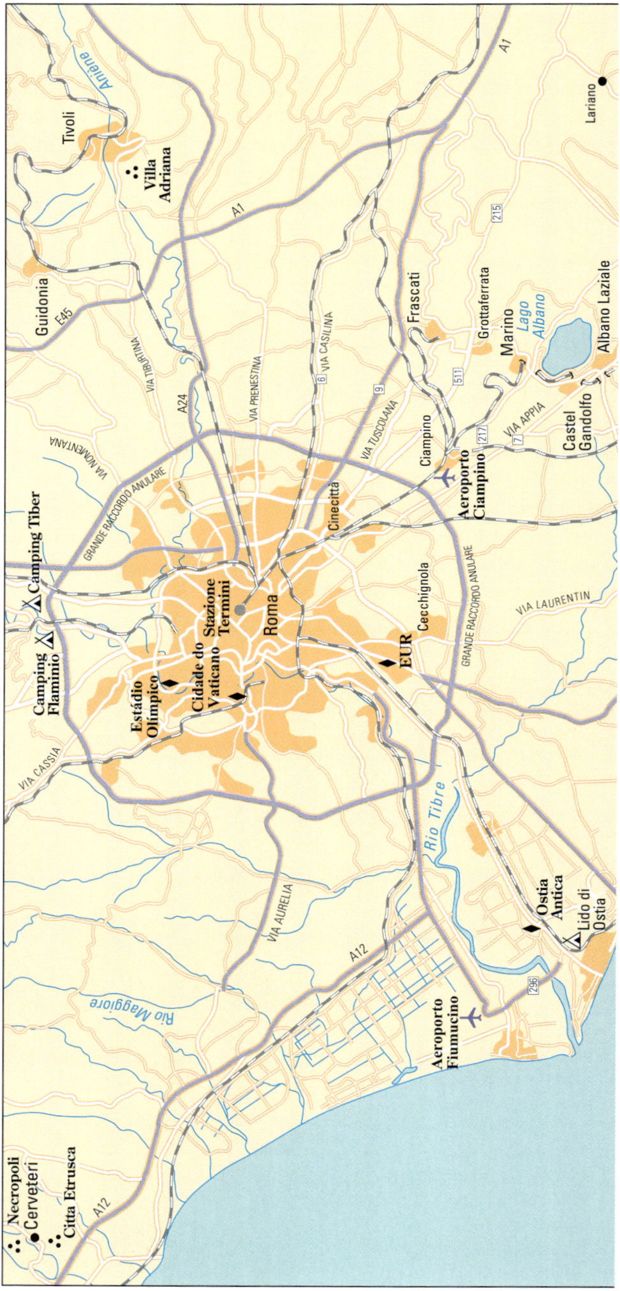
Tivoli
Villa Adriana
Aniene
A1
Lariano
Guidonia
E45
215
Frascati
Grottaferrata
Lago Albano
Marino
Albano Laziale
VIA TIBURTINA
VIA CASILINA
6
VIA PRENESTINA
A24
9
511
VIA TUSCOLANA
Ciampino
217
VIA APPIA
7
Castel Gandolfo
VIA NOMENTANA
GRANDE RACCORDO ANULARE
Camping Tiber
Cinecittà
Aeroporto Ciampino
Stazione Termini
Roma
Cecchignola
VIA LAURENTIN
Camping Flaminio
Estádio Olímpico
Cidade do Vaticano
EUR
VIA CASSIA
Rio Tibre
VIA AURELIA
Ostia Antica
Lido di Ostia
A12
296
Rio Maggiore
Aeroporto Fiumucino
Necropoli
Cerveteri
Citta Etrusca

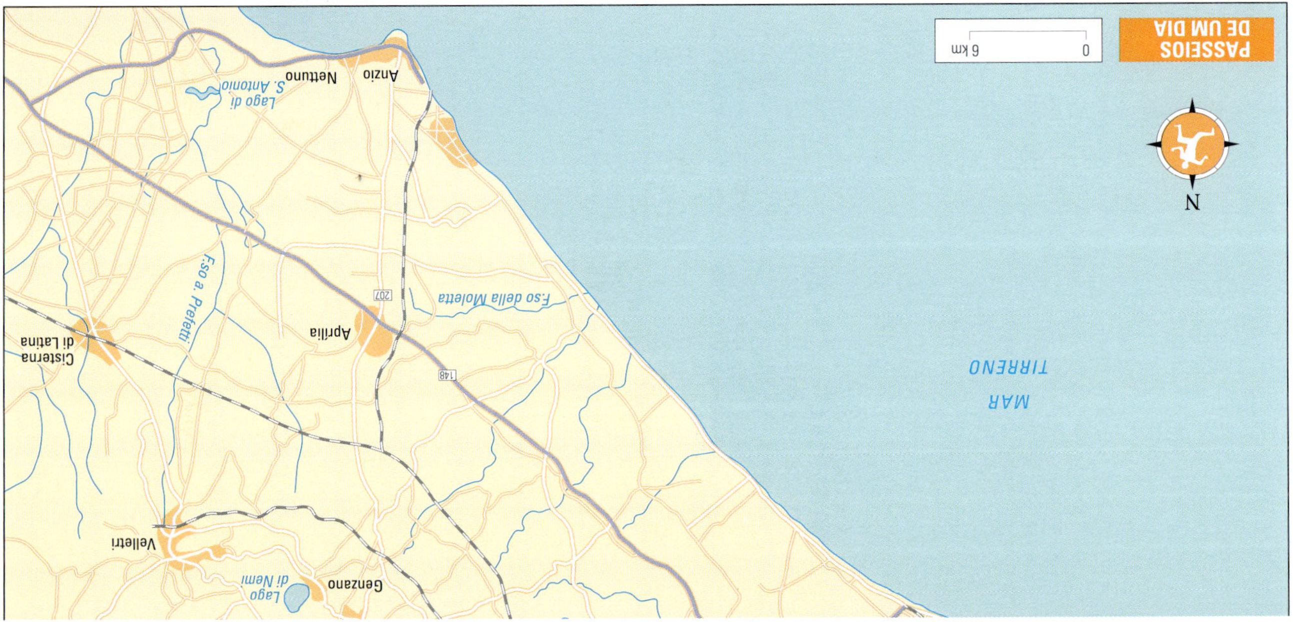
PASSEIOS DE UM DIA
N
0
6 km
MAR TIRRENO
Anzio
Nettuno
Lago di S. Antonio
F.so della Moletta
F.so a. Prefetti
207
148
Aprilia
Cisterna di Latina
Velletri
Genzano
Lago di Nemi

Villa d'Este

Piazza Trento, Tivoli. Verão diariam 9h–1 hora antes do pôr-do-sol; inverno ter–dom 9h–1 hora antes do pôr-do-sol; € 6,50. A principal atração de Tivoli é a Villa d'Este, do outro lado do Largo Garibaldi, a praça principal. Antiga casa de campo do cardeal Ippolito d'Este, foi restaurada em sua forma original. Em sete salas, belos afrescos maneiristas mostram cenas da história da família D'Este em Tivoli, mas o que atrai a maioria das pessoas são os jardins, que descem montanha abaixo em uma sucessão de terraços, com seus gramados, arbustos e sebes cuidadosamente tratados interrompidos por uma fonte após a outra. No seu tempo, elas eram muito divertidas: uma tem a forma de um órgão hidráulico, que usava água para pressionar o ar até os tubos, enquanto outra imita o canto dos pássaros. Entre as demais fontes sobreviventes, a peça central, a Fontana del Bicchierone, de Bernini, é uma das mais simples e mais graciosas; na extremidade esquerda, a Rometta, ou "Pequena Roma", tem reproduções das principais construções da cidade e um bote que sustenta um obelisco; mas talvez a melhor seja a Fontana dell'Ovato, do outro lado do jardim, cercada por estátuas, atrás da qual há uma arcada bastante úmida pela qual se pode caminhar.

Villa Gregoriana

Abr–out diariam 10h–18h30; € 4. Outra atração de Tivoli, a **Villa Gregoriana** foi construída quando, em 1831, o papa Gregório XVI desviou o curso do rio para combater as periódicas inundações da cidade. No mínimo tão interessante e tão bonita quanto a Villa d'Este, é menos conhecida, menos visitada e bem diferente dela –sua vegetação é luxuriante e cobre todo o terreno, descendo a um desfiladeiro de mais de 60m de profundidade. Há duas principais cascatas: a maior e mais distante é a Grande Cascata, e a pequena foi projetada por Bernini na garganta do desfiladeiro. A trilha desce ao fundo do desfiladeiro, passando por ruínas de pavilhões romanos, e sobe pelo outro lado, passando por duas grutas de onde se pode atingir o topo das cascatas. É uma visita mais cansativa que a da Villa d'Este, mas de certa maneira mais gratificante; a trilha conduz até uma saída e às ruínas de um **Templo de Vesta**, que você já deve ter visto quando escalou a encosta da montanha.

Villa Adriana

6km a sudoeste de Tivoli. Peça ao motorista do ônibus Rome–Tivoli para descer perto ou pegue o ônibus local CAT 4 no Largo Garibaldi, em Tivoli. Diariam 9h–1 hora antes do anoitecer; € 6,50. Provavelmente a maior e mais suntuosa *villa* do Império Romano, a Villa Adriana foi a casa de campo do imperador Adriano por um curto período entre o ano de 135 e sua morte, três anos depois. Adriano era um grande viajante e um competente arquiteto, e partes da enorme propriedade foram inspiradas em construções que ele tinha visto ao redor do mundo. O imponente pórtico, por exemplo, é a reprodução de um edifício de Atenas; o Canopo, do lado oposto, é uma cópia do santuário de Serapis, perto de Alexandria, no qual um longo canal, ladeado por esporádicas colunas e estátuas, leva ao templo de Serapis, na outra extremidade. Perto do Canopo, um museu expõe os

▲ VILLA ADRIANA

últimos achados de escavações que ainda estão em andamento, mas muitas das peças descobertas aqui foram transferidas para museus de Roma. De volta à entrada, vêem-se as ruínas de duas termas, um lago de peixes com um *cryptoporticus* (uma passagem subterrânea), onde estão escritos os nomes de artistas que visitaram o local nos séculos 17 e 18, e, finalmente, o Teatro Marítimo, com uma ilha no meio de um lago circular –local onde se acredita Adriano se retirava para uma sesta.

Ostia Antica

Trens regulares de Roma a Lido di Ostia (vizinho a estação Piramide do metrô, na linha B); tempo de viagem 30min. Outra opção é o ônibus 23. Abr–out ter–dom 8h30–18h, mar 8h30–17h, nov–fev 8h30–16h; € 4. As escavações no porto romano de Ostia –Ostia Antica– constituem um dos mais belos sítios romanos e com certeza merecem uma viagem de meio dia. Até que o porto fosse obstruído e a cidade abandonada durante o século 4º, Ostia era o principal porto e um movimentado centro comercial. Ao longo dos séculos, a areia e o lodo do Tibre preservaram seus edifícios, de modo que nestas escavações é muito mais fácil visualizar a cidade romana que aqui existia do que em meio a montes de cerâmica ao redor do Fórum de Roma –ou mesmo em Pompéia. Partindo da entrada, a Decumanus Maximus, principal rua de Ostia, leva para oeste, passando pelas Termas de Netuno, à direita (onde há um interessante mosaico), até chegar ao centro comercial da cidade, conhecido como Piazzale delle Corporazioni. Lojas e escritórios especializados em todos os tipos de empreendimentos do mundo antigo, assim como os mosaicos bem em frente, revelam

▲ OSTIA ANTICA

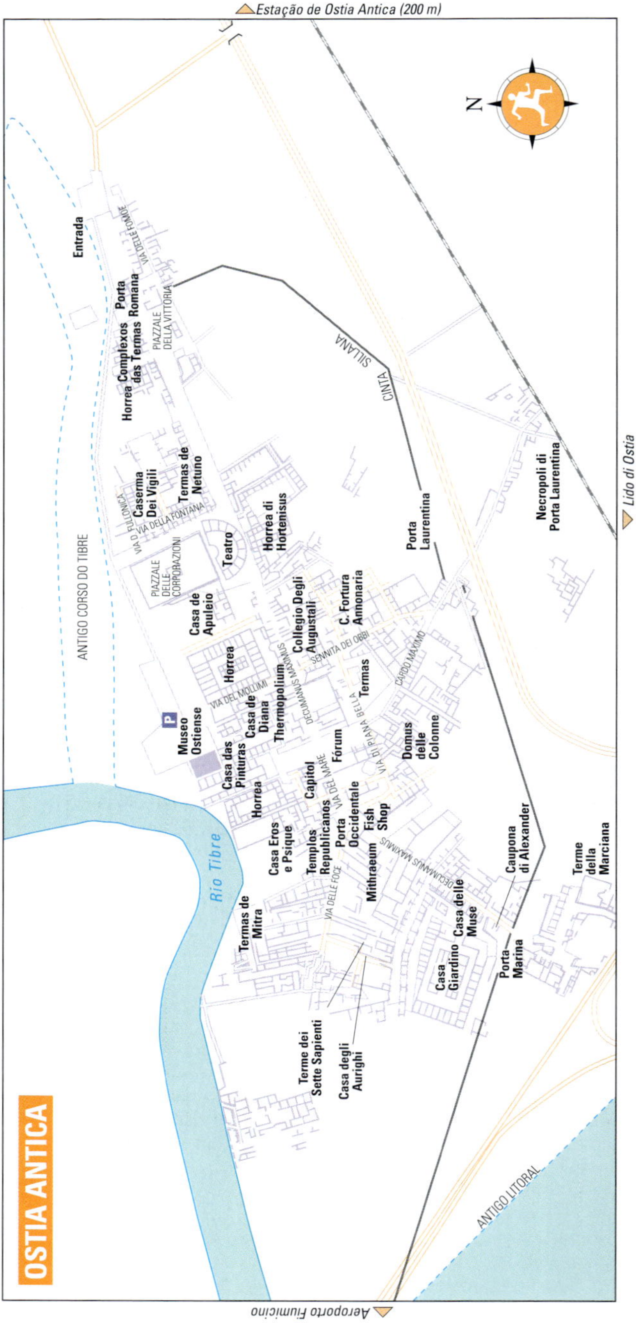
OSTIA ANTICA
Estação de Ostia Antica (200 m)
Aeroporto Fiumicino
Lido di Ostia
N
ANTIGO CORSO DO TIBRE
Rio Tibre
ANTIGO LITORAL
Entrada
VIA DELLE TOMBE
Porta Romana
PIAZZALE DELLA VITTORIA
Complexos das Termas
Horrea
CINTA SILLANA
Caserma Dei Vigili
Termas de Netuno
VIA D. FULLONICA
VIA DELLA FONTANA
PIAZZALE DELLE CORPORAZIONI
Teatro
Horrea di Hortenisus
Porta Laurentina
Necropoli di Porta Laurentina
Casa de Apuleio
Horrea
Collegio Degli Augustali
C. Fortura Annonaria
SENNITA DEI OBBI
DECUMANUS MAXIMUS
VIA DEL MOLLINI
Casa de Diana
Thermopolium
Termas
CARDO MAXIMO
Museo Ostiense
Casa das Pinturas
VIA DI PIANA BELLA
Domus delle Colonne
Fórum
Capitol
VIA DEL MARE
Horrea
Casa Eros e Psique
Templos Republicanos
Porta Occidentale
Fish Shop
Mithraeum
DECUMANUS MAXIMUS
VIA DELLE FOCE
Caupona di Alexander
Terme della Marciana
Termas de Mitra
Casa delle Muse
Porta Marina
Casa Giardino
Terme dei Sette Sapienti
Casa degli Aurighi

▲ PRAIA DE ANZIO

o comércio que aqui se fazia: transporte de grãos, estaleiros, cordoeiros etc.

Em um dos lados da praça, o teatro de Ostia foi bastante restaurado e de vez em quando, no verão, apresenta peças clássicas. À esquerda da praça, a Casa de Apuleio preserva o piso de mosaicos e, mais adiante, um sombrio Mithraeum (templo de Mitra) tem mais mosaicos que ilustram as práticas do culto. Atrás, a Casa de Diana é provavelmente a casa mais bem preservada de Ostia, com salas escuras e misteriosas ao redor de um pátio central e outro Mithraeum nos fundos. Pode-se subir no telhado, de onde se tem uma ótima vista do local, e em seguida atravessar a rua para o Thermopolium –um antigo café romano, com mesas externas, um alto balcão, prateleiras e até partes do cardápio pintadas nas paredes. Ao norte da Casa de Diana, o museu contém diversos artigos do sítio, entre eles pinturas murais que representam cenas da vida doméstica em Ostia, alguns belos sarcófagos e estátuas, das quais a mais notável é *Mitra matando o touro*, de um dos templos mitraicos de Ostia. À esquerda daqui fica o Fórum, ao qual se tem acesso por uma ampla escadaria e que é ladeado pelas ruínas das termas e de uma basílica.

Anzio e Nettuno

Trens de hora em hora da Estação Termini; tempo de viagem, cerca de

1 hora. Cerca de 40 quilômetros ao sul de Roma, Anzio se espalha ao longo da costa e é fácil de percorrer em um dia. O movimento se concentra na praça central. Grande parte da cidade foi destruída durante o desembarque dos Aliados no dia 22 de janeiro de 1944, do qual dois cemitérios militares (um inglês e outro americano) dão testemunho. Mas, apesar de uma ampla reconstrução e sua transformação em uma agradável vila litorânea, Anzio ainda depende muito da pesca e do turismo para sua sobrevivência. Os restaurantes de frutos-do-mar, que se aglomeram ao longo do porto e têm preços bastante razoáveis, justificam uma visita –experimente o *Pierino,* na Piazza C. Battisti 3 (fecha seg). As praias não ficam insuportavelmente lotadas a não ser em agosto. No verão, aerobarcos partem diariamente para a encantadora ilha de **Ponza** –informe-se sobre os horários no centro de informações turísticas na Piazza Pia 19 (diariam 10h–12h30; inverno também16h–18h; verão 17h–19h; ⓣ06.984.5147).

Nettuno, alguns quilômetros adiante pela costa (que se pode atingir a pé pela rodovia costeira), é mais ou menos igual, mas com menos praias e águas não tão claras e calmas. Também é uma cidade em sua maior parte moderna, mas há um bairro antigo bem preservado, ainda murado, e algumas *trattorias* na praça principal.

Hospedagem

Hotéis

Naturalmente, há muitas opções de hospedagem em Roma, de modo que, na maior parte do ano, é possível encontrar um hotel sem muita dificuldade. Muitas das **opções mais baratas** estão localizadas convenientemente perto da Estação Termini, e o pior que pode acontecer é você acabar em uma delas, desde que seja capaz de suportar a relativa pobreza do bairro, que aliás vem melhorando acentuadamente nos últimos anos. Se você quiser se hospedar em um bairro mais central e atraente, existem muitos hotéis no centro histórico e ao redor do Campo de' Fiori; alguns não são muito caros, mas vivem lotados. Se você procura uma **localização mais luxuosa**, as melhores opções de hospedagem estão no Tridente e na região a leste da Via del Corso, em direção à Via Veneto e à Escadaria da Piazza di Spagna, mas há alguns hotéis de preços mais acessíveis perto da Piazza di Spagna. Você também pode considerar a hipótese de se hospedar do outro lado do rio, em Prati, um bairro agradável a uma boa distância do burburinho do centro e bem à mão para chegar ao Vaticano e à Basílica de São Pedro. Na margem oeste do rio, Trastevere oferece muitos novos hotéis, todos localizados a curta distância do centro e de todas as atrações.

Nós informamos os preços que você provavelmente vai pagar por um **quarto duplo** na maior parte do ano, mas não esqueça que os preços variam de acordo com a demanda. Podem subir nos períodos de grande procura, mas baixam bastante quando o hotel fica mais vazio –em agosto, por exemplo, quando os preços são negociáveis. Não tenha medo de pedir um desconto: o máximo que pode acontecer é você receber um não.

O centro histórico

Albergo del Senato Piazza della Rotonda 73 ⓣ06.678.4343, ⓦwww.albergodelsenato.it. Uma opção de classe perto do Pantheon, com um serviço simpático e, de alguns quartos, lindas vistas dos telhados da cidade e do Pantheon. Os preços podem decolar na alta estação, mas a localização é imbatível. A partir de € 140 um quarto duplo.

Due Torri Vicolo del Leonetto 23 ⓣ06.6880.6956, ⓦwww.hotelduetorriroma.com. Este pequeno hotel já foi residência de cardeais e, depois, um bordel. Recentemente reformado, conserva o ambiente caseiro, apesar de ficar muito perto da Piazza Navona e de muitas das principais

Reserva de hotéis

É preciso **reservar com antecedência** para conseguir um bom preço, principalmente nos períodos em que a cidade está mais lotada. Além de entrar em contato com o hotel, vale a pena fazer uma busca na internet à procura de descontos –www.venere.com (ⓣ 00800.8363.7300) tem ofertas em hotéis italianos. Se você chegar sem reserva, a melhor opção é o escritório do Enjoy Rome (ver pág. 205), e o Free Hotel Reservation Service (diariam 10h-20h; ⓣ 06.699.1000) tem uma equipe multilíngue que pode ajudá-lo com sua viagem. Os hotéis oferecidos pelos intermediários na Estação Termini raramente são uma boa opção e só devem ser aceitos em último caso.

HOTÉIS

Albergo del Senato	35	Cisterna	51	Firenze	26	Navona	39
Aleph	15	Colors	10	Forty Seven	48	Palazzetto	8
Alpi	16	Condotti	11	Gerber	2	Plaza	14
Amalia	5	Dei Consoli	7	Grifo	36	Piazza di Spagna	12
Des Artistes	18	Daphne	19	Hassler Villa Medici	13	Portrait Suites	17
Beehive	25	Duca D'Alaba	45	Homs	23	Portoghesi	32
Dei Borgognoni	29	Due Torri	30	Hotel Art	4	Radisson SAS	37
Bramante	27	Erdarelli	28	D'Inghilterra	22	Raphael	33
Campo de' Fiori	43	Fawlty Towers	31	Modigliani	20	La Residenza	6

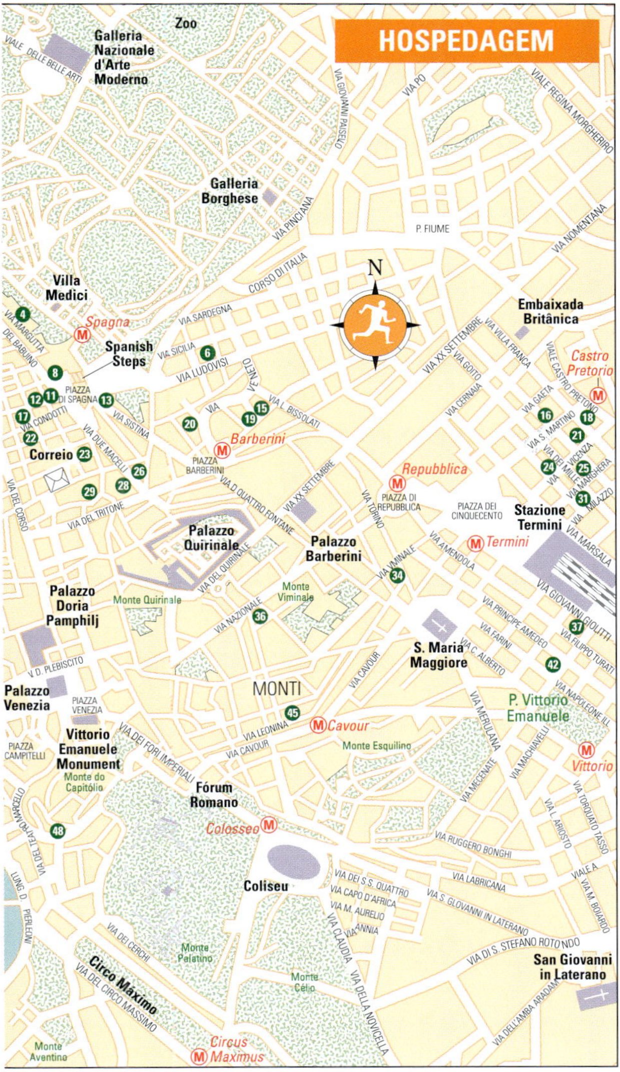

Residenza Farnese	46	Trastevere	52	**ALBERGUES E CONVENTOS**	
Ripa	53	Villa delle Rose	24	Alessandro Downtown	42
La Rovere	38	Zanardelli	34	Alessandro Palace Hostel	21
De Russie	3			Casa di Santa Brigida	44
Santa Chiara	41			Casa di Santa Francesca Romana	50
Santa Maria	49			Ostello del Foro Italico	1
Smeraldo	47			Ottaviano	9
St George	40			YWCA	34
Sole	44				

Como alugar um apartamento

Alguns hotéis alugam apartamentos, e há agências especializadas em aluguéis por curtos períodos. Uma das melhores é At Home, Via del Babuino 56 (☎ 06.3212.0102, www.at-home-italy.com), que tem um ótimo serviço e costuma oferecer bons apartamentos localizados no centro.

atrações. Alguns quartos têm terraço privativo com vista dos telhados. Duplos a partir de € 172 e apartamentos a partir de € 235.

Navona Via dei Sediari 8 ☎06.686.4203, ⓦwww.hotelnavona.com. Uma antiga *pensione* transformada em hotel, o Navona está instalado em um edifício que data do século 1º. É um hotel acolhedor e tem ótima localização, muito próximo da Piazza Navona. Duplos € 135–160.

Portoghesi Via dei Portoghesi 1 ☎06.686.4231, ⓦwww.hotelportoghesiroma.com. Quartos modernos e bem equipados –embora meio sem personalidade– a 5 minutos da maioria das atrações do centro histórico. O café-da-manhã (incluído) é servido no terraço da cobertura. Duplo por € 190, mas as suítes júnior, de € 220, valem o que custam.

Raphael Largo Febo 2 ☎06.682.831, ⓦwww.raphaelhotel.com. Em uma praça tranquila perto da Piazza Navona, o Raphael está cheio de antiguidades e de arte moderna, inclusive um andar inteiro decorado pelo arquiteto Richard Meier. Ao ambiente refinado soma-se um serviço profissional e eficiente. Tente identificar todas as cúpulas de Roma que você avista do bar e restaurante da cobertura, enquanto saboreia um coquetel. Duplos por cerca de € 400, mas bem mais baratos em julho e agosto.

Santa Chiara Via Santa Chiara 21 ☎06.687.2979, ⓦwww.albergosantachiara.com. Um hotel moderno e acolhedor em uma praça tranquila atrás do Pantheon. Bons quartos, alguns deles com vista para Santa Maria sopra Minerva. Duplos € 200–250.

Zanardelli Via G. Zanardelli 7 ☎06.6821.1392, ⓦwww.hotelnavona.com/zanardelli. Administrado pela mesma família que é dona do Navona (ver acima) –e uma alternativa mais cara. Localizado ao norte da Piazza Navona, o edifício era uma residência dos papas e tem muitos ornamentos e móveis originais. Os quartos são elegantes, mas ainda decentes. € 145–185.

Campo de' Fiori e Ghetto

Campo de' Fiori Via del Biscione 6 ☎06.6880.6865, ⓦwww.hotelcampodefiori.com. Um hotel acolhedor em uma bela localização perto do Campo de' Fiori, com quartos limpos de todas as formas e cores. O grande terraço de cobertura, no 6º andar, oferece uma linda vista. O hotel também tem apartamentos pequenos ali perto, se você preferir. Os preços variam muito dependendo do quarto: vão de € 120 até € 260, preço do melhor quarto no período mais caro; os apartamentos custam € 180 para duas pessoas, € 260 para quatro.

Residenza Farnese Via del Mascherone 59 ☎06.6821.0980, ⓦwww.residenzafarneseroma.it. Situado em uma calma rua secundária perto do Palazzo Farnese, este hotel tem quartos decorados com bom gosto e uma equipe atenciosa. A localização não podia ser melhor –perto do centro histórico e do Trastevere, que fica do outro lado do rio pela Ponte Sisto, exclusiva de pedestres. Mas peça um bom quarto –eles variam muito e alguns são muito pequenos. Cerca de € 250 o quarto duplo.

Forty Seven Cia Petroselli 47 ☎06.678.7816, ⓦwww.fortysevenhotel.com. Quartos simples e elegantes em cima de um antigo mercado de gado perto do Ghetto. A uma distância perfeita do Fórum, do Trastevere e do Ghetto, tem um fitness centre. Duplo por volta de € 400.

Smeraldo Via dei Chiodaroli 9–11 ☎06.687.5929, ⓦwww.smeraldoroma.com. Um hotel limpo e confortável, com um interior moderno, mas um tanto monótono. Os quartos foram reformados recentemente e agora têm banheiros reluzentes, TV e ar-condicionado. A localização é perfeita, há um terraço, e alguns quartos têm uma vista encantadora. O café-da-manhã não está incluído no preço e custa € 7. Duplos € 125–150.

Sole Via del Biscione 76 ⓣ06.687.9446, ⓦwww.solealbiscione.it. Há dois hotéis com este nome e ambos bem localizados. Este –o mais barato dos dois– tem uma vista que quase abrange a Piazza del Campo de' Fiori. Os quartos são agradáveis, com TV e telefone, e há um pequeno terraço de cobertura, com uma vista espetacular das cúpulas de San Andrea delle Valle e San Carlo ai Catinari. Os duplos custam € 120–160, mas há um ou dois quartos com banheiro compartilhado que saem por menos.

St George Via Giulia 62 ⓣ06.686.611, ⓦwww.stgeorgehotel.it. Design moderno, tecnologia e estilo são as marcas deste novo cinco-estrelas situado em uma das mais encantadoras ruas de Roma. Depois de um dia cansativo, relaxe com estilo no spa. A partir de € 450.

Tridente e Via Veneto

Aleph Via di San Basilio 15 ⓣ06.422.901, ⓦwww.boscolohotels.com. Quase um protótipo das recentes reformulações de hotéis, o Aleph exala um luxo implícito e tem todas as instalações que se pode desejar, inclusive um bar e restaurante no encantador terraço de cobertura. Duplos a partir de € 330.

The Beehive Via Marghera 8 ⓣ06.4470.4553, ⓦwww.the-beehive.com. "Hotel, café, arte e ioga" é o slogan deste hotel ecológico –e econômico– administrado por um casa de americanos. Oferece livre acesso à internet, uma sala de ioga e um restaurante que serve café-da-manhã e jantar orgânicos todos os dias. Os quartos duplos, simples, mas muito bem decorados, custam € 75; dormitórios mais espartanos saem por € 22 por pessoa; e também se pode optar por um dos três apartamentos próximos por € 35 por pessoa.

Dei Borgognoni Via del Bufalo 126 ⓣ06.6994.1505, ⓦwww.hotelborgognoni.it. Este quatro-estrelas tem uma bela localização e quartos amplos e bem reformados. É surpreendentemente grande, considerando sua localização em uma rua lateral não muito longe da Piazza di Spagna, de fácil acesso para o centro histórico. Mas os preços são altos: a partir de € 280 o duplo.

Condotti Via Mario de Fiori 37 ⓣ06.679.4661, ⓦwww.hotelcondotti.com. Um três-estrelas acolhedor, com quartos confortáveis, equipados com TV por satélite e frigobar. Falta-lhe personalidade, o que é de certa forma compensado pelo pessoal simpático e receptivo. Preços justos considerando a localização, com duplos a partir de € 180.

Daphne Via San Basilio 55 e Via degli Avigonesi 20 ⓣ06.8745.0087,ⓦwww.daphne-rome.com. Duas *pensioni* convidativas administradas por uma americana e seu marido romano. Quartos claros, reformados com bom gosto, em dois endereços próximos à Piazza Barberini, assim como boas indicações se você quiser saber como aproveitar o tempo em Roma. Alguns quartos têm banheiros compartilhados (€ 90–130) e outros são suítes (€ 130–200).

Erdarelli Via due Macelli 28 ⓣ06.679.1265, ⓦwww.erdarelliromehotel.com. Um hotel bastante simples, com quartos sem luxo, mas que cobra um preço justo considerando sua localização, quase na esquina da Escadaria da Piazza di Spagna. Duplos por € 120–150; os quartos com banheiro compartilhado são mais baratos.

Firenze Via due Macelli 106 ⓣ06.679.4988, ⓦwww.hotelfirenze-roma.it. Um três-estrelas razoável, recentemente reformado, com quartos amplos bastante comuns, com TV e frigobar. Bom preço: € 100–160 o duplo.

Hassler Villa Medici Trinità dei Monti 6 ⓣ06.699.340, ⓦwww.hotelhassler-roma.com. Não se pode estar mais perto do coração de Roma do que neste hotel –e com certeza você não conseguirá uma vista muito melhor. Situado no alto da Escadaria da Piazza di Spagna, este hotel de luxo tem quartos elegantes e todas as conveniências que os hóspedes possam exigir. Os quartos "clássicos" custam a partir de € 550.

Homs Via della Vite 71/72 ⓣ06.679.2976, ⓦwww.hotelhoms.it. Perfeitamente localizado perto da Escadaria da Piazza di Spagna, da Fontana di Trevi e das lojas elegantes da região, este hotel butique tem um terraço na cobertura com linda vista, quartos que foram recentemente reformados e um ambiente acolhedor –algo que não é muito comum nos hotéis desta região. € 200–250.

Hotel Art Via Margutta 56, sem telefone, ⓦwww.hotelartrome.com. Escondido na Via Margutta, este hotel de luxo –uma antiga capela ampliada– tem um design contemporâneo e criativo. Oferece diferentes serviços, como banho turco, spa, sala de ginástica e um bar que parece uma catedral. Duplos por volta de € 400.

D'Inghilterra Via Bocca di Leone 14 ⓣ06.699.811, ⓦwww.hoteldinghilterraroma.it. Este hotel famoso, instalado nos antigos aposentos da princesa Torlania, não decepciona. O preço é justo se comparado ao que se paga por uma recepção semelhante em outras partes da cidade. Intimidade, opulência, refinadas antiguidades, quartos decorados com afrescos e todos os encantos do centro velho à porta. Duplos a partir de € 400.

Modigliani Via della Purifacazione 42 ⓣ06.6938.0742, ⓦwww.hotelmodigliani.com. Um jovem casal de artistas administra este hotel moderno e de bom gosto situado em uma rua tranquila perto da Piazza Barberini. Os quartos são confortáveis, com ar-condicionado e frigobar. O pessoal é simpático e prestativo. Duplos € 155–190.

Palazzetto Vicolo del Bottino 8 ⓣ06.699.0878, ⓦwww.ilpalazzettoroma.com. Este hotel elegante oferece cursos sobre vinhos e tem um bom restaurante e bar na cobertura (ago e set 19h30–1h), e até aluga alguns de seus quartos suntuosamente decorados para a Academia Internacional do Vinho. Não é muito silencioso (os quartos dão para a Escadaria da Piazza di Spagna), mas a localização, ao lado da Piazza di Spagna, é excelente. Vale plenamente os preços que cobra: duplos € 200–300, café-da-manhã incluído.

Piazza di Spagna Via Mario de' Fiori 61 ⓣ06.679.3061, ⓦwww.hotelpiazzadispagna.it. Este pequeno hotel, alguns minutos a pé da Escadaria da Piazza di Spagna, é uma boa alternativa aos opulentos palácios que dominam a região. Os quartos são confortáveis e todos têm ar-condicionado, frigobar e telefone. Uma equipe simpática. € 180–250.

Plaza Via del Corso 126 ⓣ06.6992.1111, ⓦwww.grandhotelplaza.com. Um dos mais luxuosos hotéis de Roma, com quartos imensos mobiliados com antiguidades e um fantástico lobby que vale a pena conhecer mesmo que você não esteja hospedado aqui. Os quartos foram modernizados e têm tudo o que se possa desejar, inclusive internet sem fio. Preços a partir de € 370 o duplo –que não é caro, considerando-se o ambiente e a localização.

Portrait Suites Via di Bocca di Leone 23 ⓣ06.6938.0742, ⓦwww.lungarnohotels.com. Recém-chegada ao circuito hoteleiro de luxo, esta mansão reformada com 14 suítes, de propriedade e com projeto do grupo Salvatore Ferragamo, é um reduto de luxo e conforto, pelos quais se paga caro: cerca de € 500 por uma das magníficas suítes.

La Residenza Via Emilia 22–24 ⓣ06.488.0789, ⓦwww.laresidenza.hotelinroma.com. Uma ótima opção na caríssima região da Via Veneto, La Residenza combina o luxo e as instalações de um grande hotel com o conforto e a intimidade de uma casa particular. Apesar de estar perto da rua mais movimentada da cidade, é muito tranquilo. Duplos € 160–220.

De Russie Via del Babuino 9 ⓣ06.328.881, ⓦwww.hotelderussie.it. De uma simplicidade elegante, este hotel valoriza o conforto e a qualidade, sem falar na sua extraordinária localização perto da Piazza del Popolo. Tudo isso faz dele a primeira opção para o viajante moderno que gasta um dinheiro que não é seu –é muito procurado pelos artistas de cinema estrangeiros. A partir de € 580 um duplo.

Monte Quirinale, Termini e arredores

Alpi Via Castelfidardo 84 ⓣ06.444.1235, ⓦwww.hotelalpi.com. Um dos mais tranquilos hotéis perto de Termini, recentemente reformado, e a curta distância do terminal de ônibus easyJet. Os quartos com banheiro são agradáveis (embora um tanto pequenos) e custam cerca de € 150 um duplo, com um ótimo café-da-manhã –muito melhor do que seria de esperar em um hotel deste nível.

Des Artistes Via Villafranca 20 ⓣ06.445.4365, ⓦwww.hoteldesartistes.

com. Um dos hotéis de melhor preço na região de Termini. Imaculadamente limpo e com uma grande variedade de quartos, o que inclui dormitórios por € 25 por cama. Mas ele fica localizado na parte mais distante da região de Termini. Você pode tomar o café-da-manhã ou se recuperar do cansaço do dia no terraço de cobertura. Duplos a partir de € 150, com banheiro.

Residenza Cellini Via Modena 5 ⓣ06.4782.5204. Aqui os quartos são grandes e confortáveis, e, pelo preço, a localização é ótima. A partir de € 145 o duplo; uma espaçosa suíte júnior não custa muito mais.

Duca d'Alba Via Leonina 14 ⓣ06.484.771, ⓦwww.hotelducadalba.com. Um três-estrelas confiável no coração de Monti, a poucos passos dos melhores restaurantes e casas noturnas do bairro. Todos os quartos têm banheiro, ar-condicionado e TV por satélite, e alguns têm varanda. Duplos por cerca de € 100.

Fawlty Towers Via Magenta 39 ⓣ06.445.4802, ⓦwww.fawltytowers.org. Este hotel com o nome de uma famosa série de comédia inglesa tem dormitórios por cerca de € 25 por pessoa e quartos duplos, alguns com banheiro privativo, por € 45–55.

Grifo Via del Boschetto 144 ⓣ06.487.1395, ⓦwww.hotelgrifo.com. Uma novidade em Monti, com decoração funcional e terraço voltado para um dos mais pitorescos cenários da Roma medieval. Duplos custam entre € 145 e € 170.

Radisson SAS Via F. Turati 171 ⓣ06.444.841, ⓦwww.rome.radissonsas.com. Lançado há poucos anos como um dos novos hotéis de design de Roma, representa uma espécie de bandeira à revitalização de Termini. Os quartos são modernos e chiques –assim como o bar e o spa na cobertura. Um achado de € 200 o duplo.

Villa delle Rose Via Vicenza 5 ⓣ06.445.1788, ⓦwww.villadellerose.it. Esta centenária *villa* aristocrática está situada em meio a seu próprio roseiral e nem parece estar a apenas uma quadra da Estação Termini. Recentemente reformada, tem uma decoração agradável e uma equipe bastante simpática. Duplos a partir de € 150.

Trastevere

Cisterna Via della Cisterna 7–9 ⓣ06.581.7212, ⓦwww.cisternahotel.it. Um simpático duas-estrelas de ambiente familiar bem no centro do Trastevere. São doze quartos, alguns com pisos de ladrilhos coloridos e tetos com vigas de madeira, e todos com banheiros privativos. Duplos a partir de € 100.

Ripa Via degli Orti di Trastevere 3 ⓣ06.58.611, ⓦwww.ripahotel.com. Um dos mais recentes hotéis de design de Roma, o Ripa está situado na parte mais pobre e menos atraente do Trastevere, mas vale pela elegância de seus quartos e de seu lobby. Agora, se você vai querer pagar € 200–270 por um duplo para se hospedar aqui é outra história.

Santa Maria Vicolo dei Piede 2 ⓣ06.589.4626, ⓦwww.hotelsantamaria.info. A poucos metros da Piazza Santa Maria, no coração do Trastevere, este pequeno três-estrelas tem quartos ao redor de um jardim cheio de laranjeiras, o que dá ao hóspede a sensação de estar afastado da cidade. Duplos € 180–250.

Trastevere Via Luciano Manara 24a/25, ⓣ06.581.4713. Outra boa opção para quem deseja ficar no coração do Trastevere, com quartos duplos lindamente decorados por cerca de € 100, quádruplos por € 150 e apartamentos para alugar com quartos para até cinco pessoas.

Prati

Amalia Via Germanico 66 ⓣ06.3972.3356, ⓦwww.hotelamalia.com. Localizado em uma esquina não muito longe do Vaticano, o Prati oferece instalações de hotel quatro-estrelas com preços de três-estrelas. Os quartos duplos, lindamente reformados, custam € 150–200. Mas não se deixe enganar pelo site do hotel –ele não fica nada perto da Escadaria da Piazza di Spagna!

Bramante Vicolo delle Palline 24 ⓣ06.6880.6426, ⓦwww.hotelbramante.com. Este pequeno hotel, situado perto da antiga muralha que ligava o Vaticano ao Castel Sant'Angelo, foi recentemente reformado, e seus quartos foram decorados com charme, com antiguidades, conservando o teto original de vigas de madeira. Os duplos têm um preço razoável: € 150–200.

Colors Via Boezio 31 ⓣ06.687.4030, ⓦwww.colorshotel.com. Administrado pelo simpático pessoal do Enjoy Rome, o Colors é uma versão menor do Fawlty Towers (ver pág. 195). É um hotel-albergue em uma região tranquila perto do Vaticano, que oferece acesso à cozinha, um lounge com TV por satélite e um pequeno terraço. Nos dormitórios, cada cama custa € 25; os duplos com banheiro compartilhado, € 80, e os duplos com banheiro, € 100. A mesma empresa aluga apartamentos por € 80–120 por noite para duas pessoas.

Dei Consoli Via Varrone 2d ⓣ06.6889.2972, ⓦwww.hoteldeiconsoli.com. Desde a elegante e acolhedora entrada até os quartos decorados com bom gosto, esta é uma excelente opção perto do Vaticano. A decoração de cada andar é inspirada em velhos mestres, e os quartos duplos custam por volta de € 260.

Gerber Via degli Scipioni 241 ⓣ06.321.6485 ⓦwww.hotelgerber.it. Um pessoal simpático e quartos elegantes e confortáveis fazem deste hotel uma boa opção de preço. Está bem localizado em uma rua calma não muito longe do Vaticano. Duplos € 100–155.

La Rovere Vicolo San Onofrio 4–5 ⓣ06.6880.6739, ⓦwww.hotellarovere.com. Do outro lado da ponte, saindo da Piazza Navona, este hotel butique recentemente redecorado está afastado do burburinho de Roma e oferece um terraço no jardim cheio de antiguidades, onde os hóspedes podem relaxar. Um preço justo de € 130–230.

Albergues e conventos

Roma oferece mais opções que a maioria das cidades para pessoas que viajam sozinhas ou com pouco dinheiro. Muitos dos seus conventos, que antigamente só aceitavam mulheres, agora também aceitam homens, e há alguns albergues particulares, além dos oficiais da Hostelling International. Lembre-se também de que alguns dos hotéis relacionados nesta seção oferecem acomodações em dormitórios.

Alessandro Palace Hostel Via Vicenza 42 ⓣ06.446.1958, ⓦwww.hostelsalessandro.com. Este albergue tem sido considerado um dos melhores da Europa. Com um estilo bastante criativo, não fica fechado nem tem horário para fechar, e seu bom bar oferece pizza grátis todas as noites, acesso à internet e TV por satélite. Cada cama custa € 22–30; os quartos duplos, € 70.; com banheiro, € 90. Algumas quadras adiante, do outro lado de Termini, o Alessandro Downtown, Via C.Cattaneo 23 (ⓣ06.4434.0147), é dos mesmos donos.

Casa di Santa Brigida Piazza Farnese 96 ⓣ06.6889.2596, ⓦwww.brigidine.org. Localizado em uma praça renascentista, este convento é imbatível –limpo e confortável, e não tem hora para chegar. Todos os quartos são bem equipados, e o café-da-manhã está incluído. Quartos single € 105, duplos € 190. Se estiver lotado, a ordem tem outros conventos em Roma.

Casa di Santa Francesca Romana Via dei Vascellari 61 ⓣ06.581.2125, ⓦweb.tiscali.it/sfromana/. Este antigo convento medieval foi recentemente reformado e se tornou uma opção requintada de hospedagem na parte mais calma do Trastevere. Embora os quartos sejam bastante convencionais, o pátio central é muito convidativo. O horário de entrada é 2h da madrugada, e não fica trancado durante o dia. Café-da-manhã incluído. Quartos single € 70, duplos € 100.

Ostello del Foro Italico Viale delle Olimpiadi 61 ⓣ06.323.6267, ⓦwww.ostellionline.org. O albergue da juventude oficial de Roma não tem uma localização muito central nem de fácil acesso para quem chega na Estação Termini –pegue os ônibus 32, 69, 224, 280 e peça ao motorista para descer no "ostello". Você pode telefonar antes para verificar a disponibilidade, mas eles não fazem reserva por telefone. Você pode se hospedar aqui mesmo que ainda não seja membro da HI. As camas custam € 18, preço que inclui o café-da-manhã.

Ottaviano Via Ottaviano 6 ⓣ06.3973.8318, ⓦwww.pensioneottaviano.com. Uma simples *pensione*-albergue perto do Vaticano que é muito procurada por mochileiros; reserve com antecedência. Camas nos dormitórios € 20, duplos € 50, com banheiro compartilhado.

YWCA Via C. Balbo 4 ⓣ06.488.0460. Aberto a homens e mulheres, fica convenientemente situado a 10 minutos a pé de Termini, mas a feira do lado de fora pode fazer você pular da cama mais cedo. Vários quartos, de single a quádruplos. Singles a partir de € 50, duplos € 80, triplos e quádruplos € 26 por pessoa. Café-da-manhã incluído. Horário de entrada: 23h.

Dicas de viagem

Chegada

Chegar a Roma não apresenta dificuldades se você estiver viajando de avião, de trem ou mesmo de ônibus, mas atravessar a periferia da cidade de carro talvez seja uma experiência que você deva evitar.

De avião

Roma tem dois aeroportos: Leonardo da Vinci, mais conhecido apenas como Fiumicino, onde pousam os vôos regulares das grandes companhias aéreas, e Ciampino, aonde costumam chegar os vôos charter ou das companhias européias mais baratas. Pela corrida de 30 minutos dos aeroportos, os táxis agora cobram uma tarifa fixa: € 40 de Fiumicino, € 30 de Ciampino.

Aeroporto Fiumicino

Fiumicino liga-se ao centro de Roma por trens diretos, que fazem a viagem de 30 minutos até Termini por € 11. Os trens começam a funcionar às 6h37 e partem a cada meia hora até 23h37. Também há trens mais frequentes para as estações Trastevere, Ostiense e Tiburtina, não muito longe do centro. Eles partem a cada 20 minutos das 6h27 às 23h27; as passagens para essas estações são mais baratas (€ 5.50), e Tiburtina e Ostiense ficam a curta distância de Termini pelo metrô (€ 1), o que torna a viagem mais barata (e não necessariamente mais lenta). Você também pode pegar o ônibus urbano 175 em Ostiense, ou os ônibus 492 ou 649 em Tiburtina, até o centro da cidade (também € 1).

Aeroporto Ciampino

Não existe transporte público direto entre **Ciampino** e o centro da cidade. Se você estiver viajando por uma das companhias de baixo custo, easyJet ou Ryanair, o melhor é tomar um dos ônibus Terravision que fazem o traslado para Termini (eles param na Via Marsala) e partem 30 minutos depois de cada chegada –custam cerca de € 8 só ida, € 14 ida e volta. Há ainda os ônibus ATRAL, que partem a cada 30 minutos, custam € 1 e levam 20 minutos do aeroporto até a estação de metrô Anagnina, no fim da linha A –e daí outros 20 minutos (e mais € 1) até o centro.

De trem

A maioria dos trens italianos e internacionais chega a Roma na Estação **Termini**, que tem uma localização central, de fácil acesso a todas as partes da cidade, e é ponto de confluência de duas linhas de metrô e de muitas linhas de ônibus urbanos. Outra estação ferroviária é a Tiburtina, onde param alguns trens interurbanos da linha norte–sul. Algumas linhas ao redor do Lazio desembarcam nas plataformas regionais da Estação Termini (uma caminhada adicional de 5 minutos até as plataformas regulares), e a estação Roma-Linha Norte, na Piazzale Flaminio, parte para Viterbo.

De ônibus

Quem chega de ônibus pode desembarcar em qualquer das estações de ônibus/metrô espalhadas pela cidade. Entretanto, ônibus de linhas internacionais param na Estação **Tiburtina**, o segundo terminal ferroviário da cidade depois de Termini, que se liga ao centro da cidade pela linha B do metrô ou pelos ônibus 492 ou 649. Outras estações rodoviárias, que servem principalmente a região do Lazio, são Ponte Mammolo (trens que vêm de Tivoli e de Subiaco), Lepanto (da região de Cerveteri, Civitavecchia e Bracciano), EUR Fermi (Nettuno, Anzio, costa sul do Lazio) e Anagnina (Castelli Romani); todas estas estações são conjugadas com estações de metrô.

De carro

Chegar a Roma de carro pode ser bastante complicado, a não ser que você esteja acostumado a dirigir na Itália e saiba onde estacionar (ver pág. 207). Lembre-se de que não-residentes não têm permissão para dirigir no centro histórico. Geralmente, é melhor pegar o Grande Raccordo Anulare –GRA (Grande Anel Viário)–, que circunda Roma e se liga com todas as principais vias que se dirigem ao centro da cidade: Via Cassia, que parte do norte; Via Salaria, do nordeste; Via Tiburtina ou Via Nomentana, do leste; Via Prenestina e Via Casilina ou Via Cristoforo Colombo, do sudeste; Via Appia Nuova e Pontina, do sul; e Via Aurelia, do noroeste. Partindo de Ciampino, siga pela Via Appia Nuova até o centro ou pegue o GRA na intersecção 23 e siga as placas até o centro. De Fiumicino, siga a rodovia A12 até o centro; ela cruza o rio bem ao norte do EUR, de onde se percorre uma curta distância pela Via Cristoforo Colombo até as muralhas da cidade e, mais adiante, até as Termas de Caracalla.

Transporte urbano

A melhor maneira de circular em Roma é a pé –você verá mais coisas e apreciará melhor a cidade. Roma não foi construída para receber um tráfego de carros, e isso fica evidente nos congestionamentos, na poluição e no mau humor dos motoristas. Entretanto, tem uma boa rede de transporte público –uma mistura eficiente de ônibus, alguns bondes e duas pequenas linhas de metrô.

Bilhetes e informações

A **ATAC** (Agenzia dei Transporti Autoferrotranviari del Commune di Roma) administra o serviço de ônibus, bondes e metrô. Conta com um escritório de informações no centro da Piazza dei Cinquecento e uma linha telefônica gratuita (seg–sáb 8h–20h; ⓣ800.431.784). Você também pode visitar seu site, ⓦwww.atac.roma.it, que fornece informações aos turistas também em inglês e uma ferramenta de planejamento de rotas. Os bilhetes simples custam € 1 e são válidos para todas as viagens de ônibus e bondes e uma de metrô no período de 75 minutos. Você pode comprá-lo nas tabacarias, bancas de jornais e máquinas automáticas localizadas em todas as estações de metrô e nas principais paradas de ônibus, e validá-los nas máquinas amarelas existentes nos ônibus, bondes e na entrada das estações de metrô. Você também pode adquirir um passe diário, válido em todo o transporte público até meia-noite do dia da compra, por € 4; um passe para três dias custa € 11 e para sete dias, € 16. Finalmente, vale a pena saber que as multas são pesadas (€ 50–100) para quem não pagar a passagem, e alegar ignorância de estrangeiro não vai ajudar.

Ônibus e bondes

O serviço de ônibus e bondes, “trambus” (ⓦwww.trambus.com), é bastante bom –barato, confiável e tão rápido quanto o permitirem as ruas congestionadas (veja na página ao lado as linhas de ônibus mais usadas). Lembre-se de embarcar pela porta traseira e perfurar seu bilhete na entrada. Há também uma pequena rede de microônibus elétricos que se esforçam para abrir caminho pelas ruas estreitas do centro antigo. Por volta da meia-noite, entram em serviço os ônibus noturnos, que dão acesso a quase todos os bairros até cerca de 5h. Não vendem bilhetes a bordo; por isso, tenha um em mãos antes de embarcar. Eles são identificados por uma coruja acima da placa “bus notturno” .

Metrô

O metrô de Roma, ou Met.Ro (ⓦwww.metroroma.it), funciona das 5h30 às 23h30, mas não é tão útil quanto se possa imaginar, porque suas duas linhas –A (vermelha) e B (azul)– não atingem muitas partes do centro da

Linhas de ônibus úteis

3 Estação de trem do Trastevere–Via Marmorata–Piramide–Circo Máximo–Coliseu–San Giovanni–San Lorenzo–Via Nomentana–Parioli–Viale Belle Arti.
23 Piazza Clodio–Piazza Risorgimento–Ponte Vittorio Emanuele II–Ponte Garibaldi–Via Marmorata–Piazzale Ostiense–Centrale Montemartini–Basilica di San Paolo.
30 (Expresso) Piazza Clodio–Piazza Mazzini–Piazza Cavour–Corso Rinascimento–Largo Argentina–Piazza Venezia–Luntotevere Aventino–Via Marmorata–Piramide–Via C.Colombo–EUR.
40 (Expresso) Termini–Via Nazionale–Piazza Venezia–Largo Argentina–Piazza Pia.
62 Piazza Bologna–Via Nomentana–Porta Pia–Piazza Barberini–Piazza San Silvestro–Via del Corso–Piazza Venezia– Corso Vittorio Emanuele II–Borgo Angelico–Piazza Pio.
64 Termini–Piazza della Repubblica–Via Nazionale–Piazza Venezia–Largo Argentina–Corso Vittorio Emanuele II–Estação San Pietro.
75 Via Poerio (Monteverde)–Via Induno–Porta Portese–Testaccio–Piramide–Circo Máximo–Coliseu–Via Cavour–Termini–Piazza Indipendienza.
116 Porta Pinciana–Via Veneto–Via del Tritone–Piazza di Spagna–Piazza San Silvestro–Corso Rinascimento–Campo de' Fiori–Piazza Farnese–Lungotevere Sangallo–Terminal Gianicolo.
117 San Giovanni in Laterano–Piazza Celimontana–Via Due Macelli–Via del Babuino–Piazza del Popolo–Via del Corso–Piazza Venezia–Via Nazionale–Via dei Serpenti–Coliseu–Via Labicana.
119 Piazza del Popolo–Via del Corso–Piazza Venezia–Largo Argentina–Via del Tritone–Piazza Barberini–Via Veneto–Porta Pinciana–Piazza Barberini–Piazza di Spagna–Via del Babuino–Piazza del Popolo.
175 Termini–Piazza Barberini–Via del Corso–Piazza Venezia–Coliseu–Circo Máximo–Aventino–Estação Ostiense.
271 San Paolo–Via Ostiense–Piramide–Viale Aventino–Circo Máximo–Coliseu–Piazza Venezia–Ponte Sisto–Castel Sant'Angelo–Via Vitilleschi–Piazza Risorgimento–Ottaviano–Foro Italico.
492 Estação Tiburtina–Piazzale Verano–Termini–Piazza Barberini–Via del Corso–Piazza Venezia–Largo Argentina–Corso del Rinascimento–Piazza Cavour–Piazza Risorgimento–Cipro.
590 Mesmo trajeto da linha A do metrô, mas com acesso para deficientes; parte a cada 90 minutos.
660 Largo Colli Albani–Via Appia Nuova–Via Appia Pignatelli–Via Appia Antica.
714 Termini–Santa Maria Maggiore–Via Merulana–San Giovanni in Laterano–Viale Terme di Caracalla–EUR.
910 Termini–Piazza della Repubblica–Via Piemonte–Via Pinciana (Villa Borghese)–Piazza Euclide–Palazetto dello Sport–Piazza Mancini.

cidade. Apesar disso, algumas estações do centro são muito úteis: Termini é entroncamento das duas linhas, e há estações no Coliseu, na Piazza Barberini e na Piazza di Spagna. Eles estão construindo a linha C, que deve ser concluída em 2011.

Ônibus de turismo

Três principais ônibus de turismo circulam pelas maiores atrações de Roma. Todos partem da frente da Estação Termini, e você pode conseguir bilhetes combinados de duas delas. Informações sobre cada uma estão disponíveis em Ⓦwww.trambusopen.com ou pelo Ⓣ800.281.281.

Bus 110 Bom para uma noção geral da cidade e uma rápida passagem pelas atrações, este ônibus aberto administrado pela ATAC tem comentário de um guia. Sai da Piazza dei Cinquecento, em frente à Estação Termini, e pára em todas as principais atrações, entre elas Piazza di Spagna, Castel Sant'Angelo, Vaticano e Via Appia Antica. O circuito completo leva 2 horas, e no verão as partidas são a cada 20 minutos das 8h40 às 20h20 diariamente, inclusive domingos e feriados. Os bilhetes custam € 13 e dão direito a embarcar e descer em qualquer ponto do circuito durante o dia inteiro. O bilhete combinado para o ônibus 110 e o Archeobus custa € 20 e pode ser comprado a bordo ou antes do embarque, na Piazza dei Cinquecento.

Archeobus O Archeobus é outro serviço de ônibus que percorre alguns dos mais atraentes monumentos e a Via Appia Antica. Como as outras linhas de turismo, parte da Piazza dei Cinquecento, em frente à Estação Termini, e segue para o sul via Piazza Venezia, Piazza Bocca della Verità, Circo Máximo–Termas de Caracalla e Porta San Sebastiano. Na Via Appia, faz paradas em Domine Quo Vadis–Catacumbas de São Calisto, Catacumbas de São Sebastião, Circo de Massenzio, Casal Rotundo–Aquedotti Romani e Villa dei Quintili. Os ônibus partem todos os dias a cada 2 horas das 9h às 16h. Os bilhetes custam € 8, e há bilhetes integrados para o ônibus 110 e vários museus e outras atrações, válidos por diferentes períodos. Podem ser comprados a bordo ou na Piazza dei Cinquecento.

Roma Cristiana O serviço de ônibus do Vaticano percorre as principais basílicas e outros monumentos cristãos, partindo, como os demais, da frente da Estação Termini, na Piazza dei Cinquecento. Os ônibus partem diariamente a cada 30 minutos, das 8h30 às 19h30, e os bilhetes custam € 13 para um dia (€ 20 por dois dias, € 28 por três). Podem ser comprados a bordo, na Piazza dei Cinquecento ou em postos de informações na Piazza Pio XII, perto da Praça São Pedro, e San Giovanni in Laterano. Mais informações em Ⓦwww.orpnet.org.

Táxis

A melhor maneira de pegar um táxi é encontrar o ponto de táxis (*fermata dei taxi*) mais próximo. Há pontos em Termini, Piazza Venezia, Piazza San Silvestro, Piazza di Spagna, Piazza Navona, Piazza San Pietro e Piazza Barberini. Você também pode chamar um táxi (Ⓣ06.3570, Ⓣ06.4994, Ⓣ06.6645 ou Ⓣ06.88.177), mas lembre-se de que ele vai cobrar o tempo que levar para chegar até você. Você receberá uma senha do carro, geralmente o nome de uma cidade mais um número: "Roma 10", "Verona 34" etc. Só tome os táxis brancos licenciados, com a insígnia das "Comune di Roma" claramente visível na porta, e verifique se o taxímetro está zerado. Um cartão disponível em todos os táxis oficiais explica –também em inglês– as taxas extras cobradas por transporte de bagagem, horário noturno, domingos e feriados, e corridas para os aeroportos. Para lhe dar uma idéia do custo de um táxi, você pode calcular que uma corrida de uma extremidade a outra do centro custa cerca de € 10, se o tráfego não estiver complicado, ou cerca de € 15 à noite e aos domingos.

Aluguel de bicicletas e motonetas

Appia Antica Visitor Center Via Appia Antica 58/60. Ⓣ06.512.6314, Ⓦwww.parcoappiaantica.org. Percorra de bicicleta a primeira estrada de Roma e o vale da Cafarella –€ 3 por hora ou € 10 por dia. Informações e sugestões de rotas em inglês.

Scooter Hire Via Cavour 80 Ⓣ06.481.5669, Ⓦwww.scooterhire.it. Aluguel de bicicletas, motonetas e motos –bicicletas, € 12 por dia; motonetas, € 30 por dia; e motocicletas, € 90 por dia.

Treno e Scooter Rent Estação Termini, perto da Linha 1. Ⓣ06.4890.5823, Ⓦwww.trenoescooter.191.it. Aluguel de bicicletas e motonetas –bicicletas, € 10 por dia; motonetas, € 37–60 por dia.

Informações

Há postos de informações turísticas no Terminal B do Aeroporto de Fiumicino (diariam 8h15–19h; ⓣ06.6595.4471) e na Piazza dei Cinquecento, na Estação Termini (diariam 8h–21h; ⓣ06.4890.6300), mas as longas filas que costumam se formar diante desses postos indicam que talvez seja melhor você se dirigir diretamente ao principal centro de informações turísticas na Via Parigi 5 (seg–sáb 9h–19h; ⓣ06.488.991, ⓦwww.romaturismo.it), 10 minutos a pé de Termini. Aqui são distribuídos gratuitamente mapas que podem ajudá-lo a circular pela cidade e muitos outros folhetos informativos. Também existem quiosques de informações em pontos estratégicos do centro da cidade (ver ao lado). Aqui também você encontra informações gerais, mapas distribuídos gratuitamente e informações atualizadas (horários de funcionamento, por exemplo) sobre as atrações próximas.

Uma fonte não oficial de informações é **Enjoy Rome** (Via Marghera 8a; seg–sex 8h30–19h, sáb 8h30–14h; ⓣ06.445.1843, ⓦwww.enjoyrome.com), cuja equipe fala inglês e está preparada para encontrar hotéis, organizar excursões, tem um depósito de bagagem e um serviço de ônibus que faz os traslados do aeroporto. As informações que eles fornecem em geral são mais atualizadas e confiáveis do que as que estão disponíveis nos vários centros de informações turísticas, e eles também têm sugestões de onde comer, beber e se divertir, se você quiser.

Para saber o que acontece na cidade, a melhor fonte talvez seja *Romac'è* (€ 1, quintas), que traz informações em inglês sobre excursões, casas noturnas, restaurantes, serviços e eventos dos fins de semana. O bissemanal *Wanted in Rome* (€ 1.50 quartas alternadas), inteiramente em inglês, é útil como fonte de informações, principalmente se você estiver procurando um apartamento ou trabalho. Se você entende um pouco de italiano, as páginas de artes do jornal romano *Il Messaggero* traz a programação de cinema, teatro e principais eventos musicais e costuma ficar disponível em muitos bares ou nas bancas de jornais, por € 0,90. O jornal *La Repubblica* também tem a seção "Trova Roma" na edição de quinta-feira, outro guia dos eventos da cidade.

Quiosques de informações

Piazza di Spagna Largo Goldoni ⓣ06.6813.6061. 9h–18h.
San Giovanni Piazza San Giovanni in Laterano ⓣ06.7720.3535. 9h–18h.
Via Nazionale Palazzo delle Esposizioni ⓣ06.4782.4525. 9h–18h.
Piazza Navona Piazza delle Cinque Lune ⓣ06.6880.9240. 9h–18h.
Castel Sant'Angelo Piazza Pia ⓣ06.6880.9707. 9h–18h.
Fori Imperiali Piazza del Tempio della Pace ⓣ06.6992.4307. 9h–18h.
Trastevere Piazza Sonnino ⓣ06.5833.3457. 9h–18h.

Atrações culturais

A maioria dos museus e galerias fecha às segundas-feiras. Os museus estatais geralmente funcionam das 9h às 19h, de terça a domingo. Os outros museus costumam obedecer a esse horário, mas em geral fecham por umas duas horas à tarde e têm horários mais reduzidos no inverno. Alguns museus também ficam abertos até mais tarde no verão (até 22h ou mais ter–sáb, ou 20h dom).

Não existe um passe válido para todas as principais atrações de Roma,

Em restauro

Você pode encontrar edifícios fechados para obras de restauração (**chiuso per restauro**), e em geral não se sabe ao certo quando eles voltarão a abrir. Se for algum monumento ou edifício que você realmente deseja ver, e você não saiba quando voltará a Roma, talvez valha a pena tentar convencer um operário, um padre ou um curador a lhe mostrar o lugar, mesmo que esteja cheio de andaimes.

mas algumas estão associadas, tornando mais fácil e barato visitá-las. Muitas esculturas da Roma antiga, assim como outros artefatos, estão reunidos no Museo Nazionale Romano, que tem quatro sedes: Palazzo Massimo, Termas de Deocleciano, Cripta Balbi e Palazzo Altemps. Em todas as sedes você pode comprar um ingresso de € 7 que vale para os quatro museus por três dias. O Coliseu e o monte Palatino também podem ser visitados com um ingresso combinado. Existe também o **Romapass** (€ 20), um bilhete válido por três dias que dá direito a duas atrações estatais e descontos nas outras, além de livre acesso no transporte público por três dias –talvez a melhor oferta da cidade.

Os horários de funcionamento dos sítios antigos são mais flexíveis: a maioria abre todos os dias, inclusive domingos, das 9h até a noite –geralmente, uma hora antes do pôr-do-sol, um horário que portanto muda ao longo do ano. No inverno, os horários são drasticamente reduzidos por causa dos dias mais curtos; 16h é o horário comum de fechamento.

Igrejas

Roma é uma cidade acostumada aos turistas, mas as normas de visita às igrejas são praticamente iguais em toda a Itália: use uma roupa recatada, o que elimina shorts, camisetas muito curtas ou ombros nus, e evite circular pela igreja durante os ofícios religiosos. Fornecemos os horários de visita ao longo deste guia, mas a maioria das igrejas mais importantes de Roma –e a maioria das relacionadas neste guia– abre por volta das 7h ou 8h da manhã, fecha por volta de 12h, volta a abrir às 16h e fecha entre 18h e 19h.

Feriados

Muitos lugares estarão fechados nos seguintes dias:

1º de janeiro (Ano-Novo)
6 de janeiro (Epifania)
Pasquetta (Segunda-feira depois da Páscoa)
25 de abril (Dia da Independência)
1º de maio (Dia do Trabalho)
15 de agosto (*Ferragosto*; Assunção de Maria)
1º novembro (*Ognissanti*; Dia de Todos os Santos)
8 de dezembro (*Immacolata*; Imaculada Conceição)
25 de dezembro (*Natale*; Natal)
26 de dezembro (*Santo Stefano,* Dia de Santo Estéfano)

Endereços

Aeroportos Fiumicino ⓣ06.65951, ⓦwww.adr.it; Ciampino ⓣ06.65951, ⓦwww.adr.it.

Agências de viagem Para passagens com desconto, tente o escritório da CTS na Via Genova 16 ⓣ06.462.0431 e no Corso Vittorio Emanuele II 297 ⓣ06.687.2672, que abrem aos sábados até 13h, quando as demais agências estão fechadas. Outras opções são: Viaggiare, Via San Nicola da Tolentino 15 ⓣ06.421.171 (seg–sex 9h–18h30), e Tiuk Travel, Via Cavour 151 ⓣ06.481.5464 (seg–sex 9h–17h30).

Aluguel de carros Todas as empresas mais conhecidas têm balcões em Fiumicino, Ciampino, Termini e em outros pontos da cidade. Avis ⓣ199.100.133, Termini ⓣ06.481.4273, Ciampino ⓣ06.7934.0368, Fiumicinoⓣ06.6501.1531; Europcar ⓣ800.014.410, Termini ⓣ06.488.2854, Ciampino ⓣ06.7934.0387, Fiumicino ⓣ06.6501.0879; Hertz ⓣ199.112.211, Termini ⓣ06.474.0389, Ciampino ⓣ06.7934.0616, Fiumicino ⓣ06.6501.1553; Maggiore ⓣ848.867.067, Termini ⓣ06.488.0049, Ciampino ⓣ06.7934.0368, Fiumicino ⓣ06.6501.0678; Sixt ⓣ800.900.666, Termini ⓣ06.474.0014, Ciampino ⓣ06.7934.0838, Fiumicino ⓣ06.6595.3547.

Câmbio American Express, Piazza di Spagna 38 (seg–sex 9h–17h30, sáb 9h–12h30); Thomas Cook, Piazza Barberini 21a (seg–sáb 9h–20h, dom 9h30–17h) e Via della Conciliazione 23 (seg–sáb 8h30–19h30, dom 9h30–17h). As agências do correio trocam cheques de viagem American Express e dinheiro sem cobrar taxa.

Companhias aéreas Air Canada ⓣ06.6501.0991; Alitalia ⓣ06.2222; American Airlines ⓣ06.6605.3169; British Airways ⓣ199.712.266; Delta ⓣ800.477.999; easyJet ⓣ848.887.766; TAM ⓣ199.15.11.45.

Correio Piazza San Silvestro 12 ⓣ06.6976.6320; Corso Vittorio Emanuele II 330 ⓣ06.6840.2920; Largo Brancaccio 82 (Via Marmorata) ⓣ06.4890.3635; Via Arenula 4 ⓣ06.684.0501; Via Cavour 277 ⓣ06.462.0741; Via Giolitti 14 ⓣ06.488.8741; Via del Quirinale 30 ⓣ06.474.0226; Via Milano 18 (Via Nazionale) ⓣ06.474.5631; Via della Scrofa 61 ⓣ06.6840.9220.

Dentista Dr Andrea Chiantini, Absolute Dentistry, Via G. Pisanelli 1/3, tem um serviço de emergência 24 horas ⓣ06.3600.3837 ou 339.250.7016.

Depósito de bagagens Estação Termini (diariamente 6h–24h; € 3,80 por mala durante 5 horas e € 0,60 por cada hora adicional, ⓣ06.4782.5543); não aceita sacolas plásticas; o escritório da Enjoy Rome (ver pág. 205) também guarda bagagem dos clientes.

Eletricidade 220 volts.

Embaixada e consulado Embaixada do Brasil, Piazza Navona 14 ⓣ06.683.981; Consulado-geral do Brasil, Piazza Pasquino 8 ⓣ06.688.9661.

Emergências Polícia ⓣ113; Carabinieri ⓣ112; Bombeiros ⓣ115; Ambulância ⓣ118.

Estacionamento É possível estacionar na rua por cerca de € 1 por hora (8h–20h), e há estacionamentos na Villa Borghese (cerca de € 1 por hora), em frente à Estação Termini (€ 5 por 2 horas, € 1,50 por hora adicional). Também há estacionamentos perto das estações de metrô, de onde se tem fácil acesso ao centro da cidade.

Eventos de verão Os monumentos e parques de Roma se transformam em cenário para eventos de verão. A temporada de ópera se transfere para as Termas de Caracalla (ⓣ06.4816.0287 e 800.907.080, ⓦwww.operaroma.it). De junho a outubro, há concertos de música clássica no Teatro di Marcello (ⓣ06.8713.1590, ⓦwww.tempietto.org). A Villa Celiamontana, perto do Coliseu, apresenta shows de jazz todas as noites de julho a setembro (ⓣ06.589.7807, ⓦwww.villaceliamontanajazz.com).

Farmácias Ficam abertas 24 horas, o ano todo, as seguintes farmácias: Farmacia della Stazione, Piazza dei Cinquecento 51 ⓣ06.488.0019; Internazionale, Piazza Barberini 49 ⓣ06.482.5456; Piram, Via Nazionale 228 ⓣ06.488.0754.

Fuso horário O horário de Roma é + 5 horas em relação ao horário de Brasília, mas, no horário de verão romano, a diferença é de + 4 horas e, no horário de verão do Brasil, de + 3 horas.

Hospital Os hospitais mais centrais para atendimento de emergência são: Fatebenefratelli, Isola Tiberina ⓣ06.683.7299; Rome American Hospital, Via E. Longoni 81

Voe menos – Fique mais!

A equipe dos Rough Guides sabe o bem que uma viagem faz, mas está consciente do impacto das emissões de combustível sobre as mudanças climáticas. Por isso, acha recomendável viajar menos e aumentar a estadia. Se você puder evitar a viagem aérea, use as opções alternativas, especialmente para distâncias inferiores a 1.000 quilômetros. Para compensar a emissão de carbono das suas viagens, visite o site www.roughguides.com/climatechange.

ⓣ06.22.551 –um hospital com múltiplas especialidades, equipe que fala inglês e atendimento 24 horas; San Giovanni, Via A. Aradam 8 ⓣ06.49.971; Santo Spirito, Lungotevere in Sassia 1 ⓣ06.68.351, perto do Vaticano.

Internet cafés Bibli, Via dei Fienaroli 28 (seg 17h30–24h, ter–sáb 11h–24h); Easy Internet Café, Via Barberini 2 (diariam 7h–1h); Internet Train, Piazza Sant'Andrea delle Valle 3 (seg–sex 10h–23h, sáb 10h–20h, dom 12h–20h); Internet Café, Via Cavour 213 (diariam 9h–1h ⓣ06.4782.3051; Pole2Pole, Via Santa Maria Maggiore 129 (diariam 9h–23h).

Internet sem fio Há dezenas de pontos de internet sem fio espalhados pela cidade, entre eles Circo Máximo, Villa Borghese, Piazza Navona, Largo Argentina, Fontana di Trevi e Escadaria da Piazza di Spagna. Ver ⓦwww.romawireless.com.

Médicos AlphaMed, Via Zanardelli 36 ⓣ06.6830.9493, seg–sex 9h–20h, uma clínica com médicos que falam inglês. Tobias Wallbrecher, Via Domenico Silveri 30 ⓣ06.638.0569, seg–sex 9h–13h e 16h–19h, é um clínico geral que fala inglês perto do Vaticano.

Objetos perdidos Para objetos perdidos em trens ligue ⓣ06.4730.6682 (diariam 7h–23h); em ônibus ⓣ06.6769.3214 (seg–sex 8h30–13h), ter–qui também 15h–17h; no metrô A ⓣ06.487.4309 (seg, qua, sex 9h30–12h30), no metrô B ⓣ06.5753.2265 (seg–sáb 7h–19h).

Perda de cartão de crédito American Express ⓣ06.7290.0347; MasterCard ⓣ800.870.866; Visa ⓣ800.877.232.

Polícia ⓣ113. Tanto a polícia (Polizia Statale) quanto os *carabinieri* (que usam uniforme militar) têm postos na Estação Termini. A delegacia de polícia mais central fica perto da Via del Corso, na Piazza del Collegio Romano 3, e há um posto dos *carabinieri* na Piazza Venezia. Qualquer roubo deve ser informado à Polizia Statale.

Trens Para informações sobre horários e preços ⓣ892.021 (24hr), ⓦwww.trenitalia.it.

Viajantes com deficiência Embora muitas adaptações estejam sendo feitas, Roma ainda é um desafio para as pessoas com deficiência. Entre em contato com a Cooperative Integrate Onlus (CO.IN), Via Enrico Giglioli 54a (ⓣ06.712.9011, chamada gratuita na Itália ⓣ800.271.027), que fornece informações em inglês 24 horas pela linha telefônica e publica um guia, *Roma Accessible*, que contém informações sobre as principais atrações, museus, hotéis e restaurantes. ⓦwww.coinsociale.it/tourism tem informações adicionais. Outra fonte de informações sobre acessibilidade em Roma é o site da Emerging Horizons, ⓦwww.emerginghorizons.com.

Cronologia

Cronologia

Século 9º a.C. ▸ Na Idade do Ferro, uma cidade é fundada no monte Palatino.

753 a.C. ▸ Rômulo mata Remo e se torna o primeiro governador da cidade.

616–579 a.C. ▸ Tarquínio Prisco é o primeiro rei etrusco de Roma.

Século 6º a.C. ▸ É construída a Cloaca Máxima, um dos primeiros sistemas de esgoto do mundo, e as primeiras construções aparecem na colina do Capitólio.

509 a.C. ▸ Tarquínio Soberbo, último rei etrusco, é deposto, e é fundada a República Romana.

474 a.C. ▸ Derrota final das tribos etruscas.

390 a.C. ▸ Os gauleses capturam Roma.

378 a.C. ▸ A Muralha Serviana é construída para proteger a cidade de invasões.

343–290 a.C. ▸ Guerras contra os samnitas.

264–146 a.C. ▸ Guerras Púnicas contra Cartago.

218 a.C. ▸ Aníbal invade a Itália, mas poupa Roma.

201 a.C. ▸ Cipião Africano captura o norte da África.

146 a.C. ▸ As forças romanas saqueiam Cartago.

87 a.C. ▸ Irrompe a guerra civil entre Caio Mário e Sulla.

82 a.C. ▸ Sulla se torna ditador de Roma.

78 a.C. ▸ Sulla morre e a cidade entra em outro período de intranquilidade, que culmina com uma revolta de escravos liderada por Espártaco em 73 a.C.

65–63 a.C. ▸ O sobrinho de Caio Mário, Júlio César, ganha reputação como militar e ocupa alguns dos mais influentes postos da República.

6 a.C. ▸ O triunvirato formado por Júlio César, Crasso e Pompeu governa Roma.

58–51 a.C. ▸ César coloniza a Gália.

49–45 a.C. ▸ César dirige-se para o sul, atravessa o rio Rubicão e marcha sobre Roma, provocando uma nova guerra civil entre ele e Pompeu, que acaba levando ao assassinato de Pompeu no Egito e a um triunfante retorno de César a Roma.

44 a.C. ▸ A vaidade e a ambição de César provocam seu assassinato no Senado a 15 de março.

43 a.C. ▸ Um triunvirato formado por Marco Antônio, Otaviano e Lépido assume o governo de Roma.

42 a.C. ▸ Os assassinos de César, Cássio e Brutus, são mortos em Filipos, na Macedônia.

40 a.C. ▸ Marco Antônio se casa com Otávia, irmã de Otaviano.

31 a.C. ▸ Otaviano derrota Marco Antônio e Cleópatra na Batalha de Actium. Os dois cometeriam suicídio menos de um ano depois.

27 a.C. ▶ Otaviano se torna o único governante de Roma e se denomina Augusto, presidindo o primeiro período do império e inaugurando a dinastia augustana.

14 d.C. ▶ Tibério, enteado de Augusto, assume o poder e se casa com a filha de Augusto, Júlia, que dá à luz Calígula, o próximo imperador.

41 d.C. ▶ Calígula é assassinado depois de quatro anos caóticos no poder. O tio de Calígula, Cláudio, assume relutantemente o poder e se revela um sábio governante.

54 d.C. ▶ Cláudio é sucedido por seu enteado, Nero, cujo governo é arruinado por mais corrupção e excessos, evidentes na construção da monstruosa Domus Aurea depois de um gigantesco incêndio em 64 d.C.

69 d.C. ▶ Vespasiano restaura a ordem em Roma e torna-se o primeiro imperador da dinastia flaviana. Decidido a apagar todos os vestígios de Nero, constrói o Coliseu no terreno da Domus Aurea.

81 d.C. ▶ Depois de apenas dois anos de governo, Tito, filho de Vespasiano, é sucedido por Domiciano, que é assassinado em 96 d.C., mas não antes da construção do estádio que constitui as fundações da atual Piazza Navona.

98 d.C. ▶ Trajano se torna imperador e expande as fronteiras do império para leste. Governa uma cidade próspera e pacífica, com uma população de cerca de 1 milhão de habitantes.

117 ▶ Trajano é sucedido por Adriano, que continua o projeto expansionista e se revela um imperador igualmente sábio e experiente, presidindo o que muitos consideram a idade de ouro do império.

138–192 ▶ Adriano é sucedido primeiro por Antonino Pio e depois por Marco Aurélio, que governa uma cidade ainda em paz e um rico império, apesar da constante ameaça de tribos do nordeste. A linhagem antonina desaparece quando o filho de Marco Aurélio, o cruel e autoritário Lúcio Aurélio Cômodo, é estrangulado pela Guarda Pretoriana.

193 ▶ Sétimo Severo se torna o primeiro imperador da dinastia severiana. O verdadeiro declínio de Roma começa quando seu filho Caracalla mata o irmão e usurpa o poder em 211.

238 ▶ Seis imperadores se sucedem em um ano, enquanto a cidade se torna mais ameaçada e mais violenta.

275 ▶ O imperador Aureliano constrói as muralhas que levam seu nome ao redor das sete colinas de Roma para proteger a cidade de invasões.

284 ▶ Deocleciano herda uma cidade mais segura e se esforça para preservar a estabilidade, mantém o exército sob controle e divide o império em Império Romano do Ocidente e Império Romano do Oriente. Fica famoso como cruel perseguidor dos cristãos antes de se retirar para a sua Croácia natal em 305.

306 ▶ Constantino tem a visão de uma cruz no céu e se converte ao cristianismo. No dia seguinte, derrota seu rival Massenzio na Batalha da Ponte Mílvio e reivindica o Império do Ocidente.

325 ▶ Primeiro imperador cristão, Constantino transfere a sede do poder para Bizâncio, que passa a chamar-se Constantinopla.

410 ▸ Roma é capturada por Alarico, rei dos visigodos.

455 ▸ A cidade é saqueada novamente pelos vândalos.

Século 5º ▸ A população da cidade declina a cerca de 30 mil habitantes.

590 ▸ Gregório I se torna papa e se atribui o título de Máximo Pontífice, usado pelos sacerdotes da Antiguidade, revitalizando a cidade com novas basílicas e reformando antigas construções romanas como o Pantheon e o Castel Sant'Angelo.

753 ▸ Os lombardos sitiam Roma.

800 ▸ Carlos Magno é coroado pelo papa imperador do Sacro Império Romano. A cidade é restaurada sob o papa Adriano I.

850–1300 ▸ A cidade se torna objeto de lutas entre o papado, os sucessivos imperadores do Sacro Império e sua própria aristocracia.

1305 ▸ Clemente V transfere a corte do papa para Avignon, na França.

1347 ▸ Cola di Rienzo toma o poder e restabelece a República Romana por sete anos.

1376 ▸ O papa retorna a Roma, mas o cisma continua, com um rival antipapa ainda baseado em Avignon.

1417 ▸ Martinho V consolida o poder papal em Roma.

1475 ▸ O papa Sisto IV encomenda a Capela Sistina.

1503 ▸ Júlio II se torna papa e encomenda afrescos para o teto de sua capela particular a um escultor ainda pouco conhecido, Michelangelo, e a decoração de seus aposentos a Rafael.

1513 ▸ Leão X assume o trono papal e dá continuidade ao papel que Júlio representara como patrono dos artistas e arquitetos da cidade.

1527 ▸ Carlos V, imperador do Sacro Império, captura Roma, e o papa Clemente VII foge para o Castel Sant'Angelo, onde fica confinado durante um ano.

1534 ▸ Alessandro Farnese é eleito papa como Paulo III. Michelangelo termina o seu *Juízo Final* na Capela Sistina e várias de suas últimas obras –a Piazza di Campidoglio, o Palazzo Farnese e o projeto inicial da nova Basílica de São Pedro.

1585 ▸ Sisto V assume a construção de várias obras, abrindo novas ruas no centro da cidade e criando novas praças.

1605 ▸ A Basílica de São Pedro é terminada sob o papa Borghese, Paulo V.

1623 ▸ Urbano VIII assume o trono papal e se torna patrono da maior figura da era barroca, Gianlorenzo Bernini –um patronato que continua com seus sucessores, Paulo V e Inocêncio X, sob cujo papado a colunata de São Pedro é concluída.

1700 ▸ A população de Roma é agora de 150 mil habitantes, mas os visitantes estrangeiros representam metade disso –está nascendo a era do turismo, e Roma se torna um ponto de parada indispensável para os viajantes do Grand Tour.

1798 ▸ Tropas francesas comandadas por Napoleão ocupam a cidade, e o papa reinante, Pio VI, é feito prisioneiro na França.

1815 ▶ O governo papal é restaurado com Pio VII.

1849 ▶ O movimento pela Unificação está crescendo, e Giuseppe Mazzini obriga o papa Pio IX a deixar Roma e declara a cidade uma república. Entretanto, o papado é restaurado quatro meses depois por Napoleão III.

1859–64 ▶ Os exércitos da Unificação ganham força em toda a península italiana, e Florença se torna a capital do novo reino da Itália.

1870 ▶ As forças italianas dominam Roma e declaram a cidade capital de um novo estado sob Vítor Emanuel II. O papa Pio IX é confinado no Vaticano. Agostino Depretis se torna primeiro-ministro da Itália, permanecendo no poder até 1887.

1922 ▶ Mussolini marcha sobre Roma, ocupando primeiro o Palazzo del Viminale e, mais tarde, fixando residência no Palazzo di Venezia.

1922–42 ▶ Mussolini comanda a construção de muitos edifícios públicos: a Via della Conciliazione, a Via dei Fori Imperiali, o Foro Italico e, finalmente, o EUR.

1929 ▶ O Tratado de Latrão, assinado pela Itália e pelo Vaticano, reconhece a autonomia da Cidade do Vaticano e o domínio das principais basílicas e palácios papais.

1946 ▶ O rei Vítor Emanuel III é obrigado a abdicar, e a república é proclamada sob Alcide de Gasperi.

1960 ▶ Fellini lança *La dolce vita*, o filme que traduz o que eram os anos 1960 em Roma –e, na verdade, no resto do mundo.

Anos 1970 ▶ São os *anni piombi*, ou "anos de chumbo", quando, como outras cidades italianas, Roma se torna centro de violentos protestos e atos terroristas. O período culmina no brutal assassinato de Aldo Moro, cujo corpo foi jogado no centro da cidade.

Anos 1980 ▶ A população da cidade atinge 3 milhões.

Anos 1990 ▶ Uma série de escândalos de corrupção, chamados *tangentopoli*, nos governos municipal e nacional provoca julgamentos espetaculares e a reconfiguração da paisagem política italiana com a chamada "Operação Mão Limpas" (*Mani Puliti*), que resulta no fim de três importantes partidos.

1993 ▶ Francesco Rutelli é eleito prefeito de Roma depois de renunciar ao cargo de ministro de Estado durante o escândalo dos *tangentopoli*. Torna-se o prefeito mais popular durante anos.

2000 ▶ No governo de Rutelli, Roma se prepara para a comemoração do milênio da Igreja, provocando mudanças positivas na infra-estrutura da cidade que se mantêm até hoje.

2001 ▶ Walter Veltroni é eleito prefeito de Roma e se revela um líder carismático. É reeleito cinco anos depois e comanda uma série de importantes obras públicas.

2006 ▶ O antigo e o moderno se encontram no novo edifício projetado por Richard Meier para abrigar o Ara Pacis (Altar da Paz), inaugurado depois de anos de controvérsia, assim como o novo Auditorium –talvez o maior símbolo da revitalização de Roma.

Idioma

Italiano

Falar um pouco de italiano, mesmo que com hesitações, pode diferenciar você da multidão de turistas que invade Roma, e dominar um pouco mais a língua pode lhe abrir as portas da cidade. Fornecemos a seguir um breve guia de pronúncia, algumas palavras e frases úteis e um glossário de comida e bebida. Para mais detalhes, adquira o *Guia de Conversação para Viagens: Italiano*, que traz um vocabulário extenso e acessível, um detalhado menu de comidas e bebidas e exemplos de diálogos que você poderá encontrar em muitas situações.

Pronúncia

A pronúncia do italiano é muito simples –todas as palavras têm a tônica na penúltima sílaba (paroxítonas), a menos que um acento (grave ou agudo) indique uma tônica diferente. A dificuldade pode estar nas consoantes:

c antes de "e" ou " " é pronunciado "tch", como em "**c**ipola", enquanto o **ch** antes das mesmas vogais é pronunciado "q", como em "**ch**iesa".

O mesmo acontece com o **g** –suave antes de "e" ou "i", como em **g**ente e **g**entile; duro antes de "a", "o" e "h", como em **g**atto ou **g**hetto.

sce or **sci** são pronunciados "ch", como em cono**sce**nza ou pi**sci**na.

gn tem som de "nh", como em lasa**gn**a.

gl é pronunciado "lh", como em fi**gl**io.

Palavras e frases

Palavras e frases básicas	
Buongiorno	Bom dia
Buonasera	Boa tarde/noite
Buonanotte	Boa noite
Ciao (informal; com estranhos use as expressões acima)	Olá, Oi
Arrivederci	Adeus
Si	Sim
No	Não
Per favore	Por favor
Grazie (molte/ mille grazie)	Obrigado (muito obrigado)
Prego	De nada
Va bene	Tudo bem
Come stai/sta? (informal/formal)	Como vai?
Bene	Bem
Parla portughese?	Fala português?
Non ho capito	Não entendo
Non lo so	Não sei
Mi scusi	Desculpe
Permesso	Com licença
Mi dispiace	Perdão
Sono qui in vacanza	Estou aqui de férias
Sono brasiliano/ brasiliana	Sou brasileiro/ brasileira
Oggi	Hoje
Domani	Amanhã
Dopodomani	Depois de amanhã
Ieri	Ontem
Adesso	Agora
Più tardi	Mais tarde
Aspetta!	Espere!
Andiamo!	Vamos!
Di mattina	De manhã
Nel pomeriggio	À tarde
Di sera	À noite

Qui/Là	Aqui/ Lá
Buono/Cattivo	Bom/Mau
Grande/Piccolo	Grande/ Pequeno
Caro/Economico	Caro/Barato
Presto/Tardi	Cedo/Tarde
Caldo/Freddo	Quente/Frio
Vicino/Lontano	Perto/Longe
Velocemente/ Lentamente	Depressa/Devagar
Con/Senza	Com/Sem
Più/Meno	Mais/Menos
Basta	Basta
Signor/Signora/ Signorina	Senhor/Senhora/ Senhorita

Números

uno	1
due	2
tre	3
quattro	4
cinque	5
sei	6
sette	7
otto	8
nove	9
dieci	10
undici	11
dodici	12
tredici	13
quattordici	14
quindici	15
sedici	16
diciassette	17
diciotto	18
diciannove	19
venti	20
ventuno	21
ventidue	22
trenta	30
quaranta	40
cinquanta	50
sessanta	60
settanta	70
ottanta	80
novanta	90
cento	100
centuno	101
centodieci	110
duecento	200
cinquecento	500
mille	1.000
cinquemila	5.000
diecimila	10.000
cinquantamila	50.000

Algumas placas

Entrata/Uscita	Entrada/Saída
Ingresso libero	Entrada livre
Signori/Signore	Cavalheiros/ Senhoras
Vietato fumare	É proibido fumar
Gabinetto/Bagno	WC/Banheiro
Aperto/Chiuso	Aberto/Fechado
Chiuso per restauro	Fechado para restauro
Chiuso per ferie	Fechado durante as férias
Tirare/Spingere	Puxar/Empurrar
Cassa	Caixa

Transporte

Autostazione	Estação rodoviária
Stazione ferroviaria	Estação de trem
Un biglietto a ...	Uma passagem para...
Solo andata/ andata e ritorno	Ida/Ida e volta
Mi può dire dove scendere?	Pode me informar onde posso descer?
A che ora parte?	A que horas parte?
Da dove parte?	De onde parte?

Hospedagem

Albergo	Hotel
C'è un albergo qui vicino?	Há um hotel aqui perto?
Ha una camera ...	Tem um quarto...
per una/due/ tre persona/e	para uma/duas/três pessoas
per una/due/ tre notte/i	por uma/duas/ três noites
per una/due settimana/e	por uma/duas/ semana/semanas
con un letto matrimoniale	com cama de casal
con due letti	com duas camas
con una doccia/ un bagno	com chuveiro/ banheiro
con balcone	com varanda
con acqua calda/ fredda	com água quente/ fria
Quanto costa?	Quanto custa?
È caro	É caro
È compresa la prima colazione	O café-da-manhã está incluído?
Ha qualcosa che costa di meno?	Há algo mais barato?
Pensione completa/	Pensão completa/

mezza pensione	meia pensão
Posso vedere la camera?	Posso ver o quarto?
La prendo	Vou ficar com ele
Vorrei prenotare una camera	Quero reservar um quarto
Ho una prenotazione	Tenho uma reserva

Perguntas e endereços

Dove? (Dov'è/Dove sono ... ?)	Onde? (Onde é/onde são ... ?)
Quando?	Quando?
Cosa? (Cos'è?)	O quê? (O que é isto?)
Quanto/Quanti?	Quanto/Quantos?
Perché?	Por quê?
C'è ... ?	É, Há?
Che ore sono?	Que horas são?
Per arrivare a ... ?	Como chegar a... ?
Quant'è lontano ... ?	A que distância fica ... ?
A che ora apre?	A que horas abre?
A che ora chiude?	A que horas fecha?
Quanto costa? (Quanto costano?)	Quanto custa? (Quanto custam?)
Come si chiama in italiano?	Como se chama em italiano?

Glossário de comida e bebida

Alimentos básicos e temperos

aceto	vinagre
aglio	alho
biscotti	biscoitos
burro	manteiga
caramelle	balas, caramelos
cioccolato	chocolate
formaggio	queijo
frittata	omelete
marmellata	geléia
olio	óleo
olive	azeitonas
pane	pão
pepe	pimenta
riso	arroz
sale	sal
uova	ovo
yoghurt	iogurte
zúcchero	açúcar
zuppa	sopa

Entradas (antipasti) e petiscos fritos (fritti)

antipasto misto	frios, queijo (e uma mistura de outros petiscos que constam desta lista)
arancini	bolinhos de arroz com mussarela e tomate
caponata	mistura de berinjelas, azeitonas, tomate e aipo
caprese	salada de tomate e mussarela de búfala
insalata di mare	salada de frutos do mar
insalata di riso	salada de arroz
melanzane in parmigiana	berinjela frita com tomate e queijo parmesão
mortadella	mortadela
pancetta	*bacon*
peperonata	pimentões verdes, vermelhos e amarelos em óleo
pomodori ripieni	tomates recheados
prosciutto	presunto
salame	salame
suppli	bolinhos de arroz com mussarela

Sopa (zuppa)

brodo	caldo de carne com legumes e massa
minestrina	qualquer sopa leve
minestrone	sopa espessa de legumes e verduras
pasta e fagioli	sopa de macarrão e feijão
pastina in brodo	massa no brodo
stracciatella	brodo com ovos

Massa (pasta)

bucatini	espaguete grosso e furado, muito comum em Roma. Às vezes chamado de tonarelli
cannelloni	canelone
farfalle	pasta em forma de borboleta (farfalla = borboleta)
fettuccine	massa chata em forma de fitas (fettucine = fitas)
gnocchi	nhoque
paccheri	tubos grandes de massa
pasta al forno	massa ao forno com diversos molhos, ovos e queijo parmesão
penne	massa cortada diagonalmente em pequenos tubos
ravioli	ravióli
rigatoni	massa cortada em tubos –mais largos que os de penne e menores que os de paccheri
spaghettini	espaguetes finos
strozzapreti	literalmente, "estrangulador de padres" –pedaços retorcidos como uma corda
tagliatelle	talharim mais largo
vermicelli	aletria, massa bem fina muitas vezes servida em sopas –literalmente, "pequenos vermes"

Molhos para massas

aglio e olio	alho e óleo
amatriciana	tomate, toucinho e temperos
arrabbiata	tomate e pimenta
alla carbonara	ovos, cubos de bacon fritos e queijo pecorino
alla gricia	queijo pecorino e toucinho
cacio e pepe	queijo pecorino e pimenta-do-reino
alla ciociara	pedaços de linguiça, presunto e tomate
alla panna	manteiga e creme de leite
parmigiano	queijo parmesão
pasta al pajata	intestinos de bezerro – prato típico romano
peperoncino	azeite, alho e pimentas frescas
pomodoro	molho de tomate
puttanesca	tomate, anchovas, azeite e orégano
ragù	molho espesso com carne em pedaços, tomate e vinho tinto
bolognesa	molho de carne moída e tomate
vongole	vôngole

Carne (carne)

abbacchio	borrego (carneiro novo) assado com alecrim, sálvia e alho
agnello	carneiro
bistecca	bisteca
carpaccio	fatias finas de carne crua
cervello	miolo, geralmente de bezerro
cinghiale	javali
coda alla vaccinara	rabo de touro cozido em molho de tomate e aipo
coniglio	coelho
costolette	costeleta de porco
coratella	coração, fígado, pulmões e baço de carneiro cozido em azeite, muita cebola e pimenta-do-reino

fegato	fígado
guanciale	toucinho de bochecha de porco
maiale	porco
manzo	carne de boi adulto, castrado
milza	baço –às vezes servido como patê sobre torradas
ossobuco	guisado de osso e carne de vitela
pajata	intestinos de bezerro desmamado
pancetta	*bacon*
pollo	frango
polpette	almôndegas
porchetta	porco recheado com ervas e assado no espeto
rognoni	rins
salsiccia	salsicha
saltimbocca alla romana	vitela cozida, com uma fatia de presunto e sálvia em cima, servido simples ou com molho marsala
Scottadito	pedaços de carneiro grelhado, comidos com as mãos
spezzatino	cozido
testerelle d'abbacchio	cabeça de carneiro assada no forno com ervas e azeite
trippa	tripa
vitello	vitela

Peixe (pesce) e crustáceos (crostacei)

acciughe	anchovas
anguilla	enguia
aragosta	lagosta
baccalà	bacalhau
calamari	lulas
cefalo	tainha
cozze	mexilhões
dentice	pargo
gamberetti	camarões
gamberi	pitus
granchio	caranguejo
merluzzo	bacalhau
ostriche	ostras
pesce spada	peixe-espada
polpo	polvo
rospo	rã
sampiero	peixe-galo
sarde	sardinhas
sogliola	solha, linguado
tonno	atum
trota	truta
vongole	vôngoles

Vegetais (contorni) e salada (insalata)

asparagi	aspargos
carciofi…	alcachofras
…alla romana	recheadas com alho, e hortelã e cozidas
…alla giudea	fritas no azeite
carciofini	corações de alcachofras
cavolfiori	couve-flor
cavolo	repolho
cipolla	cebola
fagioli	feijão
fagiolini	ervilhas
fiori di zucca	abobrinhas fritas recheadas com mussarela e uma fatia de anchova marinada
finocchio	erva-doce
funghi	cogumelos
insalata verde /mista	salada verde /mista
lenticchie	lentilhas
melanzane	berinjela
patate	batatas
peperoni	pimentões
piselli	ervilhas
pomodori	tomates
radicchio	chicória
spinaci	espinafre

Termos úteis

alla brace	na brasa
alla griglia	na grelha
alla milanese	à milanesa
allo spiedo	no espeto
al dente	firme, não muito cozido
al ferri	grelhado sem óleo
al forno	ao forno, assado
al sangue	malpassado
arrosto	assado
ben cotto	bem passado

bollito/lesso	cozido
cotto	cozido (não cru)
crudo	cru
fritto	frito
in umido	guisado
pizzaiola	cozido com molho de tomate
ripieno	recheado
stracotto	bem cozido

Queijos (formaggi)

dolcelatte	queijo cremoso
fontina	queijo do norte da Itália, muito usado na culinária
gorgonzola	queijo picante com veios esverdeados de mofo
mozzarella	queijo napolitano de vaca ou de búfala
pecorino	queijo forte e duro de ovelha
provola/provolone	queijo de leite de vaca defumado e salgado
ricotta	queijo leve feito de soro de leite desnatado

Fruta (frutta) e nozes (noce)

ananas	abacaxi
anguria/coccomero	melancia
arance	laranjas
banane	bananas
ciliegie	cerejas
fichi	figos
fichi d'India	figos-da-índia
fragole	morangos
limone	limão
mandorle	amêndoas
mele	maçãs
melone	melão
pere	peras
pesche	pêssegos
pignoli	sementes de pinheiro
pistacchio	pistache
uva	uva

Doces (dolci)

amaretti	biscoitos de amêndoas
cassata	sorvete em camadas com frutas cristalizadas
gelato	sorvete
macedonia	salada de frutas
torta	torta, bolo
zabaglione	sobremesa feita com ovos, açúcar e vinho marsala
zuppa inglese	pavê

Bebidas

acqua minerale	água mineral
acqua del rubinetto	água da torneira
aranciata	laranjada
bicchiere	copo
birra	cerveja
bottiglia	garrafa
caffè	café
cioccolata calda	chocolate quente
ghiaccio	gelo
granita	bebida gelada, com café ou fruta
latte	leite
limonata	limonada
selz	soda
spremuta	suco de fruta feito na hora
spumante	espumante
succo	suco de frutas concentrado com açúcar
sè	chá
tónica	tônica
vino	vinho
rosso	tinto
bianco	branco
rosato	rosado
secco	seco
dolce	doce
litro	litro
mezzo	meio litro
quarto	quarto de litro
caraffa	jarra
salute!	saúde!

Créditos e índice

Um guia rudimentar para os Rough Guides

No verão de 1981, Mark Ellingham, um recém-formado da Universidade de Bristol, estava viajando pela Grécia e não conseguia encontrar um guia que realmente atendesse às suas necessidades. Mark e um pequeno grupo de escritores decidiram criar seu próprio guia de viagens, que pretendia fazer descrições em linguagem jornalística combinadas com uma extensiva abordagem prática para suprir as necessidades dos viajantes. Aquele primeiro Rough Guide foi um projeto estudantil que se tornou um fenômeno editorial. Atualmente os guias fornecem recomendações de hospedagens rústicas a luxuosas e cobrem centenas de destinos pelo globo, inclusive quase todos os países das Américas e da Europa, mais de metade da África e quase toda a Ásia e a Oceania. Milhões de leitores apreciam a perspicácia e a curiosidade dos guias, assim como sua abordagem crítica e entusiástica. Nossa crescente equipe de autores e fotógrafos está espalhada por todos os lugares.

Visite o site em inglês www.roughguides.com para conhecer nossas mais recentes publicações.

As imagens estão disponíveis para licenciamento comercial em www.roughguidespictures.com

Expediente

Traduzido a partir da edição original do Rough Guide Directions Rome (2ª edição) publicada por Rough Guides Ltd, 80 Strand, London WC2R ORL; Título original: Rough Guide Directions: Rome

ISBN 978-85-7402-942-9

PUBLIFOLHA
Divisão de Publicações da
Empresa Folha da Manhã S.A.
Al. Barão de Limeira, 401, 6º andar,
CEP 01202-900, São Paulo, SP
Tel.: (11) 3224-2186/2187/2197
www.publifolha.com.br

Coordenação do projeto:
PUBLIFOLHA
Assistência editorial: Camila Saraiva
Produção gráfica: Soraia Pauli Scarpa
Assistência de produção gráfica: Mariana Metidieri

Produção editorial:
Editora Página Viva
Tradução: Eliana Rocha
Edição: Rosi Ribeiro
Revisão: Maria Sylvia Corrêa
e Shirley Gomes
Editoração eletrônica: Vagner Facuri

Impresso pela Cromosete em agosto de 2008 sobre papel couché fosco 115 g/m²

ROUGH GUIDES
Edição: James Smart e Lucy White
Diagramação: Jessica Subramanian
Fotografias: James McConnachie
Cartografia: Swati Handoo
Edição de imagem: Mark Thomas
Revisão: Anne Burgot
Produção: Vicky Baldwin
Capa: Chlöe Roberts

Dados Internacionais de Catalogação na Publicação (CIP)
(Câmara Brasileira do Livro, SP, Brasil)

Dunford, Martin-
Roma : o guia da viagem perfeita /
escrito e pesquisado por Martin Dunford ;
[tradução Eliana Rocha]. -- São Paulo:
Publifolha, 2008. -- (Rough Guide Directions)

Título original : Directions Rome
ISBN 978-85-7402-942-9

1. Roma (Itália) - Descrição e viagens -
Guias I. Título. II. Série.
08-05962 CDD-914.5632

Índices para catálogo sistemático:
1. Guias de viagem : Roma : Itália 914.5632
2. Roma : Itália : Guias de viagem 914.5632

Foi feito o possível para garantir que as informações deste livro fossem as mais atualizadas disponíveis até o momento da impressão. No entanto, alguns dados como telefones, preços, horários de funcionamento e informações de viagem estão sujeitos a mudanças. Os editores não podem se responsabilizar por qualquer consequência do uso deste guia, nem garantir a validade das informações contidas nos sites indicados. Os leitores interessados em fazer sugestões ou comunicar eventuais correções podem escrever para a Publifolha, Al. Barão de Limeira, 401, 6º andar, CEP 01202-900, São Paulo, SP, enviar um fax para: (11) 3224-2163 ou um e-mail para: atendimento@publifolha.com.br

O autor

Martin Dunford é um dos criadores da série Rough Guide e atualmente trabalha como diretor de publicações, responsável por todas as publicações dos guias Rough Guides. Além do guia de Roma, ele é autor do Rough Guides de Amsterdã e do de Nova York.

Agradecimentos

Nossos agradecimentos a James (e Lucy) pelo tranquilo, criativo e eficiente apoio; a Katie Parla por sugestões, atualizações e revisões; a Flo por livros, atualizações históricas e entusiasmo compartilhado; e, acima de tudo, a Caroline, Daisy e Lucy –companheiras em Roma pelos anos vindouros.

Os editores também gostariam de agradecer a Jessica Subramanian, Swati Handoo, Mark Thomas, Joanna Kirby e Kathryn Lane.

Créditos das fotos

Todas as imagens © Rough Guides exceto as seguintes:

pág. 1 Piazza del Popolo © Mark Thomas
pág. 2 Basílica de São Pedro © Mark Thomas
pág. 5 Homem em lambreta, Piazza Venezia © Mark Thomas
pág. 6 Friso na Piazza del Campidoglio © Mark Thomas
pág. 8 Escadaria da Piazza di Spagna © Mark Thomas
pág. 10 Cabeça de Nero, Museo Nazionale Romano © 1990 Photo Scala, cortesia do Ministero Bedni e Att Culturali
pág. 11 Apolo e Dafne, Villa Borghese, John Heseltine © Dorling Kindersley, cortesia do Museo e Galleria Borghese
pág. 14 Piso de mosaicos em Ostia Antica © Araldo de Luca/Corbis
pág. 18 Mosaico com peixes, Museo Nazionale Romano © 1990 Photo Scala, cortesia do Ministero Bedni e Att Culturali
pág. 21 Templo neoclássico de Diana, Villa Borghese, Kim Sayer © Dorling Kindersley
pág. 26 Fragmento da colossal estátua de Constantino, Museus Capitolinos © 1990 Photo Scala
pág. 26 Sarcófago dos noivos, Museo di Villa Giulia © 1990 Photo Scala
pág. 27 Caravaggio, Michelangelo Merisi da (1573–1610): *Davi e Golias*, Galleria Borghese © 1990 Photo Scala
pág. 27 Relevo de flautista no Trono Ludovici, Museo Nazionale Romano © 1990 Photo Scala cortesia do Ministero Bedni e Att Culturali
pág. 27 Rafael (1483–1520) *La Fornarina*, Galleria Nazionale d'Arte Antica © 2003 Photo Scala
pág. 27 Retrato do papa Inocêncio X de Diego Rodriguez de Silva y Velasquez (1599-1660) © Galleria Doria Pamphilj, Rome/Bridgeman Art Library
pág. 34 Quarto do Daphne, cortesia do Daphne Hotel
pág. 35 Suíte no d'Inghilterra, cortesia do d'Inghilterra Hotel
pág. 35 Piscina no Radisson SAS, cortesia do Radisson SAS
pág. 35 Vista de um quarto, cortesia do Hotel de Russie
pág. 38 Museo Pio-Clementino © Danita Delimont/Alamy
pág. 39 Teto da Capela Sistina © Museus Vaticanos, Vatican City/Bridgeman Art Library
pág. 39 *Escola de Atenas* na Stanza della Segnatura de Rafael (1483–1520) © Museus Vaticanos, Vatican City/Bridgeman Art Library
pág. 39 Leonardo da Vinci (1452–1519): São Jerônimo, Pinacoteca do Vaticano © 1990 Photo Scala
pág. 40 Ticiano (1477/89-1576): Retrato de Júlio II © 1990 Photo Scala, cortesia do Ministero Beni e Att Culturali
pág. 40 Estátua de Augusto na Via Labicana, Roma, Museo Nazionale Romano © 2003 Photo Scala, cortesia do Ministero Bedni e Att Culturali
pág. 41 Francesco Totti © Christophe Simon/Getty Images
pág. 41 Mussolini © Bettmann/Corbis
pág. 41 Valentino © David Benett/Getty Images
pág. 41 Caravaggio, Michelangelo Merisi da (1573–1610): *Jovem Baco doente*, Galleria Borghese © 1990 Photo Scala, cortesia do Ministero Bedni e Att Culturali
pág. 43 *Gálata moribundo*, Mike Dunning © Dorling Kindersley, cortesia dos Museus Capitolinos
pág. 43 *Laocoonte*, Museo Pio-Clementino, Vaticano © 1990 Photo Scala
pág. 45 *Loggia de Cupido e Psique*, Villa Farnesia, John Heseltine © Dorling Kindersley

pág. 51 Catacumbas de São Calisto © Richard T Nowitz/Corbis

pág. 51 Mosaico no cemitério abaixo da Basílica de São Pedro © Visual Arts Library/Alamy

pág. 54 Corredor barroco, Stanze di Sant'Ignazio, John Heseltine © Dorling Kindersley

pág. 55 Bernini, Giovanni Lorenzo (1598–1680): Auto-retrato na idade madura, Galleria Borghese © Photo Scala, cortesia do Ministero Beni e Att Culturali

pág. 55 Borromini, Francesco (1599–1667): Auto-retrato, Chiesa di San Carlo alle Quattro Fontane © 1990 Photo Scala

pág. 56 Barriga de arquiteto (1987), Brian Dennehy © Movie Store Collection

pág. 56 Anita Ekberg interpreta Sylvia em *La dolce vita*, dirigido por Federico Fellini © John Kobal Foundation/Getty Images

pág. 57 *O gladiador* (2000), Russell Crowe © Moviestore Collection Ltd

pág. 57 *A princesa e o plebeu* (1953), Audrey Hepburn e Gregory Peck © Moviestore Collection Ltd

pág. 57 *O talentoso Mr Ripley* (2000), Matt Damon © Moviestore Collection Ltd

pág. 58 Fontana di Trevi © Mark Thomas

pág. 60 Coliseu © Mark Thomas

pág. 150 Davi de Bernini © Dorling Kindersley, cortesia do Museo e Galleria Borghese

pág. 151 Imagem votiva etrusca, Villa Giulia © Dorling Kindersley

pág. 170 Escadaria de Giuseppe Momo no Vaticano © Jim Holmes/Axiom

pág. 173 Galleria delle Carte Geografiche © Doug McKinlay/Axiom

pág. 183 Villa Adriana © Dorling Kindersley

pág. 183 Ostia Antica © Massimo Borchi/Corbis

Índice

Os mapas estão marcados em cor

a

b

c

n

o

p

q

r

Conheça os títulos da série Rough Guides:

Rough Guides Directions

Amsterdã • Barcelona
Dubai • Dublin • Lisboa
Londres • Nova York • Paris
Roma • São Francisco

Guias de Conversação

Chinês • Espanhol
Francês • Italiano
Japonês • Portuguese

Mapas Rough Guides

Londres • Nova York
Paris • Roma

Rough Guides

Argentina • Bolívia
Chile • Peru

www.publifolha.com.br